Renate Prochno

Das Studium der Kunstgeschichte
Eine praxisbetonte Einführung

Renate Prochno

Das Studium der Kunstgeschichte

Eine praxisbetonte Einführung

Dritte, überarbeitete Auflage

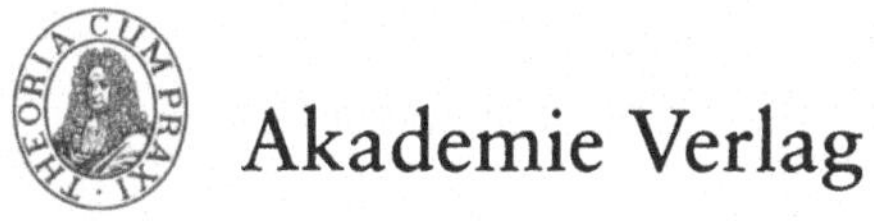
Akademie Verlag

Einbandgestaltung unter Verwendung eines Ausschnittes aus Jacques Callot „Les Bourgeois Nobles" (Radierfolge 1624/25)

Bibliografische Information der Deutschen Nationalbibliothek

Die Deutsche Nationalbibliothek verzeichnet diese Publikation in der Deutschen Nationalbibliografie; detaillierte bibliografische Daten sind im Internet über http://dnb.d-nb.de abrufbar.

ISBN 978-3-05-004464-4

Umschlaggestaltung und Typographie: Petra Florath
Druck und Bindung: Druckhaus „Thomas Müntzer", Bad Langensalza
Printed in the Federal Republic of Germany

Inhaltsverzeichnis

Vorwort zur ersten Auflage

Sie haben sich entschlossen, Kunstgeschichte zu studieren, sei es als Hauptfach, sei es als Nebenfach. Vielleicht erwarten Sie, daß Sie im Institut für Kunstgeschichte Ihrer Universität eine Anleitung erhalten, wie man dieses Fach studiert. Mit großer Wahrscheinlichkeit wird das nicht geschehen. Es gibt zwar einige Institute, die die erste Woche des Semesters ganz den Studienanfängern widmen, die sog. Orientierungseinheit. Eine „Gebrauchsanweisung" für ein erfolgreiches Studium stellt eine solche Orientierungseinheit aber nicht dar.

Vermutlich werden Sie recht bald die Studienordnung Ihres Instituts in Händen halten, Sie werden sie lesen, wahrscheinlich nicht ganz verstehen, und sich etwas hilflos und ohne Orientierung fühlen. Dieses Buch möchte Ihnen helfen, sich gerade in den ersten Semestern zurechtzufinden; es möchte ein Ariadnefaden sein. Es ist aus eigenen Erfahrungen heraus entstanden, hat viel von Gesprächen mit Kollegen und Kolleginnen profitiert, vor allem aber von Gesprächen mit Anfängern im Studium der Kunstgeschichte. Die Fragen der Erstsemester, die in jedem Semester wiederkehrten, ihre Probleme und Schwierigkeiten waren der Anstoß, eine praktische Einführung in das Studium zu schreiben.

Es mag den Anstrich eines Rezeptbuches haben und damit dem Anspruch der eigenständigen wissenschaftlichen Arbeit der Studierenden und ihrer Selbständigkeit zuwiderlaufen. Kaum ein kunsthistorisches Institut bietet Kurse zur Technik der wissenschaftlichen Arbeit an, wie es z. B. an den Historischen Instituten üblich ist. Das Studium der Kunstgeschichte setzt u.a. Bibelkenntnisse und Kenntnisse der antiken Mythologie voraus, die die wenigsten Studienanfänger mitbringen. Die Erstsemester erfahren in ihrem Institut aber nicht, wie man sie schnellstmöglich erwirbt. Sehr viel Zeit während des Studiums wird damit verwendet, praktische Dinge herauszufinden: z. B., welche Zeitschriften wichtig sind, welche Arbeitstechniken effektiv sind, wie man eine Arbeitsgruppe organisiert und wie man Anmerkungen macht. Bei solchen praktischen Fragen will dieses Buch nützlich sein. Das selbständige Denken und eigenverantwortliche Handeln wird es niemandem abnehmen.

Kunstgeschichte wird heute überwiegend von Frauen studiert. Lange wurde der Beruf aber fast ausschließlich von Männern ausgeübt. Deshalb ist bis heute meist von „Kunsthistorikern" und „Studenten" die Rede. Das Buch versucht, sich auch in der sprachlichen Form an beide Geschlechter zu wenden. Das ist mir nicht immer gelungen. Ich bitte deshalb meine Leserinnen, mir diesen Mangel im Sprachgebrauch nachzusehen; grundsätzlich sind immer beide Geschlechter angesprochen.

Am Zustandekommen dieses Buches haben viele Studierende, Kolleginnen und Kollegen Anteil gehabt, vor allem aber Dr. Gerd Giesler. Er hat das Buch angeregt und betreut. Petra Florath sorgte für die Gestaltung, und Gudula Metze half bei den Korrekturarbeiten. Ihnen allen danke ich herzlich.

Vorwort zur zweiten Auflage

Für die zweite Auflage wurden die Literaturangaben überprüft und auf den neuesten Stand gebracht, und wo angebracht, die Internet- und E-Mail-Adressen eingefügt. Diese Arbeit übernahm Romana Filzmoser, der ich herzlich dafür danke. Zu danken habe ich auch den zahlreichen Studierenden, die Anregungen beisteuerten. Da viele den Wunsch nach einem Register äußerten, erscheint das Buch jetzt mit dieser Verbesserung.

Salzburg, 12. 6. 2003

Vorwort zur dritten Auflage

In den letzten vier Jahren, seit dem Erscheinen der zweiten Auflage, hat vor allem die Einführung des Bakkalaureats- bzw. Bachelor-Studiengangs und die damit verbundene sog. Modularisierung der Lehrinhalte die Studiensituation sehr verändert. So sind jetzt die Wahlmöglichkeiten von Lehrveranstaltungen und die Gestaltung des Stundenplans eingeschränkt; die Nebenfächer in ihrer bisherigen Form wurden weitgehend abgeschafft. Ein weiterer Wandel ist die Ablösung der Arbeit mit Dias durch Powerpoint-Präsentationen. Deshalb wurden in diesem Buch die betreffenden Kapitel stark überarbeitet. Wie schon für die zweite Auflage, wurden erneut die Literaturangaben aktualisiert und ggfs. um neue Titel ergänzt, sowie die Internet- und E-Mail-Adressen auf den neuesten Stand gebracht. Christian Sauer M. A. hat dafür wertvolle Anregungen und bei der Überarbeitung viel kompetente Unterstützung gegeben, wofür ich ihm herzlich danke.

Salzburg, 29. 10. 2007

1. Die Kunstgeschichte

1.1 Gegenstände des Studienfachs

Der Gegenstand der Kunstgeschichte ist die bildende Kunst und Architektur vom Beginn des Mittelalters bis zur Gegenwart: alle Gattungen, alle europäischen Länder (die Kunst von Ländern wie z. B. Portugal, Polen, Schweden wird selten gelehrt und geprüft), dazu ab ca. dem 18. Jahrhundert auch die unter europäischem Einfluß stehende Kunst Nordamerikas. In den letzten Jahren ist auch die Kunst der Kolonialzeit vor allem in Südamerika stärker beachtet worden. Für die Architektur und bildende Kunst des 20./21. Jahrhunderts gelten die Beschränkungen auf Europa bzw. den europäischen Einfluß nicht in so ausgeprägtem Maß. Die früheren Epochen werden von der Archäologie behandelt; die Kunst anderer Kulturen gehört in die byzantinische, indische, ostasiatische Kunstgeschichte, in die Assyrologie und andere Spezialfächer, oder auch in das Gebiet der Ethnologie (s. auch Punkt 1.5 Die Nebenfächer).

Die Kunstgeschichte umfaßt Architektur, Malerei, Skulptur, Graphik, Kunstgewerbe, Kunsttheorie. Auch Gattungen wie z. B. Fotografie, Film, Video und neue elektronische Medien sind Gegenstände der Kunstgeschichte geworden. Dabei gibt es Überschneidungen mit anderen Fächern, beim Film etwa mit der Germanistik. Fragen der Kunsttheorie z. B. gehen in die der Philosophie/Ästhetik über. Die Entwicklung eines Ansatzes, der Kunstgeschichte als Wissenschaft vom Bild versteht, bringt Berührungen mit der Wahrnehmungspsychologie und Anthropologie mit sich. In den letzten Jahren sind auch Ansätze entwickelt worden, die Kunstgeschichte als Teil der Geisteswissenschaften in ein umfassenderes Konzept von Kulturwissenschaften zu integrieren. Außerdem erforscht das Fach seine eigene Geschichte, denn schließlich stellt sich die Entwicklung der Kunst in der Weise dar, wie sie von Kunsthistorikern als Kunstgeschichte geschrieben wird. Die Kunstgeschichtsschreibung ist einem ständigen Wandel unterworfen; die Werke werden immer wieder neu und anders gesehen und gedeutet.

Eine sehr gute Einführung in diese Problematik bietet folgender Aufsatz:
Warnke, Martin: *Gegenstandsbereiche der Kunstgeschichte*, in: Belting, Hans/Dilly, Heinrich/Kemp, Wolfgang/Sauerländer, Willibald/Warnke, Martin (Hrsg.): *Kunstgeschichte. Eine Einführung*, Berlin 1985, 6. überarb. und erw. Aufl., Berlin 2003, S. 23–48

Eine umfassende Darstellung zur Geschichte der Kunstgeschichte gibt es noch nicht. Einen Überblick bietet aber:

Dilly, Heinrich: *Kunstgeschichte als Institution*. Studien zur Geschichte einer Disziplin, Frankfurt/M. 1979 (Diss. FU Berlin 1977)

Weitere Werke zur Fachgeschichte sind vor allem Portraits einzelner Kunsthistoriker:

Waetzoldt, Wilhelm: *Deutsche Kunsthistoriker*, 2 Bde., Leipzig 1921–24, Nachdruck 3. Aufl. Berlin 1986
Umfaßt die deutschsprachigen Generationen seit der Renaissance bis zum Beginn des 20. Jahrhunderts.

Dilly, Heinrich (Hrsg.): *Altmeister moderner Kunstgeschichte*, 2. Aufl. Berlin 1999 (zuerst 1990)
Behandelt fünfzehn Kunsthistoriker aus dem 19. und 20. Jahrhundert.

Jahn, Johannes (Hrsg.): *Die Kunstwissenschaft der Gegenwart in Selbstdarstellungen*, Leipzig 1924
Autobiographische Skizzen mit Stellungnahmen zum Fach Kunstgeschichte.

Sitt, Martina (Hrsg.): *Kunsthistoriker in eigener Sache*. Zehn autobiographische Skizzen, Berlin 1990
Knüpft im Konzept an das vorhergehende Werk an; läßt zeitgenössische Kunsthistoriker zu Wort kommen.

Das folgende Werk versucht, eine Geschichte der Kunstgeschichtsschreibung zu bieten. Die ersten Kapitel geben eine Zusammenfassung ab Plato; das Schwergewicht liegt aber vor allem auf dem späten 19. und dem 20. Jahrhundert. Hier ist es vor allem eine Aneinanderreihung knapp gefaßter Einzelbiographien. Es stellt zwar relativ viele Personen vor, ist aber bei weitem nicht vollständig und streckenweise recht unkritisch.

> Kultermann, Udo: *Geschichte der Kunstgeschichte.* Der Weg einer Wissenschaft, überarb. und erw. Neuaufl. München 1996 (zuerst Düsseldorf/Wien 1966)

> Bazin, Germain: *Histoire de l'histoire de l'art de Vasari à nos jours,* Paris 1986
> Als Ergänzung zu Kultermann sinnvoll.

> Betthausen, Peter/Feist, Peter H./Fork, Christiane (Hrsg.): *Metzler Kunsthistoriker Lexikon.* Zweihundert Porträts deutschsprachiger Autoren aus vier Jahrhunderten, Stuttgart 1999
> Behandelt ca. 200 Kunsthistoriker aus den letzten vier Jahrhunderten (keine noch lebenden): Biographie, Hauptwerke, Bibliographie.

1.2 Die Aufgaben der Kunstgeschichte

Eine wichtige Aufgabe des Fachs Kunstgeschichte ist es, so viel wie möglich über die genannten Gegenstände in Erfahrung zu bringen. Das ist die Forschung, die Kunsthistoriker betreiben. Zu den Zielen der Forschung gehört z. B., ein Kunstwerk einem Künstler oder einer Künstlerin zuschreiben zu können, es zu datieren, es in eine Kunstlandschaft zu lokalisieren, seinen Stil zu beschreiben, seine Funktionen zu untersuchen und seine Bedeutungen zu entschlüsseln. Es soll auch als Dokument einer bestimmten Geisteshaltung – z. B. der Beziehung zwischen den Geschlechtern – interpretiert werden und als Zeugnis von Geschichte im weitesten Sinne verstanden werden. Kunsthistoriker stellen in Zusammenarbeit mit Restauratoren den Erhaltungszustand fest, sammeln und pflegen die Werke. Die wichtigste Aufgabe der Kunstgeschichte ist es, die Werke soweit wie möglich zu verstehen und zu würdigen.

Was wir über sie wissen, müssen wir verständlich aufbereiten und einem größeren Publikum zugänglich machen. Das geschieht z. B. im Rahmen von Veröffentlichungen, durch die Präsentation im Museum, in Ausstellungen, usw.

1.3 Klassische und neue Berufsfelder: Universität, Museum, Denkmalpflege, Verlage, Selbständige

Diese Aufgaben werden von unterschiedlichen Institutionen wahrgenommen. Als Kunsthistoriker arbeiten Sie an der Universität, in Forschungsinstituten, im Museum, in der Denkmalpflege, in Verlagen, bei Zeitungen und Zeitschriften, und freiberuflich. Weitere Möglichkeiten bestehen z. B. im Kunsthandel, Tourismus, bei der Presse, in staatlicher und städtischer Kulturarbeit, und mit einer Zusatzausbildung auch als Bibliothekar. Die freiberuflich Tätigen können in Form von Zeitverträgen an diese Institutionen angebunden sein, aber z. B. auch als freie Schriftsteller ihr Geld verdienen. Wenn Sie die Museumslaufbahn einschlagen oder in die Denkmalpflege gehen wollen, müssen Sie nach der Promotion noch ein zweijähriges Volontariat absolvieren.

Die **Aussichten** auf einen Arbeitsplatz sind nicht gut. Seit Jahren schließen wesentlich mehr Studierende ihr Studium ab als Stellen auf dem Arbeitsmarkt zur Verfügung stehen. Selbst ein sehr guter Abschluß ist keine Garantie für eine Anstellung. Allerdings ist die Situation überall in den Geisteswissenschaften ähnlich schlecht. Die Entscheidung für oder gegen das Studium kann Ihnen niemand abnehmen. Sie sollten sich aber darüber klarwerden, daß das Studium nicht auch zwangsläufig das Ausüben des Berufs Kunsthistoriker bedeutet.

Eine sehr gute Einführung in die Aufgaben und die Berufsbilder der Kunstgeschichte bietet eine Broschüre, die in der Reihe „blätter zur berufskunde" des Arbeitsamtes erschienen ist. Sie sollten sich dieses Heft unbedingt frühzeitig beschaffen und vollständig durchlesen.

blätter zur berufskunde: Kunsthistoriker/Kunsthistorikerin (verfaßt von Willibald Sauerländer, überarbeitet von Michael Zimmermann

et al.), hrsg. von der Bundesanstalt für Arbeit, Nürnberg, 4. Aufl. Bielefeld 1998.
Selbst wenn diese Reihe 2004 eingestellt wurde und nicht mehr lieferbar ist, können Sie vermutlich das Kunsthistoriker-Heft noch in der UB entleihen. Die Reihe wurde durch Internetseiten ersetzt, wo Sie eine Kurzinfo zum Studiengang und eine Beschreibung des Berufsbildes finden:
www.berufenet.arbeitsagentur.de (17.7.2007)

Einen sehr guten Einblick in die verschiedenen Tätigkeitsfelder für kunsthistorische Berufe, aber auch über den Umgang mit Arbeitslosigkeit, bietet das Februarheft der *Kunstchronik*, 58, 2005, das in allen kunsthistorischen Instituten vorhanden ist. Diese Lektüre sollte Pflicht für alle Studierenden sein.

Unbedingt lesenswert ist auch folgendes Buch, das auf einer Umfrage an Museen, Denkmalpflege usw. basiert: Kanz, Roland (Hrsg.): *Kunstgeschichte und Beruf.* Gegenwart und Zukunft eines Studienfachs auf dem Arbeitsmarkt. 2., aktualisierte Aufl. Weimar 2000 (zuerst 1999)

Schon während des Studiums können Sie auf verschiedene Arten diese Berufsfelder auch in der Praxis kennenlernen. Eine beliebte Form sind die **Praktika**. Sie arbeiten für die Dauer einiger Wochen bis maximal drei Monate mit, werden meistens nicht dafür bezahlt, sammeln aber praktische Erfahrungen und können leichter abschätzen, was Ihnen persönlich liegt. Mehr zu Praktika finden Sie unter Punkt 8.2 und 8.3.
Es gibt noch eine weitere Möglichkeit, die Praktika freilich nicht ersetzt: Alle zwei Jahre findet der sog. **Kunsthistorikertag** statt. Es ist ein Kongreß, der von dem größten deutschen Berufsverband für Kunsthistoriker ausgerichtet wird (s. Punkt 6.4: Die wichtigsten Zeitschriften). Auf dem Kunsthistorikertag treffen sich Kunsthistoriker aus der Universität, der Denkmalpflege, dem Museum, aus Verlagen. Auch Restauratoren und Freiberufler sind dabei. Gehen Sie hin, hören Sie den Vorträgen zu. Auch wenn Sie vielleicht die Vorträge im Detail noch nicht verstehen, werden Sie feststellen, daß jede Sparte eigene Aufgaben, einen eigenen Charakter und ein besonderes Temperament hat. Zugleich

erhalten Sie einen Einblick, welche Themen derzeit aktuell sind und welche Methoden Konjunktur haben.

1.4 Ziele und Nicht-Ziele des Studiums

Wenn ein Ingenieur ein schlechtes Flugzeug baut, stürzt es irgendwann vom Himmel. Wenn ein Kunsthistoriker ein schlechtes Buch schreibt oder eine schlechte Seminararbeit, stürzt weder das Buch aus dem Regal noch das Gemälde von der Wand. Aber eine nachlässige Arbeit sagt viel darüber, wie ernst wir unsere Stellung in der Kunstgeschichte nehmen. Und es kann doch Konsequenzen für die Kunstwerke haben, wenn wir uns nicht so um sie bemühen, wie sie es brauchen: schließlich sind die Kunstwerke unserer Obhut anvertraut. Kunstgeschichte ist mehr als Sensibilitätstraining und mehr als ein netter Denksport oder eine angenehme Art, die Zeit zu füllen. Wir haben die Pflicht und das Vergnügen, soviel wie irgend möglich über unsere Schützlinge in Erfahrung zu bringen, und es ist unsere Aufgabe, sie treuhänderisch für spätere Generationen zu bewahren.

Dazu soll Sie das Studium der Kunstgeschichte befähigen. Das, was einen guten Kunsthistoriker ausmacht, ist allerdings weder lehrbar noch lernbar. An der Universität und später im Volontariat am Museum oder in der Denkmalpflege können Sie Methoden erlernen: d.h., den Weg, um Erkenntnisse zu gewinnen. Das, was über dieses handwerkliche Wissen hinausgeht, ist Ihre Sache. Die Lehrenden können Anregungen geben, aber ob Sie etwas daraus machen, liegt nicht mehr in deren Hand. Sie können Sie ermutigen, unterstützen und ein Stück begleiten. Das ist einerseits herzlich wenig, andererseits ziemlich viel. Niemand wird aber Hunde zum Jagen tragen: die eigentliche Arbeit leisten Sie selbst. Gerade deshalb müssen Sie Eigeninitiative und Selbstdisziplin entwickeln.

Viele Universitäten haben mittlerweile den Bachelor (B.A.) eingeführt bzw. werden es demnächst tun. Dies ist ein Studiengang, der nicht von den Hochschulen, sondern von der Politik gewünscht war. Er erhöht statistisch die Zahl der Akademiker und mindert die Zahl der Studienabbrecher. Außerdem ist er Teil des sog. Bologna-Prozesses, der das Studium in der Europäischen Union vereinheitlichen soll.

Beim B. A.-Studium sind die Studieninhalte in sog. Module gegliedert. Diese bestehen aus meist zwei bis vier Lehrveranstaltungen, die inhaltlich zueinander in Beziehung stehen. Wenn Sie Kunstgeschichte als Hauptfach (Kernfach) studieren, sind Ihnen die Module und manchmal auch die Reihenfolge relativ streng vorgegeben.

Obwohl das B. A.-Studium lediglich sechs Semester dauert, gilt der Bachelor als berufsqualifizierender Abschluß: das ist er aber nur auf dem Papier, nicht in der Realität, denn es gibt keine Berufsbilder, die nur das Bakkalaureat als Voraussetzung verlangen. Schon an der mittelalterlichen Universität war der „baccalaureus" lediglich ein Zwischenabschluß.

Nicht umsonst betonen die Studienordnungen vieler kunsthistorischer Institute, daß dieser Abschluß z. B. für Tätigkeit in der Kulturarbeit, wie Kunstvermittlung, befähigt, jedoch keinesfalls für eine wissenschaftliche Berufstätigkeit qualifiziert. De facto ist er lediglich die Grundlage für ein weiterführendes Studium. Für die klassischen Aufgabenbereiche in Denkmalpflege, Museum und Hochschule ist nach wie vor die Promotion der geforderte Abschluß.

Die einzelnen Institute gestalten diesen Studiengang mit unterschiedlichen Anforderungen. Das erschwert einen Hochschulwechsel während des B. A.-Studiums, weil die Anerkennung der Leistungsnachweise zu regeln ist. Auch die Bezeichnung ist nicht einheitlich: B. A., Bachelor of Arts, Bachelor, Bakkalaureat, Baccalaureat.

Die Umstellung auf Bachelor-Studiengänge bringt es mit sich, daß die früher verlangten zwei Nebenfächer weitgehend entfallen. Beim Magisterstudiengang verlangten die Universitäten ein zweites Hauptfach oder zwei Nebenfächer. Diese sollten Ihnen helfen, Ihr Hauptfach in einem größeren Zusammenhang zu sehen, vielleicht schon vorhandene Interessen zu unterstützen und allzu enges Spezialistentum zu verhindern.

1.5 Kunstgeschichte und Nachbarwissenschaften

Die Module, die Sie beim B.A.-Studiengang in Nachbarwissenschaften studieren, ersetzen keinesfalls die früheren Nebenfächer, weil die insgesamt verlangte Stundenzahl viel geringer ist. Diese Module in anderen

Fächern müssen Sie noch nicht am Anfang Ihres Studiums festlegen. Probieren Sie aus: bemühen Sie sich, eine Vorstellung von den Gegenständen und Methoden der Nachbarfächer zu bekommen. Das geschieht, indem Sie in Vorlesungen derjenigen Fächer hineinschnuppern, die Sie interessieren. Sie brauchen die Vorlesung nicht das ganze Semester über zu besuchen: zum Schnuppern reichen ein bis zwei Sitzungen. Lesen Sie auch die **Kommentierten Vorlesungsverzeichnisse** der jeweiligen Fächer. Die Kommentierten Vorlesungsverzeichnisse umfassen nur die Veranstaltungen eines einzigen Instituts, z. B. des Kunsthistorischen Instituts, zusammen mit kurzen Erläuterungen zu den Lehrveranstaltungen. Mitunter stellt sich die Fachschaft vor, manchmal auch der Lehrkörper, und Sie finden Hinweise auf Bibliotheken, das Institutsleben im allgemeinen, usw.

Gehen Sie außerdem unbedingt in die Studienberatungen der einzelnen Fächer, sprechen Sie mit Kommilitonen aus diesen Fächern. Häufig führt die **Fachschaft** (das ist ein Zusammenschluß von Studierenden, die sich in Eigeninitiative um ihre Kommilitonen kümmern und sich an der Selbstverwaltung des Instituts beteiligen) auch Anfängerberatungen durch (s. auch Punkt 3.3 und 3.6: Informationsmöglichkeiten).

Nebenfächler müssen weniger Seminare und Vorlesungen besuchen und weniger Leistungsnachweise (die sog. Scheine – s. Punkt 3.8) erbringen als Hauptfächler. Einige Universitäten schränken die Wahl der Module in den Nachbarfächern stark ein. Tatsache ist, daß für die spätere berufliche Tätigkeit die Nebenfächer nur eine sehr untergeordnete Rolle spielen. Die Module in Nachbarfächern werden zwar im Lebenslauf angegeben, aber bei Bewerbungen wird selten danach gefragt. Die folgenden Bemerkungen verstehen sich nur als Anregungen; folgen Sie – soweit Ihnen die Studienordnung dafür Raum läßt – Ihren Neigungen, Ihren zeitlichen Möglichkeiten und dem Angebot Ihrer Universität.

Das Standardnebenfach war zu Recht lange die **Klassische Archäologie**. Die Kunst, mit der sich Kunsthistoriker auseinandersetzen, ist häufig in Auseinandersetzung mit antiker Kunst entstanden. Deshalb ist es unerläßlich, sich die notwendigen Kenntnisse anzueignen. So ist es sinnvoll, in Archäologie Lehrveranstaltungen zu besuchen, weil Sie sie immer wieder für die Kunstgeschichte brauchen. Informieren Sie sich frühzeitig über die Sprachkenntnisse, die von Ihnen vielleicht verlangt werden – u.U. müssen Sie zumindest Grundkenntnisse in Altgriechisch erwerben. Lassen Sie sich davon keinesfalls abschrecken; die Mühe lohnt. An einigen Universitäten gibt es als eigene Fächer auch Provinzialrömische, Christliche oder Vorderasiatische Archäologie – entscheiden Sie sich im Zweifel für die Klassische Archäologie.

Ein anderes verbreitetes Nebenfach ist **Philosophie**, wobei Sie den Schwerpunkt auf die Ästhetik legen können. Gerade für Fragen der Kunsttheorie ist dieses Fach wichtig. Die Frage nach dem „Wesen" von Kunst, oder „was ist Kunst" wird in Kunstgeschichte selten gestellt und nicht beantwortet, sondern an die Philosophie verwiesen.

Auch **Geschichte** wird gerne gewählt. Die Proseminare sind gewöhnlich gekoppelt mit einer gleichzeitigen Einführung in die Historischen Hilfswissenschaften (s. Punkt 1.5 und 4.5: Die Nachbargebiete) und in die Technik des wissenschaftlichen Arbeitens. Sie erhalten also eine solide Einführung in Gegenstände und Methoden des Fachs, die Ihnen auch für das Hauptfach zugute kommt.

Eine sinnvolle Ergänzung können z.B. auch **Kirchengeschichte** (Kunst ist über weite Strecken christliche Kunst) oder **byzantinische Kunstgeschichte** sein, denn besonders die Kunst des Mittelalters hat viele byzantinische Einflüsse aufgenommen.

Wenn Sie Module in den **Historischen Hilfswissenschaften** wählen, erlernen Sie Gebiete, die in der Kunstgeschichte früher oder später zwar vorausgesetzt, nicht aber gelehrt werden. So gehören z.B. der Umgang mit Wappen (Heraldik), Siegeln (Sphragistik), Geschlechterkunde (Genealogie) und Inschriften verschiedenster Epochen zum Alltag eines Kunsthistorikers. Auch die Arbeit in Archiven, mit Urkunden usw. ist für die Kunstgeschichte wesentlich. Nur ein Beispiel: um 800 sehen die Schriften anders aus als um 1400 oder um 1600. Als ernstzunehmender Kunsthistoriker werden Sie irgendwann in die Situation geraten, solche Schriften lesen zu müssen. Sie werden das Arbeiten mit diesen Gegenständen aber nicht in der Kunstgeschichte, sondern nur bei den Historischen Hilfswissenschaftlern erlernen.

Die sog. Volkskunst ist üblicherweise nicht Gegenstand der Kunstgeschichte, sondern der **Volkskunde**. An einigen Universitäten heißt dieses Fach Europäische Ethnologie. Diese Bezeichnung deutet an, daß hier nicht nur bildende Kunst und Kunstgewerbe, sondern auch Literatur

(z. B. Märchen), Bräuche und Glauben usw. behandelt werden. Auch auf diese Gebiete greift die Kunstgeschichte oft zurück.

In den letzten Jahren sind Fächer wie Soziologie, Psychologie, Betriebswirtschaft, verstärkt gewählt worden. Auch philologische Fächer, wie z. B. Germanistik, Anglistik und Romanistik sind beliebt. Wenn Sie sich aber für Romanistik entscheiden, weil Sie z. B. Französisch oder Italienisch lernen wollen, sollten Sie stattdessen besser einen Sprachkurs machen oder sich einen Au-pair-Aufenthalt überlegen (s. Punkt 2 und 8.2).

Von Kunsthistorikern wird außerdem erwartet, daß sie die wichtigsten künstlerischen Techniken kennengelernt haben, selbst wenn sie keine ausübenden Künstler sind. Diese Techniken werden nicht im Fach Kunstgeschichte gelehrt. Einige wählen deshalb **Bildende Kunst** als Nebenfach. Das kann sinnvoll sein, wenn Sie sich für Museumspädagogik interessieren. Jedoch wird dieser Beruf eher von Kunsterziehern ausgeübt, nicht aber von Kunsthistorikern. Wenn Sie Kunsterzieher oder Künstler werden wollen (Maler, Bildhauer, Architekt usw.), müssen Sie z. B. an einer Kunstakademie oder -hochschule studieren oder an dem zuständigen Lehrstuhl einer Universität.

Kunstgeschichte als Nebenfach

Wenn Sie Kunstgeschichte als Nebenfach studieren, bedenken Sie bitte, daß unser Fach sehr groß ist. Als Nebenfächler werden Sie kaum mehr als einen Einblick erhalten, da Sie sich nicht auf eine einzige Epoche oder Gattung beschränken können. Auch wenn Sie Kunstgeschichte nur im Nebenfach studieren, erwartet man von Ihnen, daß Sie sich einen Überblick erarbeiten, die spezifischen Methoden aneignen und für Prüfungen mit Spezialgebieten aufwarten können.

2. Voraussetzungen für das Studium der Kunstgeschichte

Im folgenden Kapitel geht es um die Voraussetzungen für das Studium der Kunstgeschichte bzw. um Eigenschaften, die Sie vielleicht erst während des Studiums entwickeln.

Breites Allgemeinwissen

Zu den Voraussetzungen eines gelungenen Studiums gehört ein breites Allgemeinwissen. Interessieren Sie sich für möglichst viele Gegenstände: Je mehr Sie auf unterschiedlichen Gebieten wissen, desto eher werden Sie Verbindungen untereinander schlagen, Zusammenhänge erkennen und kritisch beurteilen. Gleichzeitig lernen Sie sich selber besser kennen und können Ihre Fähigkeiten in die verschiedensten Richtungen entwickeln.

Freude am Umgang mit Kunst

Ganz wichtig ist, daß Ihnen die Arbeit mit Kunstwerken Freude bereitet. Wenn Sie z. B. gerne vor einem Gemälde sitzen und es lange betrachten oder Regen Sie nicht davon abhält, eine Kirche nicht nur von innen, sondern auch von außen anzusehen, wenn Museen eine magische Anziehungskraft auf Sie ausüben: dann kann es sein, daß Sie das richtige Studium gewählt haben. Wenn Sie außerdem gerne in Bücherregalen mit Fachliteratur stöbern, sich festlesen, Bücher nicht nur per Register ausschlachten, um die relevanten Stellen für Ihr Referat zu finden, dann spricht auch dies für eine gute Studienwahl. (Wenn Sie Probleme mit der Disziplin beim Lesen haben oder das Schreiben von Referaten zur Qual wird, heißt das nicht, daß Kunstgeschichte nicht das Richtige für Sie ist: lesen Sie Punkt 4.2).

Bereitschaft, sich dasselbe Werk immer wieder anzusehen

Eine weitere Voraussetzung ist, daß Sie Geduld und Ausdauer mitbringen. Ein Kunstwerk erschließt sich nicht im Handumdrehen. Man muß es immer wieder betrachten: nicht nur fünf Minuten lang, sondern sehr viel länger. Dies wird gerne mit dem Kennenlernen eines Menschen verglichen: immer wieder entdeckt man Neues oder sieht Altbekanntes in einem neuen Licht. Wenn Sie meinen, Sie wissen, wie das Werk aussieht, können Sie eine einfache Übung machen. Sie drehen sich um (oder legen die Abbildung beiseite) und skizzieren es aus dem Gedächtnis. Dabei merken Sie ganz schnell, wie gut Sie das Werk vor Augen haben.

Gefühl für Formen und ein gutes optisches Gedächtnis

Gleichzeitig schult diese Übung Ihr Gefühl für Formen. Kunstgeschichte ist unter anderem auch Formgeschichte. Prägen Sie sich deshalb Formen ein, egal welcher Art – Sie trainieren damit Ihr optisches Gedächtnis. Das geht meist nicht von heute auf morgen, sondern ist Übungssache. Formen prägen sich nicht ein, wenn man sie einfach nur ansieht. Entscheidend ist das bewußte Sehen. Das Zeichnen ist ein Hilfsmittel, das Beschreiben ein weiteres.

Fähigkeit, das Gesehene in Worte zu fassen

Wenn Sie das, was Sie sehen, in Worten ausdrücken, sehen Sie genauer hin. Sie müssen nicht unbedingt Kunstwerke beschreiben, sondern können sich an allen Dingen Ihrer Umgebung versuchen. Beschreiben Sie die Kaffeetasse auf Ihrem Schreibtisch, die Tür ihres Arbeitszimmers – gleichgültig, welche Gegenstände Sie sich vornehmen: es sind Formen, die manchmal etwas widerspenstig sind, wenn man sie beschreiben will. Mit der Zeit bekommt man aber Übung im bewußten Sehen und im Beschreiben.

Fähigkeit, sich in Wort und Schrift
angemessen ausdrücken zu können

Die oben (s. Punkt 1.2) beschriebenen Aufgaben der Kunstgeschichte bringen es mit sich, daß Kunsthistoriker und -historikerinnen auch eine Art Dolmetscher sind. Was sie über ihre Werke wissen, behalten sie nicht für sich, sondern geben es weiter – an die Fachwelt, aber auch an interessierte Laien. Sie lassen Werke vergangener Zeiten für die eigene lebendig werden, sie erklären auch Werke der eigenen Epoche.

Sie müssen sich also in Wort und Schrift angemessen ausdrücken können. Das üben Sie während des Studiums: in Form von Referaten, in Form von schriftlichen Hausarbeiten (auch Seminararbeiten genannt), in Diskussionen, schließlich in der Bachelor- oder Magisterarbeit. Das Schreiben ist ein wesentlicher Bestandteil des Studiums und auch später des Berufs, gleichgültig in welcher Sparte. Sie sollten daher in der Rechtschreibung und Zeichensetzung firm sein (im Zweifel hilft ein Duden, s. Punkt 4.5: Der Handapparat). Nur Mut, wenn Sie über den ersten Referaten und Hausarbeiten verzweifeln oder an Schreibhemmungen leiden: auch hier ist Abhilfe möglich (s. Punkt 4.2).

Bereitschaft zum selbständigen Arbeiten

Eine weitere wichtige Voraussetzung ist, daß Sie sehr viel Eigeninitiative und Selbstdisziplin entwickeln. Im Fach Kunstgeschichte gibt es nicht wie an der Schule einen festen, vorgegebenen Stundenplan. Sie müssen zwar die Anforderungen der Studienordnung erfüllen, aber es bleibt weitgehend Ihnen überlassen, welche Pflichtveranstaltungen Sie besuchen. Sie erhalten keine Liste mit Büchern und Aufsätzen, die Sie bis zu einem bestimmten Zeitpunkt gelesen haben müssen. Wenn Sie Seminare schwänzen, wird Ihnen niemand hinterherlaufen und fragen, warum Sie gefehlt haben. Niemand wird fragen, wieviel Sie heute für Ihr Studium gearbeitet haben. Die Kontrollinstanzen existieren nicht: allenfalls, wenn Sie Seminararbeiten nicht zum Termin liefern können und deshalb keinen Schein erhalten. Ihren Tagesablauf müssen Sie selbst gestalten. Das ist für viele Studienanfänger sehr ungewohnt. Auch bei der Anfertigung Ihrer Seminararbeiten wird Ihnen kaum jemand verraten, wie man das macht. Sie sind weitgehend auf sich gestellt. Diese Situation ist nur zu bewältigen, wenn Sie sie selbst in die Hand nehmen und selbst aktiv werden. Praktische Hilfen hierzu finden Sie in den Kapiteln 4.2 „Das Problem des Anfangs/Schreibhemmungen" und 4.3 „Kontinuierliche Arbeit".

Bereitschaft, sich gegebenenfalls die nötigen Sprachkenntnisse anzueignen (Latein, Englisch, Französisch zumindest passiv, Italienisch zumindest passiv)

Die Gegenstände des Fachs bringen es mit sich, daß man sich Sprachkenntnisse aneignen muß. Viele Studierende nehmen heute das Studium der Kunstgeschichte auf, ohne Französisch zumindest lesen zu können oder ohne Latinum. Bei der Erarbeitung von Referaten und Hausarbeiten zählt die – zum Glück meist etwas verschämt vorgebrachte – Entschuldigung „ich kann aber kein Französisch/Italienisch" nicht, von Englisch gar nicht erst zu reden.

Die Fachliteratur ist nicht nur auf Deutsch oder Englisch verfaßt. Sie müssen Französisch und Italienisch soweit beherrschen, daß Sie entsprechende Texte zumindest lesen und verstehen können. Ein kleiner Trost: man liest sich relativ schnell ein. Die ersten Seiten eines fremdsprachigen Textes sind mühsam, weil man meist viele Vokabeln nachschlagen muß. Sie wiederholen sich aber, man bekommt Übung, und am Schluß hat man das befriedigende Gefühl, eine Herausforderung gemeistert zu haben.

Sie sollten, wenn Sie diese Sprachen noch nicht beherrschen, sie keinesfalls zum Nebenfach wählen. Die Sprache erlernen Sie dadurch nicht – da helfen eher ein Sprachkurs an der Universität oder ein Ferienkurs im Land selbst. Auch als Au-pair kann man sich die nötigen Sprachkenntnisse in den Semesterferien, gerade zu Beginn des Studiums, relativ schnell erwerben (s. Punkt 8.2).

Die meisten Universitäten verlangen den Nachweis lateinischer Sprachkenntnisse in Form des Latinums. Selbst wenn in manchen Fällen Ausnahmen möglich sind, werden die Texte, die Sie während des Studiums lesen, nicht weniger lateinisch. Das Latinum muß für gewöhnlich bis zum Magister, an einigen Instituten schon bis zur Zwischenprüfung nach gewöhnlich vier Semestern, spätestens aber bis zur Promotion nachgewiesen werden. An jeder Universität gibt es Schnellkurse, in denen – gewöhnlich innerhalb eines Jahres – das Latinum nachgeholt werden kann. Fragen Sie bei der Studienberatung nach solchen Kursen. Das Vorlesungsverzeichnis (VV) kennzeichnet diese Kurse ebenfalls deutlich. Wenn Sie einen solchen Kurs besuchen müssen, sollten Sie für die Dauer dieser Zeit keinerlei andere besondere Aktivitäten einplanen. Das Latinum ist innerhalb dieser Zeit zu schaffen, aber es ist eine harte Zeit. Vielleicht beruhigt es Sie, daß niemand Sie später nach der Note fragen wird.

Offenheit für andere Weltanschauungen

Es ist eine wichtige Voraussetzung, die eigene Position (z. B. Religion, Kunstauffassung) nicht absolut zu setzen. Üben Sie Ihre Neugier und Ihre Unvoreingenommenheit: es war nicht immer so wie heute, und frühere Positionen können Ihnen vielleicht helfen, neue Wege für sich selbst zu finden. Sie werden erkennen, daß auch die Überzeugungen, mit denen Sie groß geworden sind, nicht absolut sind. Stattdessen sind sie gewachsen. Sie verdanken sich ganz bestimmten Traditionen, die sich oft konkret beschreiben lassen. Auch Ihre eigene Einstellung kann Ihnen in ihren Bedingtheiten klarer werden und dann vielleicht zu verbessern sein. Sie entdecken möglicherweise ganz neue Interessen an sich, begeistern sich z. B. für die Ornamentik in frühmittelalterlichen Handschriften, wenn Sie bisher nur für das 20. Jahrhundert schwärmten. Oder Sie entdecken die Naturwahrnehmung der Frühen Niederländer im 15. Jahrhundert und sehen plötzlich selbst die Welt mit anderen Augen. Vielleicht widmen Sie sich dem Frauenbild des Klassizismus und überdenken Ihre eigene Frauenrolle am Anfang des 21. Jahrhunderts.

Bereitschaft zum Reisen

Grundsätzlich gilt, daß die Begegnung mit dem Original durch nichts, wirklich durch gar nichts, zu ersetzen ist (s. auch „Exkursionen" und „Übungen", Punkt 3.7). Die beste Abbildung, keine noch so gelungene Beschreibung ersetzt das Kunstwerk selbst. In Vorlesungen sehen Sie

Dias oder Powerpoint-Folien: damit sind alle Werke gleich groß. Selbst wenn die Maße angegeben werden, macht man sich selten klar, wie groß bzw. klein z. B. ein Gemälde ist. Im Museum ist man häufig überrascht, wie das Bild wirklich aussieht. Auch Farbabbildungen täuschen oft ungemein; außerdem reproduzieren sie häufig nicht das gesamte Bild. Die Oberflächenstruktur z. B. einer Skulptur oder die Pinselstruktur eines Gemäldes sind nur schwer in einer Fotografie wiederzugeben. Den Raumeindruck von Architektur schließlich kann man nur erfahren, wenn man sich im Gebäude selbst bewegt.

Gewöhnlich geht bei jeder Reproduktion gegenüber der Vorlage etwas verloren. Wenn Sie ein Objekt fotografieren, vom Negativ einen Abzug herstellen und diesen Abzug als Druckvorlage benutzen, kommt sehr viel an Feinheiten abhanden. Selbst wenn heute Fotos eingescannt und per Computer nachbearbeitet werden, sind die Mehrzahl der Abbildungen in der Fachliteratur noch auf dem traditionellen Weg erstellt. Die Dias, mit denen die kunsthistorischen Institute arbeiten und die oft genug auch Powerpoint-Folien zugrunde liegen, wurden längst nicht immer vor den Originalen aufgenommen, sondern von Abbildungen in Büchern.

Gemälde bestehen in der Regel aus mehreren Schichten: Leinwand oder Holz, darüber ein Gips- oder Kreidegrund, dann mehrere Schichten Farbe, schließlich ein Firnis. Das Licht – noch dazu je nach Art der Lichtquelle, Tageszeit, Wetter, Jahreszeit selbst unterschiedlich – dringt in diese Schichten ein, wird unterschiedlich gebrochen und reflektiert. Dasselbe gilt für bemalte, d. h. gefaßte Skulpturen. Ein Dia hingegen sieht immer gleich aus: es ist ein Stück Kunststoff, durch das das genormte Licht des Projektors lediglich hindurchgeschickt wird. Ein Kunstwerk kann man in Abbildungen also nur oberflächlich kennenlernen. Wenn Sie es wirklich studieren wollen, müssen Sie das Original sehen.

Als Konsequenz müssen Sie die Bereitschaft zum Reisen mitbringen oder entwickeln. Beginnen Sie mit den Werken in der Heimatstadt und dem Studienort und der näheren Umgebung. Es müssen keine berühmten Werke und Bauten sein, aber Sie sollten sich mit der Kunst, die Sie umgibt, vertraut machen. Warten Sie nicht, bis entsprechende Exkursionen angeboten werden: organisieren Sie mit anderen Studierenden Fahrgemeinschaften für Bahn oder Auto, machen Sie gemeinsame Radtouren. Auch hier gilt, wie im übrigen Studium, daß Sie Eigeninitiative entwickeln müssen.

Wenn Sie noch mehr über die allgemeinen Voraussetzungen für ein Hochschulstudium wissen wollen, lesen Sie folgenden Artikel:

Büttner, Frank: *Voraussetzungen für das Studium der Kunstgeschichte*, in: Finkenstaedt, Thomas/Heldmann, Werner (Hrsg.): Studierfähigkeit konkret. Erwartungen und Ansprüche der Universität, Bad Honnef 1989, S. 117–123

3. Der Studienbeginn

Die meisten Erstsemester sind etwas nervös, weil sie kaum eine konkrete Vorstellung von dem Unileben haben. Oft ist mit dem Studienbeginn auch der Auszug aus dem Elternhaus verbunden, mitunter ein Umzug in eine andere Stadt. Damit werden häufig die Sozialbindungen aus der Schulzeit aufgegeben; neue müssen erst geschaffen werden. Der Alltag ändert sich; was bisher selbstverständlich war, ist es plötzlich nicht mehr. Mit den neuen Selbstverständlichkeiten, die das Universitätsdasein bestimmen, ist man noch nicht vertraut. Das ist anfangs oft mit erheblichem Streß verbunden. Es gibt einige Bücher, die in dieser Situation Hilfestellung geben können. Sehr hilfreich kann auch die Plattform für Studierende im Internet sein: studis-online.de: eine Fülle von Informationen und Hilfestellungen zu allen Themen rund um Studium und Hochschule. Hier können Sie auch alle Fragen stellen, für die Sie sich anderswo vielleicht genieren würden.

Literaturempfehlungen:

Seidenspinner, Gundolf: *Der Studienbeginn*. Anmeldung und Zulassung, Studienanfang, Prüfungen, Tips zum Studienabschluß. 22. Aufl. Neuausgabe, München/Landsberg am Lech 2002 (zuerst 1968) (Schriften der Deutschen Studentenschaft)
Sehr zu empfehlen, weil stark an der Praxis orientiert, eine gute Einführung für Erstsemester, verständlich geschrieben. Das Buch gibt vor allem gute Entscheidungshilfen zur Wahl des Studienorts, zur Wahl des Fachs, Hilfen im Papierkrieg vor und bei Studienbeginn, zu Krankenversicherung, Wohnungssuche, Studienfinanzierung; es nennt diverse Anlaufstellen an der Uni für diverse Probleme wie z. B. der Bewältigung von Einsamkeit zu Studienbeginn,

gibt Ratschläge für Arbeits-, Zeit-, Studien- und Finanzplanung, Prüfungsvorbereitung und -techniken. Außerdem enthält das Buch ein Kapitel zum „Uni-Chinesisch", in dem zahlreiche Abkürzungen und akademische Begriffe kurz erklärt werden.

Hülshoff, Friedhelm/Kaldewey, Rüdiger: *Mit Erfolg studieren.* Studienorganisation und Arbeitstechniken. 3., neu bearbeitete Aufl., München 1993 (zuerst 1979)
Handelt nicht nur „Anfängerprobleme" unabhängig von der gewählten Fachrichtung gründlich ab, sondern berücksichtigt wie das vorhergehende Werk auch einige praktische Fragen (z. B. Studienfinanzierung, Wohnungssituation). Das Schwergewicht liegt auf den Arbeitsweisen des Studiums: Arbeitsorganisation, Bibliothekswesen, Lerntechniken, Referatstechnik, Prüfungsvorbereitung, Berufsstart.

3.1 Zulassungsbeschränkungen

Sie können Kunstgeschichte an Universitäten, Technischen Universitäten und Gesamthochschulen studieren. Nicht alle Hochschulen bieten Kunstgeschichte an. Einige Hochschulen haben einen Numerus clausus, d. h. eine Zulassungsbeschränkung. Wenn Sie Kunstgeschichte studieren wollen, brauchen Sie sich allerdings nicht über die ZVS (Zentrale für die Vergabe von Studienplätzen) zu bewerben. Am besten erkundigen Sie sich bei der Hochschule Ihrer Wahl, ob Kunstgeschichte dort zulassungsbeschränkt ist. Wenn ja, erbitten Sie gleichzeitig die Bewerbungsunterlagen. An einigen Hochschulen können Sie das Studium der Kunstgeschichte auch nur zum Wintersemester aufnehmen. Bewerbungsschluß ist dann meist Mitte Juni bis Mitte Juli; die Termine sind von Hochschule zu Hochschule unterschiedlich.

3.2 Wahl des Studienortes

Unter dem Link http://infobub.arbeitsagentur.de/kurs/index.jsp sind alle deutschen Universitäten mit Kunstgeschichte aufgelistet. Eine weitere Auflistung, die auch die Institute in Österreich und der Schweiz berücksichtigt und auch die Internetadressen angibt, finden Sie in:

Baumgartner, Marcel: *Einführung in das Studium der Kunstgeschichte* (Kunstwissenschaftliche Bibliothek Bd. 10), 2. Aufl. Köln 1999 (zuerst 1998), S. 227–239.
Studienführer Kunstgeschichte. Deutschland, Österreich, Schweiz. VDG-Verlag und Datenbank für Geisteswissenschaften, Weimar 2007. www.portalkunstgeschichte.de Erscheint jährlich.

Vielleicht können Sie frei entscheiden, ob Sie für das Studium umziehen und in welche Stadt Sie gehen. Die Entscheidung fällt vielleicht schwer, vor allem, wenn Sie keine klaren Entscheidungskriterien haben. Wenn irgend möglich, sollten Sie während des laufenden Semesters an die Hochschulen fahren, die Sie in Erwägung ziehen, dort in die Institute gehen und sich anhand des Studienweisers oder Kommentierten Vorlesungsverzeichnisses über die Studienordnung und über das Angebot an Lehrveranstaltungen informieren. Diese Studienweiser und Kommentierten Vorlesungsverzeichnisse erhalten Sie in den Instituten selbst; Sie können sie sich auch gegen frankierten Rückumschlag (und den Preis in Briefmarken) zuschicken lassen.

Die **Studienberatung** (s. Punkt 3.6: Informationsmöglichkeiten) wird meist von Assistenten und Assistentinnen durchgeführt, also Mitgliedern des Lehrkörpers, die vor allem Lehrveranstaltungen für die Studierenden dem ersten Semester anbieten. Versuchen Sie auch, mit Studierenden zu reden: vielleicht hat jemand von der Fachschaft (s. Punkt 1.5) Zeit für Sie. Wo und wann Sie Fachschaftler treffen können, erfahren Sie in der Regel im **Kommentierten Vorlesungsverzeichnis.** (Es enthält ausschließlich die Veranstaltungen des jeweiligen Instituts, mitunter ergänzt durch Erläuterungen und Literaturangaben, Hinweise auf erforderliche Vorkenntnisse. Außerdem enthält das Kommentierte Vorlesungsverzeichnis meist noch nützliche Informationen über das Institut allgemein, die man sonst nicht erfährt.) Studierende äußern sich in der Regel ungenierter über die Situation am Institut als Lehrende.

Neben der Studienberatung am Institut gibt es auch eine **Zentrale Studienberatung** (ZSB). Dorthin sollten Sie auf jeden Fall gehen, wenn Sie Probleme haben: sei es mit Lerntechniken, Prüfungsangst, BAföG,

Auseinandersetzungen mit Lehrenden, sozialen Problemen, auch bei geplantem Fachwechsel, Hochschulwechsel, Auslandsaufenthalten, Zweitstudium, Doppelstudium, Ablehnungsbescheiden egal welcher Art. Oft kennt man dort legale Wege, die Ihnen weiterhelfen. Dasselbe gilt für den **AStA** (Allgemeiner Studentenausschuß). Die Beratung dort kann politisch eingefärbt sein. Gleichgültig, wie Sie dazu stehen: auch hier kennt man Hilfsmöglichkeiten, auf die Sie von alleine schwerlich kommen.

3.3 Psychische Umstellung

Sie sind eingeschrieben und jetzt Student/Studentin. Auch wenn Sie gleichzeitig berufstätig sind, jobben oder Familie haben: Ihr Status ist jetzt ein anderer als vorher. Wenn der Studienbeginn mit einem Umzug verbunden ist, kostet das nicht nur Geld, sondern auch Kraft: Am alten Wohnort werden sich einige Bindungen auflösen, und am Studienort wollen die sozialen Netze erst neu geknüpft werden. Zum Teil geschieht das fast von selbst (s. Punkt 4.3: Das tägliche Pensum). Gleichgültig, ob Sie umziehen, pendeln oder am Ort bleiben: Der Studienbeginn ist jedenfalls das Überschreiten einer Schwelle. Bei aller Vorfreude ist oft auch ein wenig Angst vor dem Neuen dabei. Das ist normal; den meisten Erstsemestern geht es ähnlich. Trauen Sie sich und sprechen Sie Kommilitonen an, die mit Ihnen in der Schlange warten, neben Ihnen im Seminar sitzen, das Schwarze Brett studieren. Oft gibt es auch Stammtische oder Treffen für Erstsemester, die die Fachschaft anbietet.

3.4 Einschreibung (Immatrikulation)

Bei den meisten Universitäten müssen Sie sich persönlich einschreiben und können sich nicht vertreten lassen. Im Zulassungsbescheid ist aufgelistet, was Sie alles zur Einschreibung mitbringen müssen, wann und wo Sie sich immatrikulieren. Bei der Einschreibung erhalten Sie das Studienbuch und manchmal auch schon den Studentenausweis – einige Hochschulen schicken ihn erst später zu.

3.5 Studienbuch und Belegen/Rückmeldung

Das Studienbuch ist ein wichtiges Dokument. Jedes Semester tragen Sie hier ein, welche Lehrveranstaltungen Sie im Kern- und in den Nebenfächern belegt haben. Achtung: Belegen – also im Studienbuch eintragen – ist etwas anderes als tatsächlich besuchen! Die meisten Studienbücher sind deshalb eher Märchenbücher. Das Belegen richtet sich nach der Studienordnung. Laut Studienordnung müssen Sie pro Modul eine bestimmte Anzahl an Semesterwochenstunden (SWS) belegt haben. Das rechnet sich folgendermaßen: Eine Vorlesung findet in der Regel jede Woche 2 Stunden statt, d. h. zweistündig. Das sind 2 SWS. Ein dreistündiges Proseminar zählt also 3 SWS. Offiziell gilt das Belegen im Studienbuch als Nachweis des ordnungsgemäßen Studiums. Achten Sie also darauf, daß Sie für jedes Modul mindestens soviel SWS und Arten von Lehrveranstaltungen belegen, wie Ihnen die Studienordnung vorschreibt. Der Eintrag der belegten Veranstaltungen wird von der Uni registriert und im Studienbuch dokumentiert. Das Belegen findet meist kurz nach Semesteranfang statt. Der Termin wird per Aushang und Internet bekanntgegeben: überall im Institut, mindestens aber am Schwarzen Brett. Wenn Sie sich noch nach der Belegfrist für eine Veranstaltung entscheiden und dort einen Schein erwerben, müssen Sie unbedingt „nachbelegen". Es kann Ihnen sonst passieren, daß das Prüfungsamt diesen Schein nicht anerkennt. Die Nachbelegfristen erfahren Sie im Studentensekretariat; manchmal sind sie auch im Vorlesungsverzeichnis angegeben.

Im Studienbuch werden außerdem Fachwechsel, Prüfungen, Hochschulwechsel vermerkt. Gerade für Hochschulwechsel ist der Nachweis des bisherigen „ordnungsgemäßen" Studiums wichtig, damit Ihnen die bisherigen Module angerechnet werden. Manchmal werden im Studienbuch auch die Zahlbelege für den Studentenwerksbeitrag abgeheftet. Das Studentenwerk unterhält z. B. Wohnheime, Kindertagesstätten, macht allgemeine Studienberatung (die nicht die Studienberatung in den Instituten ersetzt), gibt Info-Broschüren über die sozialen Einrichtungen der jeweiligen Stadt heraus („Student in …"), unterhält mitunter einen psychologischen Beratungsdienst und betreibt die Mensa. Ohne den Nachweis, daß Sie den Studentenwerksbeitrag eingezahlt haben (er wird jedes Semester fällig und heißt an manchen Unis „Verwaltungsgebühr"), werden Sie nicht immatrikuliert bzw. wird Ihre Rückmeldung nicht akzeptiert.

Gegen Semesterende müssen Sie sich „rückmelden". Die Termine werden ausgehängt und sind auch online abrufbar; außerdem erinnern sich die Studierenden meist gegenseitig an diesen wichtigen Termin. Die Rückmeldung heißt, daß Sie auch im folgenden Semester weiterstudieren. Wer ihn verpaßt, wird leicht exmatrikuliert und sitzt dann ohne Studienplatz da. Die Rückmeldebescheinigung muß dem BAföG-Amt eingereicht werden, weil sonst die Zahlungen eingestellt werden.

3.6 Der erste Gang ins Institut

Wenn Sie nicht an Ihrem bisherigen Wohnort studieren, ist die Einschreibung eine sehr gute Gelegenheit, sich das Institut von innen anzusehen.

Es ist soweit: Sie gehen zum erstenmal ins Institut – vielleicht schon vor der Immatrikulation, weil Sie sich allgemeine Informationen verschaffen und weil Sie eine klarere Vorstellung vom Studium der Kunstgeschichte gewinnen wollen. Vielleicht sind Sie auch schon eingeschrieben und gehen nur deshalb ins Institut – mit dem Gefühl, wenn man schon eingeschrieben ist, muß man auch mal hingehen. Das Herzklopfen bei diesem Gang ist normal: es ist der Anfang von etwas Neuem, und der ist meist mit ein bißchen Angst verbunden.

Wichtig ist, daß Sie überhaupt ins Institut gehen. Wenn Sie ängstlich zu Hause sitzenbleiben, können Sie das Unileben nie kennenlernen. Sie werden nicht der einzige Mensch sein, der etwas fremd herumsteht und versucht, sich zurechtzufinden. Lassen Sie sich nicht von älteren Kommilitonen einschüchtern, die so zielbewußt durch die Gegend laufen, denn auch sie waren einmal Erstsemester. Im übrigen ist der Anfang leichter, als man denkt: Sie müssen es nur anpacken, d. h. die nächsten Seiten lesen und tun, was dort empfohlen wird. Tun Sie es wirklich, belassen Sie es nicht allein beim Lesen.

Informationsmöglichkeiten

Das Vorlesungsverzeichnis (VV)

Besorgen Sie sich das Vorlesungsverzeichnis. Die Buchhandlungen rund um die Uni stapeln es oft direkt an der Kasse. Meist enthält das Vorlesungsverzeichnis einen Lageplan der Uni, so daß Sie sich orientieren können. Es enthält natürlich die Lehrveranstaltungen des kommenden Semesters, die Adressen der Institute, eine Auflistung des Lehrkörpers, und oft sind auch die Termine der Studienberatung enthalten. Aber häufig ergeben sich Änderungen im Lehrangebot oder im Personalstand der Institute. Das Vorlesungsverzeichnis geht schon mehrere Monate vor Semesterbeginn in Druck, so daß spätere Änderungen nicht immer berücksichtigt werden können. Maßgeblich sind deshalb die **Anschläge am Schwarzen Brett** im jeweiligen Institut und die homepage.

Die Studienberatung

Der Studienbeginn ist mit viel Lauferei und Fragerei verbunden: beginnen Sie damit schon etwas vor Semesterbeginn. Nicht alle Institute bieten während der gesamten Semesterferien eine Studienberatung an. Nicht überall ist man erfreut, wenn Sie die Termine der Studienberatung telefonisch erfragen. Wenn das nämlich alle Anfänger machen, sind das an großen Instituten leicht mehr als hundert Anrufe. Sie können sich vorstellen, wie entnervt Sekretärinnen dann sind. Schauen Sie zuerst in das Vorlesungsverzeichnis und auf die Homepage, denn meist sind dort die Termine angegeben.

Machen Sie sich vorher eine Liste mit Fragen und nehmen Sie sie mit. Notieren Sie sich bei dem Gespräch gleich die Antworten: man vergißt schnell. Notieren Sie sich auch, mit wem Sie gesprochen haben, falls Sie später Rückfragen haben. Nützliche Fragen sind z. B.:

– Gibt es Termine, um sich in **Anmeldelisten** für Proseminare und Grundkurse einzutragen, oder gibt es Online-Formulare? Gerade in größeren Instituten hängen oft Listen aus, in die sich die Studierenden eintragen oder Sie müssen sich online anmelden. Damit reservieren Sie Ihren Platz im Seminar. Für Vorlesungen gibt es keine solchen Listen: grundsätzlich können Sie alle Vorlesungen besuchen.

– Wann beginnen die **Vorlesungen** und **Seminare**? Es ist wichtig, daß Sie schon an der ersten Sitzung teilnehmen. Meist werden in der ersten Sitzung eines Seminars die Referate verteilt und manchmal auch erklärt, was von diesen Beiträgen erwartet wird. Wenn die Teilnehmerzahl begrenzt ist, haben Nachrücker in der Regel nur in der ersten Sitzung die Chance, einen freigewordenen Platz zu ergattern.

– Wo bekomme ich einen **Institutsausweis**? Häufig gibt jedes Institut einen eigenen Ausweis aus, der manchmal als Seminarkarte bezeichnet wird. Er ist die Zugangsberechtigung zur Bibliothek und gibt Ihnen in einigen Instituten die Möglichkeit, über das Wochenende Bücher aus der Bibliothek zu entleihen. Das kann für das Anfertigen von Referaten sehr nützlich sein.

– Gibt es Veranstaltungen, deren Besuch Pflicht ist? Manche Institute haben z. B. eine **obligatorische Studienberatung** für Erstsemester, andere verlangen den Besuch bestimmter Veranstaltungen während des ersten Semesters. Das steht dann auch in der Studienordnung (zur Studienordnung s. Punkt 3.9).

– Wo erhalte ich die **Studienordnung**? Die Studienordnung ist für jedes Fach unterschiedlich. Was in Kunstgeschichte gilt, gilt nicht für Ihre Nebenfächer. Sie müssen also auch in die Institute der Nebenfächer gehen und dort dieselben Fragen stellen. Das sollten Sie möglichst bald tun.

– Wo erhalte ich das **Kommentierte Vorlesungsverzeichnis (KV)**? Diese Broschüre listet ausschließlich die Veranstaltungen des jeweiligen Instituts auf. Die Lektüre ist wichtig, weil hier die Seminare und Vorlesungen kurz erläutert und auch oft Angaben zur Grundlagenliteratur gemacht werden. Einige Institute drucken auch die wichtigsten Prüfungsbestimmungen ab, stellen den Lehrkörper und die Fachschaft vor und geben noch weitere Informationen über das Institut.

An einigen Instituten gibt die Fachschaft eigene Infos heraus. Unbedingt besorgen und lesen, auch wenn sie mitunter etwas drastisch formuliert sind!

Lesen Sie die Studienordnung, das Kommentierte Vorlesungsverzeichnis und die Infos der Fachschaft gründlich durch. Wenn dabei weitere Fragen auftauchen, notieren Sie die und gehen erneut zur Studienberatung bzw. in die Erstsemesterberatung der Fachschaft. Ganz wichtig: Wenn Sie sich nicht gut beraten fühlen, wagen Sie einen zweiten Versuch, vielleicht bei einem anderen Dozenten. Und kommen Sie nicht erst eine Viertelstunde vor Ende der Studienberatung …

Außer dieser Art der Studienberatung am Institut gibt es auch noch an einigen Unis einen sog. **Studien- oder Hochschulführer**, den Sie auch über den Buchhandel beziehen können. Hier erfahren Sie z. B., welche Fächer es überhaupt gibt, womit sie sich auseinandersetzen, in welche Veranstaltungen Sie „hineinschnuppern" können, usw. Außerdem erfahren Sie hier, wie Ihre Hochschule aufgebaut ist und verwaltet wird. Der Aufbau einer Hochschule ist kompliziert, zudem variieren die Bezeichnungen der verschiedenen Gremien und Ämter von Bundesland zu Bundesland, häufig auch von Uni zu Uni. Einen guten Überblick bietet:

Seidenspinner, Gundolf: *Der Studienbeginn*. Anmeldung und Zulassung, Studienanfang, Prüfungen, Tips zum Studienabschluß. 22. Aufl. Neuausgabe, München/Landsberg am Lech 2002 (zuerst 1968), darin die beiden Kapitel: Wie wird eine Hochschule verwaltet; Welche Institutionen beeinflussen meine Hochschule und gestalten die Hochschulpolitik mit?

An der Uni gehen die Uhren anders: Zeit und Ort

Wenn als Anfangszeit 14.00 Uhr vermerkt ist, beginnt die Veranstaltung tatsächlich um 14.15 Uhr, d. h. „c.t.", „cum tempore". Die „Verspätung" ist das sog. akademische Viertel. Ist hingegen bei der Anfangszeit 14.00 s.t. vermerkt, so bedeutet dies „sine tempore", also ohne akademisches Viertel, und es geht pünktlich um 14.00 Uhr los. Hört die Veranstaltung laut Vorlesungsverzeichnis um 16.00 Uhr auf, so ist in der Regel bereits um 15.45 Uhr Schluß.

Zu guter Letzt noch ein praktischer Hinweis: Die meisten Unis sind auch von den Räumlichkeiten her verwirrend. Planen Sie deshalb auch Zeit ein, um die Hörsäle und Seminarräume zu finden: das kostet mehr

Zeit, als man denkt. Gerade zu Semesteranfang werden Lehrveranstaltungen häufig verlegt – und dann müssen Sie noch „schnell" den neuen Raum finden ...

3.7 Die Formen der Lehre

Die Studienordnung schreibt Ihnen vor, wieviele und welche Leistungsnachweise Sie im Laufe Ihres Studiums erwerben müssen, und sie finden dort auch einen Hinweis auf die Regelstudienzeit. Sie beträgt beim B.A.-Studiengang sechs Semester. In dieser Zeit müssen Sie alle Leistungsnachweise erworben und ggfs. die Bachelor-Arbeit verfaßt haben.

Das Studium gliedert sich meist in eine Einführungsphase mit Propädeutika und Grund- bzw. Einführungsproseminaren, auf die eine Aufbauphase mit Proseminaren und eine Vertiefungsphase mit Hauptseminaren folgt. Vorlesungen, Übungen, Exkursionen sind oft auf beide Phasen verteilt. Beim herkömmlichen Magister-Studiengang wird zwischen Grund- und Hauptstudium unterschieden. Im Grundstudium (in der Regel vier Semester) besuchen Sie vor allem Proseminare; einige Institute bieten auch Propädeutika bzw. Grundkurse und Tutorien an. Im Hauptstudium besuchen Sie Hauptseminare. Vorlesungen, Übungen und Exkursionen sind sowohl im Grund- als auch im Hauptstudium zugänglich. Diese verschiedenen Veranstaltungsarten werden im folgenden Abschnitt kurz erklärt.

Vorlesung

Eine Vorlesung wird in der Regel von einem Professor oder Professorin bzw. jemand mit Habilitation gehalten, einem sog. Privatdozenten. In Vorlesungen erhalten Sie z.B. einen Überblick über eine Epoche, eine bestimmte übergreifende Problemstellung, oder aber eine Einführung in ein Fachgebiet, zusammen mit Abbildungen (als Dias oder Powerpoint-Präsentation) der relevanten Kunstwerke. Einige Studienordnungen schreiben den Besuch von Vorlesungen vor, prüfen ihn nach und „belohnen" ihn auch mit einem Schein. Andere Studienordnungen haben keine verpflichtenden Vorlesungen in die Module aufgenommen. Viele

Studierende verzichten daher auf Vorlesungen, im Glauben, daß sie durch den Besuch eines Seminars mehr profitieren. Das ist ein Irrglaube. Sie übersehen, daß Vorlesungen eine der effizientesten Formen der Wissensvermittlung sein können. Viele Menschen können sich Fakten und Zusammenhänge leichter merken, wenn sie sie erzählt bekommen, statt sie zu lesen: genau das geschieht in einer Vorlesung. Außerdem sind Vorlesungen oft eine große Hilfe bei der Prüfungsvorbereitung: Sie lernen hier Ihren Prüfer kennen und merken, was er für wichtig hält und wie er methodisch vorgeht.

Gewöhnlich wird mehr als eineVorlesung angeboten. Sie können im Semester nicht sämtliche Vorlesungen besuchen: eine ist ausreichend (schließlich haben Sie in Ihren Nebenfächern auch noch Veranstaltungen). Damit Sie diejenige auswählen können, die Ihnen am meisten zusagt, sollten Sie zu Beginn des Semesters in jede angebotene Vorlesung einmal gehen. Hören Sie aufmerksam zu und entscheiden Sie sich dann für diejenige Vorlesung, die Sie am meisten interessiert bzw. in Ihren Zeitplan paßt. Besuchen Sie diese regelmäßig, auch wenn es dafür keinen Schein geben sollte. Sie werden trotzdem etwas lernen.

Zum Mitschreiben einer Vorlesung
Ursprünglich dienten Vorlesungen dazu, Literatur den Studenten zugänglich zu machen. Oft war das betreffende Manuskript nur im Privatbesitz des Dozenten vorhanden. Die Vorlesung diente der Verbreitung der Bücher durch Vorlesen und der kritischen Stellungnahme. Der Professor, der an einigen Universitäten auch Magister (Lehrer) oder Doctor genannt wurde, saß dabei in seinem Lehrstuhl, der Cathedra (daher auch Katheder) und verlas ein Werk eines Autors. Gleichzeitig erklärte und kommentierte er dieses Werk, kritisierte es auch und entwickelte dabei seinen eigenen Standpunkt. Die Studenten lasen mit, falls sie das Werk besaßen, oder sie schrieben eifrig mit. Längst nicht jeder Student konnte das fragliche Werk selber lesen: Bücher waren teuer und ein wertvoller Besitz. Das Gehörte ließ sich nur in Ausnahmefällen nachlesen; die Lehrform der Vorlesung entstand schließlich vor der Buchdruckerkunst.

Der Mangel an Büchern erklärt auch, warum die Persönlichkeit des jeweiligen Professors so wichtig war: seine Auslegung, seine eigene Stellungnahme prägte das jeweilige Fach an der Universität. Heute gewinnt man mitunter den Eindruck, daß wir uns wieder diesen Verhältnissen annähern: Es gibt mehr Bücher als je zuvor, aber die hohe Zahl von Studierenden macht es fast unmöglich, daß sich im Laufe eines Semesters alle die notwendige Literatur beschaffen können.

Auch heute noch werden Vorlesungen gewöhnlich mitgeschrieben. Es geht aber dabei nicht darum, Wort für Wort mitzuschreiben; es ist kein Diktat. Sie sollten sich aber auch nicht wie in einem Kino nur berieseln lassen und sich an schönen Dias ergötzen. Vielmehr ist das Mitschreiben eine Konzentrationshilfe. Wegen der Bildprojektion ist der Hörsaal verdunkelt, was auf die Hörerschaft oft einschläfernd wirkt. Versuchen Sie trotzdem, in Ihren Notizen die Gedankenführung zu erfassen und diese schriftlich festzuhalten. Sie können auch die einzelnen Dias oder Folien notieren und das, was jeweils dazu gesagt wird. Das hilft auch, nicht nur hinzuhören, sondern auch hinzusehen.

Schreiben Sie nicht einfach mit, was vorne am Katheder so alles gesagt wird. Dieses mechanische Mitschreiben ist vertane Zeit und Energie. Stattdessen versuchen Sie mitzudenken: Achten Sie bewußt auf die Argumentationsweise des Dozenten. Welche Thesen stellt er auf? (Stellt er überhaupt welche auf? Vielleicht implizit?) Wie begründet er sie? (Begründet er sie wirklich?) Eine solche Haltung erfordert viel Selbstdisziplin. Aber Sie lernen dabei nicht nur Inhaltliches zu einem bestimmten Gebiet, sondern auch Methodik bzw. methodische Fehler kennen. Auch davon werden Sie in jedem Fall profitieren. Außerdem werden Sie in der Vorlesung merken, wie der jeweilige Dozent Kunstgeschichte betreibt. Sie lernen im Lauf der Zeit auf diese Art verschiedene Methoden kennen; Sie werden merken, daß man Kunstgeschichte nicht nur auf eine einzige Weise betreiben kann.

Eine Einführung in einige **Methoden** bzw. Ansätze der Kunstgeschichte finden Sie z. B. in

Bauer, Hermann: *Kunsthistorik*. Eine kritische Einführung in das Studium der Kunstgeschichte, 3., durchges. u. erg. Aufl. München 1989 (zuerst 1976)

Wenn Sie sich in die Geschichte des Fachs einarbeiten, werden Sie ohnehin mit den unterschiedlichen Methoden vertraut, mit denen die verschiedenen Kunsthistoriker gearbeitet haben. Eine Literaturliste dazu finden Sie unter Punkt 6.3.

Das Mitdenken wird es Ihnen auch erleichtern, selbst einer scheinbar langweiligen Vorlesung zu folgen. Wenn Sie selber beim Zuhören geistig aktiv bleiben, werden Sie das Gehörte viel leichter behalten. Sie werden auch Bezüge zu vorigen Vorlesungsstunden herstellen können, oder zu dem, was Sie selbst auf eigene Faust gelesen haben. Es ist ein richtiges Glücksgefühl, wenn man solche Beziehungen plötzlich erkennt: verdienter Lohn der Arbeit! Vielleicht merken Sie auch, daß Ihnen die größeren Zusammenhänge noch fehlen. Nicht verzagen, sondern weiter die Vorlesung besuchen, mitschreiben, mitlesen (wenigstens ein Werk parallel zur Vorlesung – s. unten) und sich darüber klarsein, daß man nicht in einem Semester alles lernen kann, was es zu lernen gibt.

Schreiben Sie nach Möglichkeit nicht in eine Kladde, sondern auf DIN A4-Bögen, die Sie bequem in einen Ordner abheften können. Mitunter werden auch Karteikarten propagiert. Das ist letztlich Gewöhnungssache: Probieren Sie aus, womit Sie besser arbeiten können. Vielleicht können Sie Ihre Mitschriften später einmal für ein Referat verwenden, und dann ist es praktisch, sie auf einzelnen Blättern bzw. Karten zu haben. Aus diesem Grund sollten Sie Ihre Bögen auch nur einseitig beschriften. Auf jedes Blatt gehört oben, als **Kopfzeile**, das Datum, der Name des Dozenten und der Kurztitel der Vorlesung. Sie sollten auch die Blätter der jeweiligen Vorlesung durchnumerieren.

Mitunter bereitet es Probleme, die Eigennamen richtig zu schreiben. Dafür gibt es Abhilfen. Bitten Sie den Dozenten, solche Namen vor Beginn der Vorlesung anzuschreiben. Oder – und das sollten Sie in jedem Falle tun, wenn im Kommentierten Vorlesungsverzeichnis keine Literatur angegeben ist – bitten Sie ihn um eine **Lektüreempfehlung**. Es ist ratsam, wenigstens ein Überblickswerk parallel zur Vorlesung durchzuarbeiten. Das kann auch durchaus im Rahmen einer Arbeitsgruppe (s. Punkt 7.1) geschehen. Einiges wird Ihnen beim Lesen schon bekannt vorkommen, und es wird Ihnen leichter fallen, den Stoff der Vorlesung in einen größeren Zusammenhang einzuordnen. Sie werden feststellen, daß in der Vorlesung z. T. andere Interpretationen referiert werden als in der Literatur. Achten Sie darauf, wie diese Interpretationen jeweils begründet werden: zum einen in der Vorlesung selbst und zum anderen in der Literatur. Gedrucktes wirkt „wahrer" als Gesprochenes, aber wenn Sie auf die Argumentationsweise achten, können Sie leichter feststellen, was Sie mehr überzeugt.

Notieren Sie sich schon in der Vorlesung selbst am Rand des Blattes, wenn Sie etwas nicht verstanden haben, und zwingen Sie sich, diese **Unklarheiten** nachzuarbeiten. Das sollte möglichst bald nach der Vorlesung geschehen, solange das Gehörte noch frisch ist. Vorsicht: Oft nimmt man sich vor, das beim nächsten Gang ins Institut zu erledigen. Meist ist dann anderes wichtiger, und die Notizen werden unbearbeitet wieder nach Hause getragen und verschwinden im Ordner. Besser ist es, wirklich regelmäßig, möglichst täglich, in der Bibliothek sein Pensum abzuarbeiten. Die Chancen, solche Wissenslücken aufzufüllen, sind dann erheblich größer. Solche Arbeit mit den Notizen ist viel sinnvoller als bloßes Übertragen in eine Reinschrift – die kann man sich sparen, wenn die Notizen selbst auch nur halbwegs leserlich sind. Es bringt mehr, wenn Sie Fachliteratur lesen, als wenn Sie zu Hause Ihre Vorlesungsnotizen zu einem fortlaufenden Text ausarbeiten: die Lücken werden Sie ohnehin wohl nur mit Hilfe von Fachliteratur füllen können.

Dasselbe gilt für Gedankengänge, mit denen Sie nicht übereinstimmen. Eine wichtige Regel in der Wissenschaft ist, niemals eine Meinung ungeprüft zu übernehmen. Holen Sie wenigstens noch eine weitere Meinung ein; möglichst aus einer anderen „**Schule**" (s. Punkt 6.2 und 8.1). Achten Sie auch hier genau auf die Methodik, d. h. auf die Art und Weise, wie man zu Erkenntnissen gelangt und sie begründet.

Manche Vorlesungen erschweren es den Studierenden, aufmerksam zuzuhören, weil der Dozent nuschelt, zu schnell oder zu langsam spricht, sich oft wiederholt, seinen Stoff nicht klar strukturiert, und was es an Unarten noch mehr gibt. Abhilfe erfordert vielleicht etwas Mut: Gehen Sie in seine Sprechstunde und bitten Sie ihn, deutlicher zu sprechen, den Stoff klarer zu gliedern usw. Schlimmstenfalls ist er gekränkt, aber er wird Ihnen nicht den Kopf abreißen. Ob er sich wirklich bessert, ist nicht unbedingt garantiert, doch der Versuch ist es wert. Bedenken Sie aber bitte, daß eine Vorlesung keine Unterhaltungsveranstaltung ist. Wenn Sie sachlich überfordert sind, können Sie das dem Dozenten schlecht vorhalten. Da müssen Sie schon selber Abhilfe schaffen (z. B. mit Hilfe einer **Arbeitsgruppe**, s. Punkt 7.1).

Es reicht nicht, wenn Sie in der Vorlesung einfach nur dasitzen. Durch rein physische Anwesenheit lernen Sie nichts; es ist dann nur eine Art Kinobesuch. Damit Sie etwas vom Stoff behalten, müssen Sie mit ihm arbeiten, sich selbst Gedanken darüber machen, und Sie müssen ihn wiederholen: sei es durch Lesen Ihrer Mitschrift, sei es durch Lektüre von Fachliteratur. Erst damit eignen Sie sich das Gehörte wirklich an und machen es für sich verfügbar.

Aufmerksames Zuhören, Mitdenken, Mitschreiben ist auch Übungssache. Am Anfang fällt es oft schwer, man schweift ab, verliert den roten Faden: alles kein Unglück; nehmen Sie einen neuen Anlauf. Im Lauf der Zeit werden Sie Routine bekommen und der Vorlesungsbesuch wird weniger anstrengend.

Zwischenbemerkung zu Blackboard und E-learning

Viele Lehrveranstaltungen werden mittlerweile durch Lernplattformen online begleitet und unterstützt („Blackboard"). In den jeweiligen Blackboard-Kursen finden Sie z. B. aktuelle Ankündigungen, Lehrmaterialien wie Texte oder Abbildungen von Kunstwerken, Literaturlisten, usw. Meist ist auch ein Diskussionsforum angelegt, wo Sie sich untereinander austauschen oder als virtuelle Gruppe miteinander arbeiten können. Das E-learning kennt viele Formen, Inhalte und Methoden, ist also ähnlich breitgefächert wie die Lehre im Seminarraum und Hörsaal. Einige Kurse sind so konzipiert, daß man sie parallel zum Studium in Eigenregie durcharbeiten soll. Andere sind auf eine bestimmte Lehrveranstaltung hin abgestimmt – weil diese Präsenzveranstaltungen sind, Sie also anwesend sein müssen, ersetzt der Blick in den Blackboard-Kurs keinesfalls den Besuch der Veranstaltung selbst.

Proseminar

Ein Proseminar ist für Studierende der ersten Semester bzw. des Grundstudiums gedacht. Sie werden in der Regel von Professoren, Assistenten und wissenschaftlichen Angestellten abgehalten. Assistenten und wissenschaftliche Angestellte stellen den akademischen Nachwuchs dar, den sog. „Mittelbau".

In Proseminaren werden Sie in ausgewählte Gebiete der Kunstgeschichte eingeführt. Die Studierenden halten zu bestimmten Themen Referate, die oft auch schriftlich auszuarbeiten sind, oder sie fertigen von vorherein schriftliche Hausarbeiten an. In diesen Seminaren lernen Sie also, wissenschaftliche Arbeiten zu schreiben und wissenschaftliche Diskussionen zu führen, d. h. aktiv eine Auseinandersetzung mit der Literatur und mit Kommilitonen und Kommilitoninnen zu führen. Ein Seminar, egal in welchem Semester, lebt deshalb mindestens genauso von den Referaten wie von der anschließenden Diskussion bzw. von Fragen zum Referat. Mitunter wird ein Schein auch für das Anfertigen eines Protokolls oder für die Diskussionsleitung vergeben.

Viele Studierende schreiben während des Referats mit. Hier gelten dieselben Regeln wie beim Mitschreiben von Vorlesungen: immer zugleich mitdenken. Kritik bzw. Lob zum Inhalt und zur Vortragsweise können Sie unmittelbar im Anschluß an das Referat anbringen. Machen Sie sich Notizen, was Ihnen gut gefallen hat und was Sie gestört hat. Sie lernen selbst am meisten davon, und auch von schlechten Beispielen kann man profitieren.

Wenn zum Referat ein Paper (Thesenpapier, s. Punkt 5.6) verteilt wird, kann es das Zuhören erleichtern – es nimmt Ihnen aber nicht das Mitdenken ab. Wenn Sie also leichter denken können, indem Sie mitschreiben, dann tun Sie es.

Propädeutikum bzw. Grundkurs

Die meisten Studierenden bringen bei Studienanfang nicht das Vorwissen mit, das wünschenswert wäre. Aus diesem Grund haben viele Institute sog. Grundkurse bzw. Propädeutika eingeführt. Hier werden die Erstsemester in die kunsthistorischen Methoden eingeführt, hier wird Fachvokabular eingeübt, hier wird das Gelernte in (Kurz-)Referaten angewendet. An einigen Instituten sind die Propädeutika breiter aufgefächert: sie behandeln z. B. jeweils Malerei, Skulptur, Architektur, Ikonographie (die Entschlüsselung der Bildinhalte), Quellenkunde (vor allem den Umgang mit schriftlichen Zeugnissen), Druckgraphik, Kunstgewerbe, Geschichte der Kunstgeschichte.

Tutorium

Die Teilnahme an Tutorien ist in den allermeisten Fällen freiwillig; es werden keine Scheine vergeben. Oft sind es Studierende in höheren Semestern, die in Tutorien den Anfängern den Einstieg in das Studium erleichtern wollen. In den meist kleinen Gruppen haben Sie die Möglichkeit, all das zu fragen, was Sie sich im Seminar oder in der Sprechstunde nicht trauen. Mitunter begleiten die Tutorien ein bestimmtes Seminar oder eine Vorlesung. Manchmal sind es auch unabhängige Veranstaltungen, in denen Sie z. B. Arbeitstechniken einüben, gemeinsam ins Museum gehen, Bibliotheken erforschen oder sich bei Ihren Referaten helfen lassen können. S. auch Arbeitsgruppen (Punkt 7.1).

Hauptseminar

Diese Lehrform ist Studierenden höherer Semester bzw. des Hauptstudiums vorbehalten. Hauptseminare werden in der Regel von Professoren abgehalten, bei denen Sie später Ihre Bachelor-, Magister- und ggfs. Doktorarbeit schreiben. Die Referate sind meist länger als im Proseminar, behandeln mehr Stoff und setzen mehr Vorwissen voraus.

Oberseminar

Dieser Ausdruck ist nicht mehr allgemein gebräuchlich; diese Seminarform ist deshalb auch nicht klar zu definieren. Sie wird von Studierenden höherer Semester besucht; mitunter finden Referate statt, es ist aber nicht die Regel.

Kolloquium

Das Kolloquium kann für die Magistranden und Doktoranden eines bestimmten Professors reserviert sein, die hier, ähnlich wie im Seminar, bestimmte Themengebiete behandeln oder ihre eigenen Forschungsarbeiten vorstellen. Es kann auch sein, daß man nur auf Einladung des Seminarleiters teilnehmen kann.

Übung

Der Gebrauch dieses Begriffs ist nicht einheitlich. Gewöhnlich werden Übungen vor Originalen durchgeführt. Mit „Übung" werden auch Veranstaltungen bezeichnet, die von „Leuten aus der Praxis" abgehalten werden, den sog. Lehrbeauftragten. Diese arbeiten meist am Museum, in der Denkmalpflege und der Verwaltung der staatlichen Schlösser und Gärten. Auch Mitarbeiter von Forschungsinstituten und Bibliotheken, Restauratoren und Freiberufler können einen Lehrauftrag versehen. Der unschätzbare Vorteil solcher Veranstaltungen besteht darin, daß diese „Praktiker" meist einen ganz anderen Zugriff auf die Werke haben, und es ist wichtig für Sie, auch diese andersartigen Zugänge zum Werk kennenzulernen. Vielleicht helfen solche Übungen Ihnen auch bei der späteren Berufsentscheidung. In Übungen können Sie z. B. ein Restaurierungsatelier von innen kennenlernen, auf ein Kirchengewölbe steigen oder die Vorbereitung einer Ausstellung hinter den Kulissen erleben: Erfahrungen, die der „normale" Universitätsbetrieb nicht bieten kann.

Exkursion/Museumsbesuch

Die beste Abbildung kann die Begegnung mit dem Original nicht ersetzen. Aus diesem Grund sind Exkursionen ein wichtiger Bestandteil des Studiums. Für Studierende der ersten Semester werden meist Tagesexkursionen in die nähere Umgebung angeboten, für Studierende höherer Semester eher mehrtägige Exkursionen. Meist empfiehlt es sich nicht, schon zu Beginn des Studiums eine „große" Exkursion mitzumachen: wenn man nicht über fundiertes Vorwissen verfügt, artet die Reise leicht in bloßes Sightseeing aus.

Der Museumsbesuch

Bei einem Museumsbesuch beginnt der Normalbesucher mit Saal 1, schreitet die Wände ab, liest das Schildchen am Bild, betrachtet dann das Bild selbst, schreitet zum nächsten Schildchen usw. Gewöhnlich verbringt er die meiste Zeit damit, die Beschriftungen zu lesen. Selten beträgt die Verweildauer vor einem Werk mehr als fünf Sekunden. Nach einigen Sälen hat der Besucher Rückenschmerzen und flieht ins Museumscafé.

Sie können sich Zeit und Rückenschmerzen ersparen, wenn Sie in die Mitte des Saals gehen und sich langsam einmal um die eigene Achse drehen. Dabei sehen Sie alle Bilder. Einige davon ziehen vielleicht Ihr Interesse auf sich, sei es, daß sie Ihnen besonders gefallen, sei es, daß Sie sie scheußlich finden. Sie betrachten dann nur diese Bilder – und fragen sich dabei z. B., warum Sie sie schön oder abstoßend finden. Auf diese Weise widmen Sie den Werken mehr Zeit als den Beschriftungen. Auch hier gilt: lieber Weniges intensiv als Vieles oberflächlich. Wer nur durch die Säle rennt, wird sich an gar nichts erinnern. Im übrigen ist es ähnlich wie mit Texten: versuchen Sie, Bilder mit Fragen anzusehen. Um sie wirklich eingehend zu studieren, können Sie sie auch skizzieren, denn das erzieht zum genauen Hinsehen.

Wenn Sie in einem Museum bestimmte Werke anschauen wollen, gehen Sie direkt zu ihnen hin und versuchen Sie, unterwegs nicht „hängenzubleiben". Wenn Sie anschließend noch Zeit und Energie haben, können Sie immer noch weitere Werke studieren; s. auch Reiseführer/ Der Inhalt des Exkursionskoffers (Punkt 4.5).

3.8 Der Scheinerwerb ist noch kein Studium

Glauben Sie nur nicht, daß Sie „richtig" studiert haben, wenn Sie alle vorgeschriebenen Scheine erworben haben. Das Wort „Scheinerwerb" ist nicht umsonst doppeldeutig. Es handelt sich um Mindestanforderungen, mehr nicht. Das sollte Ihnen immer vor Augen stehen. Es geht andererseits auch nicht darum, sehr viel mehr Scheine zu erwerben als die Studienordnung verlangt. Es geht vielmehr darum, daß Sie eigenverantwortlich arbeiten, d.h., daß Sie Vorlesungen besuchen, selbständig zu bestimmten Themen lesen, in Ihrer Arbeitsgruppe aktiv sind, sich selbständig Werke im Original ansehen – sich also in Eigeninitiative mehr Wissen aneignen als allein in den Seminaren, die Sie zwecks Erwerb der Pflichtscheine besuchen müssen.

3.9　Die Zusammenstellung eines Stundenplans

Bevor Sie Ihren Stundenplan für das Semester zusammenstellen, lesen Sie die Studienordnung gründlich durch. Schreiben Sie sich auf, welche Scheine Sie im ersten Studienjahr erwerben müssen. Wenn Sie sich schon für ein Modul in Nachbarfächern entschieden haben, lesen Sie auch deren Studienordnungen gründlich durch. Schreiben Sie sich wiederum auf, welche Scheine Sie im ersten Studienjahr erwerben müssen. Wenn Sie Fragen haben, gehen Sie in die Studienberatung.

Ein häufiges Mißverständnis besteht darin, daß man den Stundenplan an einer Uni mit dem an einer Schule verwechselt. An einer Uni ist der größte Teil der Arbeit selbständig: d.h., er findet nicht in Seminaren, Übungen und Vorlesungen statt, sondern in der Bibliothek. Bedenken Sie, daß die Studienordnungen nur Mindestanforderungen sind. Vielleicht erscheinen sie Ihnen wenig, wenn Sie auf dem Gymnasium knapp dreißig Stunden hatten. Aber bedenken Sie, daß Sie parallel zu den Lehrveranstaltungen selber lesen und daß Sie für jedes Seminar ein Referat bzw. eine schriftliche Hausarbeit schreiben müssen. Es ist sinnvoller, Weniges gründlich und gut zu machen, als Vieles nur oberflächlich.

Viele Institute geben sogenannte **Studienpläne** heraus. Sie sind nicht zu verwechseln mit den Studienordnungen. Letztere sind verbindlich, während die Studienpläne Ihnen nur helfen sollen, Ihr Studium zu planen. Belegen freilich können Sie, soviel Sie wollen. Dabei richten Sie sich nach dem Studienplan; dann ist der Amtsschimmel zufrieden (zum Belegen s. Punkt 3.5).

Legen Sie Ihre Veranstaltungen möglichst so, daß sie Ihnen nicht zu sehr den Tag zerhacken. Sie brauchen Zeit am Stück, um in der Bibliothek arbeiten zu können (s. auch Punkt 4.3: Das tägliche Pensum zu den „guten" Arbeitszeiten). Es ist auch sinnvoll, einen Tag frei von Veranstaltungen zu halten, um diesen Tag vollständig für die Bibliotheksarbeit zur Verfügung zu haben. Allerdings müssen Sie dann an diesem Tag auch tatsächlich in der Bibliothek arbeiten, damit diese Planung erfolgreich ist.

Das Vorlesungsverzeichnis wird lange vor Semesterbeginn in Druck gegeben. Bis zum tatsächlichen Vorlesungsbeginn kann sich viel ändern.

Dasselbe gilt für das Kommentierte Vorlesungsverzeichnis des jeweiligen Instituts. Die Änderungen erfahren Sie nur aus Anschlägen im Institut selbst und der Homepage. Suchen Sie also dort aufmerksam die **Schwarzen Bretter** ab und sehen Sie auf der Homepage des Instituts nach.

Gewöhnlich ergeben sich auch im Lauf der ersten beiden Semesterwochen noch Umstellungen im Stundenplan. Manchmal mußte kurzfristig ein Seminar umgelegt werden, oder eine Vorlesung fällt aus, oder Sie haben sich zuviel vorgenommen. In der dritten Semesterwoche sollten Sie aber einen Wochenplan haben, an dem Sie nicht mehr viel ändern.

3.10 Lernen Sie Ihr Institut und die Bibliotheken kennen

Es ist ganz wichtig, daß Sie neben dem Erstellen des Stundenplans und der Übernahme von Referaten sich auch mit dem Institut selbst und anderen Bibliotheken vertraut machen. Schließlich sind Bücher eines Ihrer wichtigsten Arbeitsmittel.

Zu allererst und am allerwichtigsten: Machen Sie sich mit den Fachbibliotheken vertraut. Zu Semesterbeginn werden kostenlose **Bibliotheksführungen** angeboten. Nehmen Sie sie unbedingt wahr, auch wenn es zeitaufwendig ist, denn Sie werden viel mehr Zeit mit Herumsuchen und Fragen verlieren, wenn Sie die Bibliothek nicht kennen. Die Zeit für eine Führung ist gut investiert, sogar sehr gut. Im folgenden sind diejenigen Bibliotheken aufgeführt, in denen Sie unter allen Umständen eine Führung mitmachen müssen.

Jedes Institut hat eine eigene Bibliothek, die Instituts- oder Seminarbibliothek. Zur Benutzung brauchen Sie meistens einen Institutsausweis bzw. Seminarkarte (s. Punkt 3.6: Informationsmöglichkeiten). Diese Bibliothek ist eine sog. Präsenzbibliothek, d. h., die Bücher sind nicht ausleihbar. Manche Institute machen aber eine Ausnahme und leihen über das Wochenende aus – mit Strafen für verspätete Rückgabe. Wenn Sie schon Ihre Nebenfächer festgelegt haben, sollten Sie auch in den dortigen Institutsbibliotheken eine Führung mitmachen.

Die meisten Institutsbibliotheken sind Freihandbibliotheken, d. h. die Bücher sind frei aufgestellt und Sie können sich die, die Sie benötigen, selbst suchen. Eine beliebte Unsitte ist es, Bücher zu verstellen, damit andere sie nicht finden, man selbst aber Zugriff hat: damit sind sie für andere Benutzer „verloren", weil unauffindbar. So etwas ist höchst unsozial.

Eine weitere Bibliothek, die Sie kennen müssen, ist die **Universitätsbibliothek** (UB). Viele Städte haben auch eine **Staatsbibliothek** (Stabi). Mitunter sind sie identisch. Auch hier gilt: unbedingt die Bibliotheken per Führung kennenlernen! Für gewöhnlich sind diese Bibliotheken keine Freihandbibliotheken, d. h. Sie müssen Bestellzettel ausfüllen oder Ihre Bestellungen in einen Computer eingeben. Daneben haben sie auch Lesesäle, wo sich meist gut arbeiten läßt. Dort stehen auch wichtige Lexika und Standardwerke. Sie sind als Präsenzbestand nicht ausleihbar, damit sie für die Leser ständig verfügbar bleiben.

Viele Studentenwerke haben eigene Bibliotheken, in denen häufig benötigte Literatur steht. Spätestens, wenn Sie in Stabi und UB nur die Rückmeldung „ausgeliehen" bekommen, lohnt der Gang in die Studentenwerksbibliothek. Hier liegen meist auch überregionale Tageszeitungen und Zeitschriften aus.

In größeren Städten können Sie durchaus auch in der Stadtbibliothek fündig werden. Erkundigen Sie sich bei der Fachschaft und den Lehrenden, ob es noch weitere Bibliotheken gibt, die für Sie interessant sind, wie z. B. Bibliotheken von Museen und Akademien.

Bibliothekskataloge
Bibliotheken verfügen über Kataloge, d. h. Verzeichnisse auf Karteikarten oder im Computer auf Microfiche, oder auch in Form von gebundenen Büchern. Dabei unterscheidet man verschiedene Typen. Die gebräuchlichsten sind folgende:
Der **AK** ist der **Alphabetische Katalog**, auch Autoren- oder Verfasserkatalog genannt. Hier sind die Werke nach Autoren geordnet verzeichnet. Die Zeitschriften sind entweder ihrem Titel nach eingeordnet (z. B. „Kunstchronik" unter K) oder sie sind in einem eigenen Katalog erfaßt. Handelt es sich um Schriften, die nicht einen Autor, sondern einen Herausgeber haben, so werden sie unter dem Namen des Herausgebers

katalogisiert. Festschriften (das sind Sammelbände von verschiedenen Aufsätzen zu Ehren eines Wissenschaftlers von seinen Schülern und Freunden) werden nicht unter dem Namen des Herausgebers, sondern unter dem Namen des Gefeierten katalogisiert.

Der **SK (Sachkatalog)**, **SWK (Schlagwortkatalog)** und **SyK (Systematischer Katalog)** erschließen über Stichworte bestimmte Themen. Diese Sachbegriffe sind wiederum alphabetisch geordnet. Wenn Sie noch gar keine Vorstellung von der Literaturlage zu Ihrem Referatsthema haben, gehen Sie zuerst an einen dieser Kataloge, überlegen sich einige passende Stichworte und schlagen darunter nach. Sie werden sehr allgemeine und sehr spezielle Literatur finden. Längst nicht immer sind in diesem Katalogtyp auch Aufsätze verzeichnet. Die finden Sie auf andere Art (s. Punkt 4.4 Bibliographien). Auch damit sollten Sie sich vertraut machen, denn die Literatursuche ist mühsam: man sollte deshalb keine Möglichkeit verschenken.

Die **Recherche per Computer** (online) gibt es mittlerweile in fast jeder Bibliothek. Die Online-Recherche ist eine relativ effiziente Suchmöglichkeit. Die Suchbegriffe, die Sie eingeben, sollten Sie sorgfältig vorbereiten; die Recherche ist nämlich nicht immer kostenfrei. Zeit spart Geld!

Diese Bemerkungen ersetzen auf keinen Fall eine **Bibliotheksführung**. Bibliotheken bieten wesentlich mehr; es wäre einfach dumm, auf diese Arbeitsmöglichkeiten und Arbeitserleichterungen zu verzichten, nur weil man sie nicht kennt. Deshalb noch einmal: Machen Sie im Institut, in der UB und in der Stabi eine Führung mit, selbst wenn Sie schon über die ersten Semester hinaus sind. Zu Semesteranfang werden ständig Führungen angeboten: nehmen Sie das Angebot wahr; Sie lernen bestimmt etwas dabei.

Ein zweiter Vorschlag: Gehen Sie am Institut an den Regalen entlang, in jedem Raum, und sehen Sie sich an, was für Bücher dort stehen. Ein Tag reicht gewöhnlich dafür. Dieser Rundgang auf eigene Faust kann aber eine Führung durch eine Bibliotheksfachkraft nicht ersetzen. Sie haben aber mehr Zeit, wenn Sie selbständig auf Entdeckungsreise gehen. Die Bücher, die Bibliotheken sind ein ganz wichtiges Handwerkszeug für Sie, deshalb müssen Sie damit gut vertraut sein.

Noch einmal: Der Semesteranfang ist stressig, besonders für Erstsemester. Das bleibt Ihnen nicht erspart. Der erste Gang ins Institut, Studienberatung, das Studium der (Kommentierten) Vorlesungsverzeichnisse, der Schwarzen Bretter, Homepages und der Studienordnungen, Bibliotheksführungen, Schnuppersitzungen in Vorlesungen, Zusammenstellung des Stundenplans, Referate übernehmen: aber nach zwei Wochen ist der Anfangsstreß ausgestanden. Danach beginnt die Arbeit in Vorlesungen und Seminaren und das Verfassen von Referaten bzw. Hausarbeiten.

4. Das Studium, ganz praktisch

4.1 Ihr Arbeitsplatz ist in der Bibliothek oder vor Originalen, nicht zu Hause

Studieren heißt vor allen Dingen, zu lesen und Originale anzusehen. Man liest dort, wo Bücher sind und möglichst wenig Ablenkung herrscht. Zu Hause gibt es in der Regel zu viel Ablenkung. Den meisten Menschen fällt es sehr schwer, daheim am Schreibtisch zu sitzen, bzw. sich dort hinzusetzen und sitzenzubleiben. Die meisten stehen bald wieder auf, um sich einen Kaffee zu machen. Wenn sie danach nicht den Dreh zur Arbeit finden, stehen sie wieder auf, um die Blumen zu gießen, oder sie gehen zum Briefkasten, um nach der Post zu sehen. Gefährlich ist es, wenn man eine Zeitung abonniert hat. Oder das Telefon klingelt, und man nimmt trotz des eingeschalteten Anrufbeantworters den Hörer ab.

Es kann auch schwierig sein, zu Hause konzentriert zu arbeiten, wenn man nicht alleine wohnt. Vielleicht bekommt man ein schlechtes Gewissen, daß man sich seiner Arbeit widmet statt dem Partner, und er möchte vielleicht lieber bekocht werden als daß seine Freundin am Schreibtisch sitzt. Ist man also nett und kocht, folgt vielleicht das schlechte Gewissen, weil man sich nicht seiner Arbeit widmet. Wenn man zu Hause arbeitet, ist außerdem die Gefahr groß, daß der Partner sagt: „Du bist doch die ganze Zeit zu Hause, dann könntest Du doch auch einkaufen" (oder die Wäsche machen, das Paket von der Post holen usw.) Wenn Sie Kinder haben, ist die Ablenkungsgefahr von Ihrer Arbeit noch größer.

Diese äußeren Störungen der Konzentration sind nicht zu unterschätzen. Es gilt, diese Faktoren zu reduzieren – ganz abschaffen lassen sie sich nicht. Das ist leicht gesagt und schwer getan.

Arbeit zu Hause wird nicht so ernst genommen wie Arbeit außer Haus, und sie wird nur so ernst genommen, wie Sie selbst sie nehmen. Darum müssen Sie sich selbst helfen und nach Möglichkeit in der Bibliothek arbeiten. Die Ablenkungsmöglichkeiten sind dort zwar auch vorhanden, aber nicht so ausgeprägt wie zu Hause. Es mag vielleicht bequemer sein, sich den Weg in die Bibliothek zu sparen, vor allem, wenn er lang oder das Wetter schlecht ist, aber Sie arbeiten effizienter, wenn Sie diese Unbequemlichkeit auf sich nehmen.

Gerade im 1. und 2. Semester haben viele Studierende das Gefühl, daß sie gar nicht das Recht haben, in der Bibliothek zu arbeiten. Sie sitzen da und haben das Gefühl, daß gleich jemand kommt, ihnen auf die Schulter tippt und vorwurfsvoll sagt: „Was machen Sie denn da, Sie haben hier doch nichts verloren". Ich garantiere Ihnen, daß das nicht passieren wird. Das Gefühl verliert sich innerhalb weniger Tage, wenn man wirklich arbeitet und nicht nur den Stuhl anwärmt.

Wenn Sie lesen, stolpern Sie immer wieder über Ausdrücke, die noch unbekannt sind. Zu Hause macht man sich bestenfalls eine Notiz und nimmt sich vor, sie beim nächstenmal im Institut nachzuschlagen. De facto passiert das selten oder nie. Das heißt, Ihr Kenntnisstand bleibt derselbe. In der Bibliothek hingegen können Sie aufstehen, haben gleich das passende Nachschlagewerk zur Hand, und Sie haben etwas dazugelernt.

Nach der Arbeit des Lesens und Exzerpierens kommt die des Schreibens. Die findet meist zu Hause statt, weil kaum jemand seinen Ordner oder Laptop mit den Lesenotizen täglich in die Bibliothek und zurück tragen will. Außer den genannten möglichen Problemen der Ablenkung tritt bei vielen Menschen jetzt ein weiteres auf, nämlich das der Schreibhemmungen.

4.2 Das Problem des Anfangs/ Schreibhemmungen

Den meisten Menschen fällt es schwer, den Anfang zu finden. Bei Beginn der Arbeit an einem Referat, einem Aufsatz, einem Buch oder was auch immer verbringt man oft Tage damit, sich um den Schreibtisch herumzudrücken. Das Gefühl „eigentlich müßte ich ja arbeiten" treibt den (noch nicht)-Geistesschaffenden immer wieder an die Stätte seines Wirkens, ohne daß er sich jedoch niederläßt und konzentriert und beständig arbeitet. Viele Menschen brauchen einen gewissen **Zeitdruck**, um zu arbeiten. Andere können nur mit Muße arbeiten, ohne den Druck eines Ablieferungstermins. Besonders die Mitmenschen können in diesen Tagen sehr in Mitleidenschaft gezogen werden. Mitunter kostet es mehr Energie, den Anfang hinauszuschieben als tatsächlich anzufangen. Es gibt zwar kein Allheilmittel, um die manchmal schwierige Anfangsphase reibungsloser zu gestalten, aber es gibt einige Hilfen, mit denen Sie solche Konzentrationsstörungen bzw. Arbeitshemmungen mindern können.

Zu den Schwierigkeiten, eine Arbeit zu beginnen oder den ersten Satz zu formulieren, gibt es viel Literatur; einige Titel sind am Schluß dieses Kapitels aufgeführt. Sie zeigen vor allem, wie weit verbreitet das Problem ist.

Gewisse Schreibhemmungen sind völlig normal. Kaum jemand kann auf Anhieb formulieren, geschweige denn druckreif formulieren. Im Laufe der Jahre erwirbt man zwar eine gewisse Routine, aber für viele Wissenschaftler bleibt der „erste Satz" und alles, was darauf folgt, eine schwere Geburt.

Oft steckt hinter diesen Anlaufschwierigkeiten ein hoher **Leistungsdruck**, den man sich meistens selber macht: die Angst, Falsches oder Banales zu sagen, sich damit zu blamieren, das Wichtige zu übersehen oder nicht das zu sagen, was der Seminarleiter erwartet. Diese Versagensängste führen oft dazu, daß man sich zuviel Mühe gibt. Man sucht den treffendsten Ausdruck, die richtigste Feststellung, liest ohne Ende und kommt deshalb nicht zum Schreiben. Oder man hört schon beim Schreiben die vermeintliche Kritik des Professors oder der Kommilitonen, vielleicht auch die der Eltern und Geschwister. Eine mögliche Abhilfe besteht darin, sich vorstellen, daß man für das, was man da schreibt, überhaupt keine Verantwortung hat. Dazu gehört allerdings eine große Portion Phantasie.

Sie können auch versuchen, tagebuchartig aufzuschreiben, wie Ihre Schreibhemmungen aussehen. Dieses Journal kann Ihnen helfen, den unterschiedlichen Ursachen auf die Spur zu kommen.

Manche Menschen haben nur Formulierungsschwierigkeiten, wenn sie schreiben sollen, können aber durchaus über ihr Thema reden. Probieren Sie aus, jemanden anzurufen und über Ihre Arbeit zu sprechen, d.h., wovon sie handelt, welche Punkte Sie bearbeiten usw. Gleichzeitig lassen Sie ein Tonband laufen oder Sie notieren sich, was Sie sagen. Der Angerufene kann ruhig den Hörer auf ein Kissen legen und weggehen; wichtig ist, daß Sie nicht unterbrochen werden. Zustimmende Laute aus dem Hörer sind aber keine Störung. Nach Ende des Telefonats haben Sie ein Gerüst, das Sie in den Computer eingeben und ausarbeiten können.

Warten Sie nicht darauf, bis Sie Lust auf Arbeit verspüren – das dauert mitunter sehr lange. Schließlich warten Sie mit dem Abwasch auch nicht immer, bis Sie Lust dazu verspüren. Als Student ist es Ihre Hauptaufgabe, zu studieren. Setzen Sie sich hin und bleiben Sie sitzen. Das ist leichter gesagt als getan. Meist hilft es, am Anfang der Arbeit erst etwas Leichtes oder Angenehmes zu erledigen, quasi als Einstiegshilfe. Andere brauchen ein kleines Ritual, wie z.B. die Dinge auf dem Schreibtisch zu ordnen.

Das Beste ist, diese Anfangshürde mit **Gelassenheit** hinzunehmen, denn irgendwann findet man den Weg an den Schreibtisch und in die Arbeit hinein. Mitunter schlägt es dann ins Gegenteil um: man kann nicht mehr aufhören, füllt den Kühlschrank nicht mehr auf und ernährt sich tagelang nur von Butterbroten, würgt alle Telefongespräche ab, arbeitet halbe oder ganze Nächte durch – man taucht völlig in die Arbeit ein.

Werder, Lutz von: *Lehrbuch des wissenschaftlichen Schreibens*. Ein Übungsbuch für die Praxis, Berlin/Milow 1993
Nicht speziell für Anfänger geschrieben; richtet sich sowohl an Lehrende als auch an Studierende. Behandelt verschiedene Formen wissenschaftlicher Arbeiten wie z.B. Seminar- und Prüfungsarbeiten, Forschungsbericht, Gutachten, Interviews. Zahlreiche Übungsaufgaben.
Ders.: *Wissenschaftliches Lesen und Schreiben* [Elektronische Ressource]. Ein multimediales Lernprogramm, Milow 2000 (als CD-ROM)

Becker, Howard S.: *Die Kunst des professionellen Schreibens*. Ein Leitfaden für die Geistes- und Sozialwissenschaften, Frankfurt/New York 1994, 2. Auflage 2000 (Reihe Campus Studium Bd. 1085) (zuerst als: Writing for the Social Scientists, University of Chicago Press 1986)
Beschreibt mit viel Humor und Verständnis die Fallstricke beim Verfassen wissenschaftlicher Arbeiten und macht praktikable Vorschläge.

Kruse, Otto: *Keine Angst vor dem leeren Blatt* – ohne Schreibblokkaden durch das Studium, 12. vollst. neu bearb. Aufl. Frankfurt/M. 2007 (zuerst 1993)

Jeder hat seinen eigenen Arbeitsstil. Finden Sie Ihren eigenen Stil. Sie können Techniken anderer ausprobieren, aber lassen Sie sich nichts aufzwingen. Schöpferische Arbeit ist immer etwas Individuelles – und doch gibt es einige Regeln und Hilfsmittel, um die es im Folgenden geht.

4.3 Kontinuierliche Arbeit

Regelmäßige Arbeit, die nicht von außen kontrolliert wird, erfordert Übung und Selbstdisziplin. Gerade am Anfang fällt es schwer, dem Impuls zu widerstehen, die Arbeit zu unterbrechen oder noch ein wenig vor sich herzuschieben. Sie können es sich mit ein paar Kunstgriffen leichter machen (in der Lernpsychologie spricht man von Konditionierung; in der Arbeitswelt eher von Routine).

Das tägliche Pensum

Eines brauchen Sie zum Arbeiten unbedingt, gleichgültig, ob Sie in einer Bibliothek oder daheim sitzen: Eigeninitiative und Selbstdisziplin. Ohne das geht es nicht.

Ein Studium ist kein Job von 9 bis 17 Uhr. Das hängt mit den Zeiten guter Konzentration zusammen. Viele atmen auf, wenn endlich Freitagnachmittag ist – endlich Wochenende, endlich Zeit zum Arbeiten. Für Menschen, die nicht wissenschaftlich arbeiten, ist das kaum nachvollziehbar. Hinzu kommt, daß sich kein Mensch den ganzen Tag über voll konzentrieren kann. Wer z. B. vormittags sehr leistungsfähig ist, nachmittags sich aber nur über das Wetter unterhalten kann und erst abends wieder munter wird, wird es zu schätzen wissen, wenn Lehrveranstaltungen entsprechend gelegt werden können oder Bibliotheken abends lange geöffnet sind. Es gibt auch sehr viele Nachtarbeiter, die erst mittags wach werden, den Nachmittag über langsam anlaufen, aber bis drei Uhr morgens am Schreibtisch sitzen.

Finden Sie heraus, wann Ihre eigenen Zeiten der besten Konzentration sind, und machen Sie sie zu **festen Arbeitszeiten**. Gewöhnen Sie sich an, zu diesen Zeiten zu arbeiten. Reservieren Sie diese Stunden für Ihr Studium. Es hilft, wenn Sie sich auf diese Weise einen gewissen Rhythmus angewöhnen. Legen Sie komplizierte Arbeiten nach Möglichkeit auf die Zeiten guter Konzentration und erledigen Sie Routinearbeiten dann, wenn Sie nicht in Hochform sind.

Wenn die „guten" Arbeitszeiten nicht zusammenhängen, ist es schwer abzuschätzen, wieviel man de facto arbeitet. Das macht leicht nervös: immer das Gefühl, es reicht nicht, und man müßte doch eigentlich mehr arbeiten, usw. Das zerrt an den Nerven. Als Abhilfe schreiben Sie jeden Tag auf, wieviel Sie tatsächlich arbeiten. Ziehen Sie die Kaffeepausen ab, mogeln Sie nicht. Sie haben damit eine relativ objektive Möglichkeit, Ihre Arbeitszeit in den Griff zu bekommen. Wer das Gefühl hat, nie genug zu arbeiten, wird sehen, wieviel man tatsächlich tut. Wer das Gefühl hat, nur noch zu arbeiten, wird auch hier korrigiert.

Eine **Faustregel** besagt: Wenn Sie am Tag vier Stunden kreativ arbeiten, d. h. nicht Fotokopien abheften, am Kopierer Schlange stehen, in der Bibliothek Bücher bestellen, sondern wirklich sitzen und lesen oder sich z. B. Jahreszahlen eintrichtern oder Kunstwerke einprägen, dann sind vier Stunden eine gute Zeit. Sehr viel weniger sollte es nicht sein. Die sogenannte nicht-kreative Arbeit kommt noch dazu. Sechs Stunden Arbeit insgesamt am Tag sind im Normalfall genug – falls sie in den Zeiten guter Konzentration liegen. Dann bleibt auch Zeit für die anderen Dinge des Lebens. Dies ist natürlich nur eine ganz grobe Faustregel. Jeder Mensch hat unterschiedliche Kapazitäten – was einer in drei Stunden schafft, gelingt einem anderen erst in sechs Stunden. Wenn jemand nach fünf Stunden erschöpft ist, kann ein anderer noch drei Stunden munter weiterarbeiten. Entscheidend ist das eigene Leistungsvermögen. Wenn man das Gefühl hat, daß man nicht genug oder zuviel arbeitet, genügt ein Blick auf die Arbeitszeit-Notizen.

Sie werden feststellen, daß Ihre Umwelt sofort merkt, wenn Sie Ihre guten Arbeitszeiten gefunden haben und die für sich reservieren wollen. Prompt will man genau diese Zeiten in Anspruch nehmen. Ihre Kinder werden genau dann quengeln, wenn Sie zu geistiger Hochform auflaufen oder sie werden krank, wenn der Abgabetermin des Referats näherrückt. Ihr Partner wird genau dann mit Ihnen Probleme klären oder einen Einkaufsbummel machen wollen, wenn Sie den Drang zum Schreibtisch verspüren. Ihre Lieben riechen förmlich, wenn etwas anderes wichtiger ist als sie. Bleiben Sie fest und freundlich und gehen Sie an Ihren Schreibtisch oder gehen Sie in die Bibliothek. Es ist Ihr Studium, und wenn nicht Sie daran arbeiten, wird es niemand anders für Sie tun.

Da Kunstgeschichte überwiegend von Frauen studiert wird, hier noch eine Bemerkung: Es ist immer noch häufig so, daß es zur weiblichen Erziehung gehört, eher auf die Wünsche anderer – besonders auf die von Männern – einzugehen als auf die eigenen. Das ist in Maßen auch sehr liebenswert von uns, aber wenn es um unsere Arbeit geht, ist das **Grenzenziehen** eine unbedingte Notwendigkeit. Einige Männer können das mitunter nur schwer akzeptieren, zumindest am Anfang. Es gibt auch solche, die sehr viel Unterstützung geben. Das Studium bzw. die Kunstgeschichte gehört zu uns, sie ist ein Teil unseres Lebens – ich hoffe, ein wichtiger Teil, und wer das nicht respektiert, der respektiert einen Teil unserer Identität nicht.

Gewöhnen Sie sich diese festen Arbeitszeiten an, und halten Sie sie ein. Es wird Ihnen im Laufe der Zeit leichter fallen, regelmäßig zu arbeiten, und es wird Ihren Mitmenschen leichter fallen, das zu respektieren. Der Entschluß zu regelmäßiger Arbeit ist wichtig; genau so wichtig ist aber auch die Gewöhnung, die Regelmäßigkeit.

Wenn Sie regelmäßig arbeiten, ist es leichter, die Freizeit als freie Zeit zu genießen – unbeschwert von dem nagenden Gefühl, eigentlich müsse man doch arbeiten. Sorgen Sie dafür, daß Sie tägliche Erholungszeiten haben und daß Sie sie bewußt genießen. Ausspannen mit gutem Gewissen ist doppelter Genuß. Denken Sie auch an die wöchentlichen

Ausspannzeiten – kein Mensch kann auf Dauer arbeiten und kreativ sein. Wieviel Erholung jeder braucht, ist wiederum ganz unterschiedlich.

Je besser Sie Ihr Arbeitsverhalten kennen, desto besser können Sie planen. Wenn Sie aus Erfahrung wissen, wie lange Sie sich am Stück konzentrieren können, wieviel Stunden Sie am Tag effizient arbeiten, wieviel Erholungszeit Sie brauchen, können Sie im Laufe der Zeit immer genauer kalkulieren, wie viele Wochen Sie z. B. für eine Proseminararbeit rechnen sollten. Dann schätzen Sie auch realistisch ein, wieviel Arbeiten bzw. Referate Sie pro Semester übernehmen können. Muten Sie sich nicht zuviel zu; es kommt auch immer etwas Unvorhergesehenes dazu.

Als Student müssen Sie Ihre Zeit weitgehend selbst einteilen. Gerade in den Geisteswissenschaften, wo Sie Ihren Stundenplan recht frei gestalten, ist dies für viele ein Problem. Die Schule gab feste Lernzeiten vor; die Termine für Hausarbeiten usw. waren relativ kurz und überschaubar, der Druck von außen entsprechend. Im Studium müssen Sie das alles in **eigener Verantwortung** organisieren. Niemand wird Ihnen hinterherlaufen; Sie müssen sich selbst den berühmten Tritt geben.

Überlegen Sie sich deshalb von Zeit zu Zeit, was Sie innerhalb eines bestimmten Zeitraumes erreichen wollen. Was wollen Sie in diesem Semester schaffen? Wo wollen Sie in einem Jahr, in drei, in fünf oder gar in zehn Jahren stehen? Wichtig ist, daß Sie Ziele entwickeln. Sie sollten wissen, wofür Sie Ihre Kräfte aufwenden; Sie sollten mit Ihrer Lebenszeit bewußt umgehen. Es ist vielleicht gar nicht so wichtig, daß Sie das Gewünschte auch tatsächlich innerhalb des gesetzten Zeitraumes erreichen. Halten Sie aber hin und wieder Rückschau: Haben Sie erreicht, was Sie wollten? Wenn nein, warum nicht? Haben Sie sich ablenken lassen, und wenn ja, wovon? Haben sich vielleicht Ihre Wünsche geändert?

Arbeiten Sie möglichst am selben Platz: sei es im Lesesaal der Unibibliothek, sei es in der Institutsbibliothek, sei es – wenn es denn sein muß – zu Hause am Schreibtisch. Die meisten Menschen lassen sich in der Bibliothek (oder auch in Vorlesungen) immer an derselben Stelle nieder. Das führt dazu, daß man seine Kommilitonen kennenlernt, weil auch sie meist am selben Ort sitzen. Das wiederum führt dazu, daß man früher oder später die Kaffeepausen gemeinsam macht. Wenn die Kaffeepausen länger werden als Ihre Arbeitszeit, sollten Sie die Bibliothek wechseln. Nach einiger Zeit ist auch die neue Bibliothek sozial zu aktiv, und dann wechseln Sie in eine dritte oder zurück in die alte. Inzwischen sitzen dort andere Kommilitonen, denn die früheren haben ihr Referat inzwischen fertig oder arbeiten in einer anderen Bibliothek.

Gönnen Sie sich hin und wieder eine **Belohnung** – auch schon bei kleinen Erfolgen, nicht erst nach Fertigstellung einer Seminararbeit oder gar erst am Semesterende. („Wenn ich eine Stunde lang diesen langweiligen Aufsatz exzerpiert habe, rufe ich meine Freundin an." „Wenn ich heute vormittag um 10 Uhr im Institut bin, ...").

Das Wichtigste zuerst

Oft türmt sich die Arbeit auf dem Schreibtisch, hat auch Teile des Fußbodens eingenommen, und man weiß nicht, wo anfangen. Der ganze Berg scheint nicht mehr zu bewältigen zu sein. Das übliche Verfahren ist, daß man gleichzeitig hier und da anfängt, sich verzettelt und den verheerenden Eindruck bekommt, daß die Arbeit uferlos ist. Resigniert läßt man sich in einer Ecke nieder oder ergreift die Flucht. Probieren Sie stattdessen einmal folgendes aus: Sie setzen sich vor den vollen Schreibtisch, schließen die Augen und tun fünf Minuten gar nichts. Sie warten einfach ab. Die Dinge werden sich von selbst ordnen. Das Wichtigste wird klar hervortreten, und damit fangen Sie an. Das Erstaunliche ist, daß bei dieser Methode auch die Panik vor dem gewaltigen Berg verschwindet. Versuchen Sie es; es funktioniert.

Ansonsten versuchen Sie es vielleicht mit kleinen Arbeitsschritten und Belohnungen. Teilen Sie große Aufgaben in kleine auf. Wenn Sie Ihre erste Seminararbeit schreiben, erscheint Ihnen das womöglich als ein ziemlicher Berg, und Sie wissen nicht, wo Sie anfangen sollen und wie das überhaupt zu bewältigen ist. Teilen Sie es auf; gehen Sie es in Schritten an. Wie diese Schritte aussehen, womit Sie beginnen, erfahren Sie in Kap. 5: „Referat und Hausarbeit".

Manchmal hilft es auch, wenn man sich einen **Arbeitsplan** erstellt, der in mehr oder weniger große Schritte aufgeteilt ist. Wenn Sie „im Plan" sind, können Sie Ihre freie Zeit meist mehr genießen, als wenn Sie das Gefühl haben, sich für jedes Vergnügen die Zeit zu stehlen und nie genug getan zu haben. Planung als Selbstzweck ist aber Unsinn. Stellen Sie einen Arbeitsplan auf, um ein bestimmtes Ziel zu erreichen – z. B., um eine geregelte Arbeits- und Freizeit zu gewinnen, oder um eine Aufgabe relativ schnell zu erledigen.

Überfordern Sie sich nicht. Eine Zeitplanung kann nur dann erfolgreich eingehalten werden, wenn sie Ihren Bedürfnissen und Ihrem Rhythmus angepaßt ist. Ihre Zeitplanung sollte nicht Ihr Ideal, sondern das Machbare zum Maßstab haben. Wenn Sie sich zuviel vornehmen, werden Sie scheitern. Dann bleibt Ihnen immerhin noch die Fehleranalyse, und Sie können es in Zukunft bessermachen. Gestatten Sie sich eine gewisse Flexibilität, was Arbeits- und Erholungszeiten angeht. Aber denken Sie daran, daß Sie regelmäßig arbeiten.

Planen Sie auch **Zeitreserven** ein, wenn Sie eine Arbeit zu einem bestimmten Termin fertigstellen müssen. Druckerprobleme, Familien- bzw. Partneraktivitäten, Verzögerungen bei der Literaturbeschaffung, Unvorhersehbares: drei Tage Reserve sind keinesfalls zuwenig. Außerdem ist es ein wunderbares Gefühl, wenn man eine Arbeit vor dem letztmöglichen Termin beendet hat.

Interesse als beste Motivation

Gewöhnlich werden Sie sich für solche Referatsthemen melden, die Sie interessieren. Interesse und Neugier sind die beste Motivation. Ein Thema, das Sie interessiert, über das Sie aus eigenem Antrieb mehr wissen wollen, läßt sich leichter bearbeiten als eines, das Sie nur pflichtgemäß abhandeln. Im Laufe des Studiums werden Sie allerdings auch in die Situation kommen, daß Sie sich mit Werken, Theorien, Künstlern, Problemen auseinandersetzen müssen, die Sie nicht interessieren. Wenn es Ihnen schwerfällt, hierbei durchzuhalten, sollten Sie eine Arbeitsgruppe gründen bzw. sich einer anschließen – aber, bitte, achten Sie darauf, daß Sie Mitstreiter finden, die das Thema mehr interessiert als Sie. Die Chancen stehen gut, daß dann der Begeisterungsfunke auch auf Sie überspringt.

Überlegen Sie auch einmal, was Sie an einem Thema abstößt oder Ihnen eine eingehende Beschäftigung so erschwert. Stellen Sie zu hohe

Ansprüche an sich selbst? Kennen Sie das Thema vielleicht überhaupt nicht und sitzen Vorurteilen auf? Haben Sie Berührungsängste? Dann hilft nur eines: ran an den Speck! Die Erfahrung zeigt, daß jedes Thema an irgendeinem Punkt interessant und fesselnd wird, und auf diesen Punkt können Sie hinarbeiten. Das ist ein Erfolgserlebnis, und Sie werden das Gefühl haben, daß sich Ihr Einsatz lohnt. Auch unabhängig von diesem subjektiven Gefühl werden Sie etwas lernen, und auch das lohnt die Mühe. Dieses Erfolgserlebnis ist vielleicht etwas härter erarbeitet als andere, aber dafür umso wertvoller.

Störfaktor schlechte Arbeitsplatzeinrichtung

Andere Störfaktoren liegen im Arbeitsplatz selbst begründet, sei er nun in einer Bibliothek oder daheim. Achten Sie auf gute, ausreichende Beleuchtung, die Sie nicht blendet. Der Stuhl sollte keine Rückenschmerzen verursachen. Vermeiden Sie Zugluft, zu hohe oder zu niedrige Temperatur. Manchen Menschen macht es nichts aus, wenn andere um sie herumlaufen (z. B. im Lesesaal), manche müssen bei jeder Bewegung aufschauen und sind abgelenkt. In Bibliotheken sind die Benutzer zwar zur Ruhe angehalten, aber ein gewisser Geräuschpegel ist doch gegeben. Sollte er Ihnen zu hoch sein, nehmen Sie Ohropax mit. Das ist auch im Museum eine gute Hilfe. Auch für Arbeit an anderen Orten gilt: Unterhaltungen, Hintergrundsmusik oder (anderer) Lärm wirken meist störend. Zu Hause sollten ablenkende Dinge, wie z. B. Freizeitlektüre, außer Reich- und Sichtweite liegen.

Und wenn es doch nicht klappt

Meistens ist es so, daß man mehr Energie damit verbringt, die Arbeit vor sich herzuschieben, als sie endlich anzugehen. Wenn sie fertig ist, stellt man – häufig etwas beschämt – fest, daß man sie schon viel eher hätte schaffen können, wenn man nicht am Anfang so viel Zeit mit dem Vermeidungsverhalten verbracht hätte. Nutzen Sie, wenn möglich, diese Einsicht für weitere Arbeiten. Versuchen Sie, sich bei der nächsten Seminararbeit ein wenig kürzer um den Schreibtisch herumzudrücken. „Ein wenig" reicht schon; es ist ein realistisches Ziel und viel wahrscheinlicher zu erreichen als wenn Sie sich vornehmen, die nächste Arbeit „sofort" in Angriff zu nehmen. Der Erfolg besteht darin, daß Sie kleine Schritte machen und sich für diese gelungenen Anstrengungen belohnen. Aus der Lernpsychologie ist bekannt, daß Belohnungen im Allgemeinen besser wirken als Strafen. Seien Sie also nett zu sich, fördern Sie Ihr Arbeitsverhalten und bestrafen Sie sich nicht (keine Selbstvorwürfe, Anklagen, Sanktionen usw.), sondern belohnen Sie sich, loben Sie sich.

Mitunter verbergen sich hinter den Konzentrationsstörungen größere seelische Probleme. Die sollten Sie in Angriff nehmen. Die meisten Universitäten haben einen psychologischen Beratungsdienst (beim Studentenwerk erfragen), der für Studierende kostenlos ist.

4.4 Wichtige Hilfsmittel

Lexika und Handbücher

Künstler-Lexika
Allgemeines Lexikon der bildenden Künstler von der Antike bis zur Gegenwart, begründet von Ulrich Thieme/Felix Becker, 37 Bde., Leipzig 1907–1950
Nachdruck der Originalausgabe Leipzig 1999
Dieses Werk wird im Kunsthistoriker-Jargon als „der Thieme-Becker" bezeichnet. Es ist bislang das umfangreichste Künstlerlexikon. Der letzte Band enthält die sog. Notnamen. Darunter versteht man folgendes: Viele Künstler, gerade im Mittelalter, sind nicht namentlich bekannt. Wenn Werke stilistisch und zeitlich einander so eng verwandt sind, daß sie von derselben Hand stammen können, werden sie ein- und demselben Meister zugeschrieben, der einen sog. Notnamen erhält, wie z. B. „Meister der weiblichen Halbfiguren", „Meister der Spielkarten", „Meister des Marienlebens" usw. Der erste Band des Thieme-Becker erschien 1907, der letzte 1950. Das bedeutet, daß jüngere Künstler nicht aufgenommen sind.

Der sog. „Vollmer" sollte diese Lücke füllen:
Allgemeines Lexikon der Bildenden Künstler des XX. Jahrhunderts, hrsg. v. Hans Vollmer, 6 Bde., Leipzig 1953–1962

Beide Lexika, der Thieme-Becker und der Vollmer, werden über kurz oder lang ersetzt vom „Saur" bzw. AKL:

Allgemeines Künstler-Lexikon. Die Bildenden Künstler aller Zeiten und Völker, Bd. 1–3 hrsg. v. Günter Meißner, Leipzig 1983–86; 2. Auflage. Bd. 1–3 sowie Bd. 4 und folgende hrsg. v. K. G. Saur-Verlag, München/Leipzig 1992 –. Bis Juli 2007 sind 50 Bde. erschienen (bis Gesink). Bei http://www.saur.de finden Sie unter „Kunsthistorische Fachdatenbanken" die Allgemeine Künstlerlexikon-Künstlerdatenbank. Diese Online-Recherche ist kostenpflichtig, aber vielleicht besitzt Ihr Institut oder die Unibibliothek das Jahresabonnement und hat auf ihrer Homepage einen Zugang für Studierende eingerichtet. Die Nachfrage kann lohnen!

Einige Künstler haben nicht mit ihrem Namen, sondern nur mit ihren Initialen signiert. Man spricht dann von einem Monogramm. Werden die Buchstaben ineinandergestellt oder miteinander verschlungen, spricht man von einem ligierten Monogramm; die Verbindung als solche heißt Ligatur. Die berühmtesten Beispiele hierfür sind Albrecht Dürer und Albrecht Altdorfer. Daneben gibt es Künstler, die mit einem Signet signieren: Carl Philipp Fohr mit einer Föhre, Cranach mit einer gekrönten Schlange. Solche Signaturen finden Sie in einem Lexikon der Monogrammisten:

Nagler, Georg Kaspar: *Die Monogrammisten.* 5 Bde., München/Leipzig 1860–1879. 3., unveränd. Aufl. (Nachdruck der Erstausgabe) Nieuwkoop 1991. Bd. 6: General-Index, München 1920

Šubert, František/Šubertová-Kučerová, Irah: *Malermonogramme.* Bd. I: 15. bis 17. Jahrhundert, Prag 1988, 2. Aufl. Hanau 1999: *Malermonogramme von 1400–1700.* Enthält außerdem Malermonogramme von 1700–1870. (eher für den Hausgebrauch)

Goldstein, Franz: *Monogramm-Lexikon.* Bd. 1 hrsg. v. Ruth u. Hermann Köhler: Internationales Verzeichnis der Monogramme bildender Künstler seit 1850, 2. Aufl. 1999. Bd. 2: Pfisterer, Paul: Internationales Verzeichnis der Monogramme bildender Künstler des 19. u. 20. Jahrhunderts, 2. Aufl. 1995 (zuerst Berlin 1964)

Ikonographische Lexika und Handbücher
Eine gute Einführung in die christliche und profane Ikonographie bieten
die folgenden Werke:

Straten, Roelof van: *Einführung in die Ikonographie*, 3. überarb. Aufl.
Berlin 2004 (zuerst 1989), (niederländische Originalausgabe 1985)

Büttner, Frank/Gottdang, Andrea: Einführung in die Ikonographie:
Wege zur Deutung von Bildinhalten, München 2006

Eines der wichtigsten Lexika ist das sog. LCI:
Lexikon der christlichen Ikonographie, 8 Bde., Bd. 1– 4 hrsg. v. En-
gelbert Kirschbaum, Bd. 5–8 hrsg. v. Wolfgang Braunfels, Freiburg/
Basel/Wien 1968–1976, Sonderausgabe als Paperback Rom 1994
Die ersten vier Bände beziehen sich auf Attribute, d. h. die Gegen-
stände, die Heilige mit sich führen und anhand derer man sie ge-
wöhnlich identifiziert. Die anderen vier Bände beziehen sich auf die
Heiligen selbst. Es werden auch Begriffe wie z. B. Pfingsten oder
Eucharistie erklärt, eben alles, was auch bildlich dargestellt wurde.
Die Artikel erläutern, auf welche Arten das jeweilige Thema oder
die jeweilige Heiligengestalt im Lauf der Zeit dargestellt wurden.
Sie nennen auch die Schriftquellen, auf die sich die Darstellungen
beziehen. Noch ein technischer Hinweis: die Artikel sind namentlich gekennzeichnet, sie werden also wie Zeitschriftenaufsätze zitiert (zu Zitierweisen s. Punkt 5.5).

Schiller, Gertrud: *Ikonographie der christlichen Kunst*, 5 Bde., Gütersloh 1966–1991
Dieses Werk ist kein Lexikon mit einzelnen Stichworten, sondern
enthält Aufsätze zu großen Themenkomplexen der Ikonographie.
Diese sind chronologisch wie in der Reihenfolge der Bibel geordnet:
die Verkündigung wird also vor der Kreuzigung behandelt. Das
Himmlische Jerusalem, das im letzten Buch der Bibel, der Apoka-
lypse, beschrieben ist, wird folglich im letzten Band dargestellt. In
den Aufsätzen beschreibt Schiller nicht nur die christlichen Inhalte
des jeweiligen Themas, sondern zieht auch die entsprechenden
Kunstwerke heran und deutet sie. Beim Himmlischen Jerusalem
z. B. sind das auch die großen Radleuchter.

Réau, Louis: *Iconographie de l'Art Chrétien*, 6 Bde., Paris 1955 –
1959, Neuaufl. Millwood, New York 1983

Mâle, Emile: *L'art Religieux de la fin du Moyen-Age en France*,
Etude sur l'iconographie du Moyen-Age et sur ses sources d'inspiration, 7. Aufl. 1995 (zuerst Paris 1908)

Ders.: *L'art Religieux du XIIIe siècle en France*. Etude sur l'iconographie du Moyen-Age et sur ses sources d'inspiration, Paris 1898,
Neuaufl. Paris 1993 (Die Gotik. Kirchliche Kunst des XIII. Jahrhunderts in Frankreich, Stuttgart/Zürich 1986)

Ders.: *L'art Religieux du XIIe siècle en France*, Etude sur les origi-
nes de l'iconographie du Moyen-Age, 8. Aufl. Paris 1998 (zuerst
Paris 1922)
Ders.: *L'art Religieux de la fin du XVIe siècle, du XVIIe et du XVI-
IIe siècle*, Etude sur l'iconographie après le Concile de Trente. Ita-
lie-France-Espagne-Flandres, 3. überarb. Aufl. Paris 1972 (zuerst
Paris 1932: L'art religieux après le Concile de Trente)

Lassen Sie sich nicht davon abschrecken, daß das Werk von Emile
Mâle auf französisch geschrieben ist (nur ein Band wurde ins Deut-
sche übersetzt). Mâle legt nicht wie Schiller die Ordnung der Bibel
zugrunde, sondern die Kunstgeschichte und ihre Themen; er nimmt
die christlichen Themen in der Reihenfolge durch, wie sie in der
Kunst auftauchen. Wenn Sie also ein Referat über die romanischen
Tympana mit Christus in der Mandorla schreiben, greifen Sie zu
Mâle und schauen im Inhaltsverzeichnis nach, wann das Thema bei
ihm auftaucht. Dann finden Sie eine solide Abhandlung über das
Thema Christus in der Mandorla mit vielen wichtigen Beispielen –
meist aus Frankreich.

Pigler, Andor: *Barockthemen*. Eine Auswahl von Verzeichnissen zur
Ikonographie des 17. und 18. Jahrhunderts, 2 Bde., 1 Tafelband,
2. Aufl. Budapest 1974 (zuerst 1956)
Hierbei handelt es sich nicht um ein Lexikon, sondern eher um eine
Auflistung häufiger Themen der profanen Ikonographie. Mitunter
muß man Phantasie entwickeln. So werden Sie z. B. unter dem The-

ma „Morgenröte" nicht fündig werden, wohl aber unter dem Stichwort „Aurora". Pigler gibt zu dem jeweiligen Thema eine chronologisch geordnete Liste entsprechender Werke aus Malerei und Plastik. Sie können damit auf einen Blick erkennen, wann und wo das Thema besonders beliebt war.

Theologische Lexika

Lexikon für Theologie und Kirche, hrsg. v. Josef Höfer und Karl Rahner, 14 Bde., 2., völlig neu bearb. Aufl., Freiburg 1957–67. 3., völlig neu bearbeitete Aufl., hrsg. v. Walter Kasper u. a., 11 Bde., Freiburg/Basel/Rom/Wien 1993– 2001 (LThK)
Schlagen Sie hier auch Begriffe nach, die auf den ersten Blick nichts Theologisches zu bedeuten scheinen. Ein Beispiel ist die Komputistik. Darin steckt das Wort Computer, also Rechner. Komputistik ist die Kunst, den Kalender zu berechnen. Ostern und Pfingsten sind bewegliche Feste, also mußte man ihr Datum berechnen, was anhand der Astronomie geschah (bekanntlich fällt Ostern auf den ersten Sonntag nach Frühlingsvollmond; Pfingsten liegt sechs Wochen nach Ostern).

Cabrol, R. P. dom Fernand/Leclercq, dom Henri: *Dictionnaire d' Archéologie Chrétienne et de Liturgie*, 15 Bde. in je 2 Teilbänden, Paris 1907–1953 (DACL)
Das DACL ist in gewisser Weise ein Pendant zum LThK, betont aber liturgische Fragen stärker. Viele Gegenstände, mit denen Sie sich in Kunstgeschichte beschäftigen, wurden für die Liturgie gebraucht. Sie müssen wissen, welche Funktion sie dort erfüllten, und dieses Lexikon ist eine hervorragende Informationsquelle dafür. Ein anderes Beispiel: Wenn Sie z. B. über Miniaturen in liturgischen Handschriften arbeiten, müssen Sie wissen, wie diese Handschriften benutzt wurden. Die Liturgie ist ein ungeheuer komplexes Gebiet und Liturgiewissenschaft nicht umsonst ein eigenes Studienfach (s. auch Punkt 4.5: Die Nachbargebiete).

Lexika zur Antike

Pauly, August v./Wissowa, Georg: *Realencyclopaedie der classischen Alterthumswissenschaft*, 84 Bde., 1894ff, neu bearbeitet 1912–1974, Nachdruck München 1988–1990 (RE, Pauly-Wissowa)

Der Kleine Pauly. Lexikon der Antike auf der Grundlage von Pauly's Realencyclopädie der classischen Altertumswissenschaft unter Mitwirkung zahlreicher Fachgelehrter, bearbeitet und hrsg. v. Konrat Ziegler, Walther Sontheimer, 5 Bde., Stuttgart 1964–1975, Nachdruck München 1979

Der „Kleine Pauly" ist die Kurzfassung einer Enzyklopädie, die bis heute die in aller Welt führende Enzyklopädie zur Antike ist, die „Realencyclopaedie der classischen Alterthumswissenschaft", kurz RE. Sie umfaßt 84 Bände, und besteht aus zwei Reihen sowie zahlreichen Supplementbänden. Man verbringt sehr viel Zeit mit der Suche nach dem entsprechenden Stichwort. Gut benutzbar wird sie erst mit Hilfe des „Kleinen Pauly". Dieser enthält nämlich bei jedem Artikel einen Hinweis, in welchem Band der RE die ausführliche Fassung zu finden ist, bildet also eine Art Register zur RE. Für Kunsthistoriker reicht im Normalfall der „Kleine Pauly" aus. Ursprünglich war dieses Lexikon für Schüler, nicht für den universitären Gebrauch geschrieben. Es umfaßt den Zeitraum vom 3. Jt. v. Chr. bis ca. 800 n. Chr.

Der „Kleine Pauly" ist in einer völlig überarbeiteten Neuausgabe erschienen:

Der Neue Pauly. Enzyklopädie der Antike, hrsg. v. Hubert Cancik und Helmuth Schneider, 15 Bde. und 1 Registerband, Stuttgart/ Weimar 1996–2003

Der zeitliche Rahmen reicht bis ins frühe 9. Jh. n. Chr., der räumliche Rahmen wurde weit ausgedehnt. Der „Neue Pauly" berücksichtigt auch ein wesentlich größeres Methodenspektrum, und drei der insgesamt 15 Bände sind – das ist ein Novum – der Rezeptions- und Wissenschaftsgeschichte gewidmet. (Der Artikel „Apopudobalia" ist schon jetzt berühmt: er suggeriert, es habe in der Antike eine Vorform des Fußballs gegeben. Er gehört in die Tradition der sog.

Nemo- oder Nihilartikel: dabei werden erfundene Artikel oder Fußnoten in ernste Werke eingeschleust.)

Reid, Jane Davidson: *The Oxford Guide to Classical Mythology in the Art*, 1300–1990s, 2 Bde., New York/Oxford 1993
Unter den Stichworten finden Sie kurze Zusammenfassungen der jeweiligen Sagen, Fakten usw., dazu Quellenangaben und eine Auflistung von Werken mit Verweisen auf Abbildungen.

Lexicon Iconographicum Mythologiae Classicae, 8 Bde., Zürich/ Düsseldorf 1981–1999 (LIMC)
Jeder Band umfaßt zwei Teilbände, wobei ein Band Text, der andere Abbildungen enthält.

Diese Lexika ersetzen keinesfalls die Lektüre von Ovid, Homer usw. (s. Punkt 4.5: Antike Mythologie und Punkt 6.3). Wenn Sie meinen, Sie könnten einfach alles nachschlagen, bringen Sie sich um viel Spaß und Bildung.

Weitere wichtige Lexika
The Dictionary of Art, hrsg. v. Jane Turner, 34 Bde., London 1996

Lexikon des Mittelalters, 10 Bde., München/Zürich 1980–1999 (auch als Paperback, München 2002, und als CD-ROM: Stuttgart u. a. 2000)

Reallexikon zur deutschen Kunstgeschichte, bisher 9 Bde. erschienen, Bd. 1 und 2 hrsg. v. Otto Schmitt, Bd. 3 und 4 hrsg. v. Ernst Gall/Ludwig Heinrich Heydenreich, Bd. 5 hrsg. v. Ludwig Heinrich Heydenreich/Karl-August Wirth, Bd. 6 hrsg. v. Zentralinstitut für Kunstgeschichte, Bd. 1–6: Stuttgart, ab Bd. 7: München, 1935–2003 (RDK) (bis Flügelretabel, nachfolgende Lieferungen aus Band 10 bis Franziskaner).
Das RDK ist kein spezielles Mittelalter- oder theologisches Lexikon. Der Begriff „Reallexikon" bedeutet, daß hier nur Realien behandelt werden, also die physischen Gegenstände als Quellen der Wissenschaft, vor allem des deutschen Sprachraumes. Philosophische oder theologische Begriffe werden Sie hier nicht finden. Für die

Artikel wurde eigene Forschung betrieben; allerdings sind sie mitunter zeitbedingt eingefärbt. Es konzentriert sich auf den deutschsprachigen Kulturraum vom frühen Mittelalter bis zum 19. Jahrhundert.

Wenn Sie einen Begriff suchen, der im Alphabet erst nach dem zuletzt erschienenen Lemma liegt, z. B. „Steinschnitt", ist der noch nicht enthalten. Wenn Sie mit der Druckfassung arbeiten, dann heißt es Phantasie entwickeln: geschnittene Steine heißen auch Gemmen und Kameen, je nachdem, ob es sich um ein eingetieftes oder erhabenes Relief handelt. Der Oberbegriff ist „Intaglio". Die Buchstaben G, I und K sind noch nicht behandelt. Man kann aber auf das Material ausweichen: Der Artikel „Sardonyx" ist noch nicht geschrieben, aber unter „Bergkristall" finden Sie einen umfassenden Artikel über geschnittene Steine. Einfacher ist es mit der Online-Version (RDK-WEB.de). Wenn Sie beispielsweise den gesuchten, aber noch nicht geschriebenen Artikel „Steinschnitt" als Suchbegriff eingeben, erhalten Sie achtzehn inhaltlich passende Dokumente. Durch Klicken auf das jeweilige Lemma (Stichwort) erscheint der Volltext als Seitenscan mitsamt allen nötigen Angaben zum korrekten Zitieren. Die Abbildungen lassen sich ebenfalls dazuklicken, ebenso wie die Auflösung der Abkürzungen und die vollständigen Literaturangaben zu diesem Lemma.

Wenn Sie vielleicht einmal Ihr tägliches Pensum noch nicht erfüllt haben, aber müde sind und keine Lust mehr haben, dann schmökern Sie einfach im RDK herum. Irgendetwas Fesselndes werden Sie immer finden.

Reallexikon für Antike und Christentum. Sachwörterbuch zur Auseinandersetzung des Christentums mit der antiken Welt, 21 Bde., 2 Registerbände, sowie Supplement-Lieferungen, Bd. 1–12 hrsg. v. Theodor Klauser, Bd. 13–21 hrsg. v. Ernst Dassmann, Stuttgart 1950–2006 (RAC) (nachfolgende Lieferung 2007 bis kritische Zeichen)

Reallexikon zur byzantinischen Kunst, 6 Bde., Bd. 1 und 2 hrsg. v. Klaus Wessel, sowie Suplement-Lieferungen Bd. 3 hrsg. v. Klaus Wessel und Marcell Restle, Bd. 4–6 hrsg. v. Marcell Restle, Stuttgart 1966–2005 (RBK) (bis Nubien)

Historisches Wörterbuch der Philosophie, hrsg. v. Joachim Ritter/ Karlfried Gründer, 12 Bde., Basel 1971–2004. Register, hrsg. v. Margarita Kranz, 2007

Diese Lexika sind der eiserne Bestand, den Sie als Hintergrund im Kopf haben müssen. Diese Nachschlagewerke stehen bis auf die RE in fast allen Kunsthistorischen Instituten und sind dort für Sie verfügbar. Auch wenn sie sehr wichtig sind, brauchen Sie sie nicht zu kaufen. Nochmals: Ihr Arbeitsplatz ist nicht zu Hause, sondern im Institut, wo Sie jederzeit diese Werke zur Hand haben. Außerdem kosten die Werke viel Geld – allein der „Neue Pauly" kostet in der aktuellen Jubiläumsausgabe (2007) knapp 1500.– Euro. Die Bücher, die Sie wirklich kaufen sollten, werden im Abschnitt „Handapparat" (s. Punkt 4.5) vorgestellt.

Bibliographien

Sie müssen, wenn Sie ein Thema bearbeiten, lesen, was andere schon dazu geschrieben haben. Je mehr Sie zu einem Thema lesen, desto besser. Es geht nicht nur darum, einen Schein mit einer möglichst guten Note abheften zu können – grundsätzlich sollten Sie sich im Laufe der Referatsvorbereitung sehr viel mehr anlesen, als Sie dann in Ihre zehn oder fünfzehn Seiten Hausarbeit packen. Das tut manchmal weh, aber die Arbeit ist nicht umsonst. Bedenklich ist es, wenn Sie all Ihr angelesenes Wissen auf den Referatsseiten unterbringen können: dann haben Sie entschieden zu wenig gearbeitet.

Um die für Ihr Thema maßgebliche Literatur zu finden, sollten Sie sog. Bibliographien heranziehen. Das sind Verzeichnisse von Schrifttum zu bestimmten Themen, Epochen, Regionen oder Personen; sie können auch bestimmte Publikationsgattungen wie z. B. Zeitschriftenaufsätze oder Hochschulschriften (d. h. Doktorarbeiten und Habilitationen) erfassen. Einige Bibliographien werden nicht mehr ergänzt, andere erscheinen periodisch und verzeichnen das jeweils neueste Schrifttum. Im folgenden werden die für Kunsthistoriker wichtigsten Bibliographien kurz vorgestellt.

Wenn Sie noch gar keine Ahnung haben und sich auch Grundlagen verschaffen müssen, greifen Sie zuerst zu folgendem Buch:

Wilk-Mincu, Barbara: *Wie finde ich kunstwissenschaftliche Literatur*, 3. Aufl. Berlin 1992
Wilk-Mincu erläutert die Benutzung von Bibliotheken, listet wichtige Nachschlagewerke auf, und sie nennt Bibliographien zu den verschiedensten Gebieten der Kunstgeschichte. Hier finden Sie zu fast jeder Kunstgattung wie z. B. „Ornament", „Gartenkunst", „Zeichnung", „Metallkunst, Waffen" mindestens einen Literaturhinweis. Das Buch hat auch ein sehr gutes Register, was ungemein hilfreich ist. Außerdem bietet es ein Kapitel zur formalen Gestaltung schriftlicher Arbeiten. Insgesamt stellt es eine hervorragende Bibliographie dar.

Wilk-Mincu kann und will nur erste Anlaufstelle sein. Eine zweite „erste Anlaufstelle" sind das
VLB und VLB-Schlagwortverzeichnis, das „Verzeichnis lieferbarer Bücher". http://www.buchhandel.de (20. 7. 2007)
Das VLB selbst ist ein fast, aber nicht ganz vollständiges Verzeichnis der deutschsprachigen Bücher, die tatsächlich noch im Handel sind. Ein Buch ist selten länger als vier bis fünf Jahre erhältlich: das VLB enthält also nur jüngere und jüngst erschienene Literatur. Das ist ein großer Vorteil gegenüber den Schlagwortkatalogen der Bibliotheken: diese brauchen oft Monate bis zu zwei Jahren, bis sie jüngste Literatur gekauft, inventarisiert, signiert, katalogisiert und für den Leser verfügbar gemacht haben. Das VLB erscheint jährlich; Sie können es in der UB und in der Stabi einsehen; meist als CD-Rom. Im Internet ist es kostenpflichtig. Wo die Druckfassung steht, erfahren Sie bei einer Bibliotheksführung. Das VLB-Schlagwortverzeichnis erscheint ebenfalls jährlich. Es eignet sich sehr gut zur Suche mit Hilfe von Schlagworten, weil es eben die jüngste Literatur verschlagwortet. Es ist konkurrenzlos, da es über 400.000 Publikationen aus fast 4000 deutschsprachigen Verlagen erfaßt. Es ist aber ein allgemeines Verzeichnis, kein speziell kunsthistorisches, und es erfaßt nur deutschsprachige Literatur, und hierbei auch keine Zeitschriftenaufsätze. Für wissenschaftliches Arbeiten reicht es also alleine nicht aus; es ist nur „zweite Anlaufstelle". Eine Alternative ist die Deutsche Nationalbibliographie: http://dnb.d-nb.de

Eine nicht wirklich adäquate Alternative ist www.buchhandel.de: nicht immer auf dem neuesten Stand, und nicht wissenschaftlich, sondern kommerziell ausgerichtet.

Eine ganz wichtige Bibliographie ist die
Bibliography of the History of Art/Bibliographie d'Histoire de l'Art, Santa Monica/Vandoeuvre-lès-Nancy 1991– (BHA)
Diese Bibliographie erscheint vierteljährlich; sie hat mehrere Indices (Autoren, Themen, Künstler, Zeitschriften) und erfaßt auch Aufsätze aus Zeitschriften, daneben auch Ausstellungskataloge, Kongreßakten und Festschriften. Außerdem enthält sie kurze Inhaltsangaben der jeweiligen Publikation. Sie ist auf englisch; Sie müssen sich also Ihre Stichworte auf Englisch überlegen und z. B. wissen, daß Eigennamen auf englisch mitunter anders als im Deutschen geschrieben werden, Tizian z. B. zu Titian wird, oder Füssli zu Fuseli. Da jeder Titel nur einmal aufgenommen wird, müssen Sie alle Bände durcharbeiten. Hier kommt der sog. Berichtszeitraum ins Spiel, d. h. der Zeitraum, in dem die aufgenommenen Publikationen erschienen sind. Wenn ein Band der BHA 1991 erscheint, enthält er noch keine Titel von 1991, da die Drucklegung Zeit braucht. Bestenfalls enthält er Titel von 1990 an und die davorliegenden drei bis vier Jahre. 1990 ist aber auch ein Band erschienen, der Literatur von ca. 1989 und rückwärts enthält. Also hilft nur eines: Pattex auf den Stuhl und sitzenbleiben. Da es diese Bibliographie auch auf CD-Rom gibt, kann es sein, daß Ihnen damit Zeit erspart wird, jedoch ist die CD-Rom gegenüber der gedruckten BHA um etwa ein Jahr im Verzug. Die BHA ist die größte kunsthistorische Bibliographie; sie verzettelt ca. 4000 Zeitschriften und enthält pro Jahr ca. 24.000 Titel. Sie ist auch online abfragbar, kostet aber Gebühren. Bibliography of the History of Art Database (27. 8. 2007). Eine Nachfrage im Institut bzw. der Unibibliothek, ob dort ein Zugang besteht, ist angeraten.

Die BHA entstand aus der Zusammenlegung zweier großer Bibliographien:
International Repertory of the Literature of Art/Revue Internationale de la Littérature de l'Art 1975 (1973)–1989 (RILA)

Répertoire d'Art et d'Archéologie, Paris 1912 (1910)–1990 (RAA).
Für die Zeit vor diesem Zusammenschluß müssen Sie folglich sowohl die RILA als auch die RAA durcharbeiten. Per Internet können Sie in einem einzigen Suchlauf alle drei Bibliographien abrufen, brauchen aber dafür ein Paßwort, das kostenpflichtig ist: Internetadresse wie für die BHA. (Zu erhalten über die Research Library Group RLG: http://www.rlg.org/).

Auch die folgende Bibliographie ist nicht zu vernachlässigen:
Art Index. A cumulative author and subject index to a selected list of fine arts periodicals and museum bulletins, 1930 – als CD-ROM: Bronx, N.Y. u. a. 2001
Darin sind die Aufsätze von ca. 300 Zeitschriften verzettelt; Sie müssen nach Autorennamen und Stichwort suchen.

Eine weitere gut zugängliche und nützliche Bibliographie stellen die Kataloge des Zentralinstituts für Kunstgeschichte (ZI) in München dar. Studierende dürfen die Bibliothek des ZI normalerweise erst nutzen, wenn sie am Magister arbeiten. Aber die Kataloge des ZI, die bis November 1996 als Zettelkataloge geführt wurden, sind online abfragbar (www.zikg.lrz-muenchen.de). Über die Suchmaske gelangen Sie zu den einzelnen Titeln. Dort ist meist ein Link: Dokumentenlieferdienst. Hier werden Sie durch ein Menü geführt, mit dem Sie die Literatur online geliefert bekommen. Daneben sind die ZI-Kataloge auch auf Microfiche in vielen kunsthistorischen Instituten vorhanden: Autorenkatalog, Sachkatalog und Aufsatzkatalog. Im Sachkatalog schlagen Sie unter Stichworten nach, die Ihnen zu Ihrem Thema einfallen. Dann treffen Sie dort auf Literaturangaben. Die können Sie sich im Institut selbst, in der UB und in der Stabi besorgen. Der Aufsatzkatalog des ZI ist sehr nützlich, denn er verzettelt Aufsätze, die ab 1950 in Zeitschriften erschienen sind. Nach 1996 publizierte Aufsätze wurden im EDV-Katalog erfaßt; die Aufnahme der vorher erschienenen Aufsätze in den OPAC des ZI ist mittlerweile abgeschlossen. Seit November 1996 nämlich katalogisierte das ZI seine Erwerbungen nur noch im EDV-Katalog. Unter folgender Adresse können Sie den Verbundkatalog von ZI, Kunsthistorischem Institut in Florenz, und der Bibliotheca Hertziana, Rom, abfragen (s.

Punkt 6.4: Jahrbücher): http://www.kubikat.org/index.de.htm oder über die Startseite des OPAC des Zentralinstituts München (zikg.lrz-muenchen.de).

Weitere Spezialbibliographien finden Sie bei Wilk-Mincu: Kunstwissenschaftliche Literatur [3]1992 (s. oben) aufgelistet. Sie können auch in den großen Bibliotheken online recherieren (International Directory of Art Libraries: http://iberia.vassar.edu/ifla-idal/). Hier erfahren Sie auch Adressen, Öffnungszeiten, Telefon-Nummern usw. (26.8.2007).

Ein weiteres hervorragendes Hilfsmittel beim Bibliographieren ist der sog. KVK: Karlsruher Virtueller Katalog. Er ist ein an der UB Karlsruhe entwickeltes Meta-Suchinterface für www-Bibliotheks- und Buchhandelskataloge weltweit; ca. 75 Millionen Bücher und Zeitschriften sind in ihm nachgewiesen. Auf den Homepages vieler Kunsthistorischer Institute ist ein Link zu ihm eingerichtet: kvk.uni-karlsruhe.de (26.8.2007).

Die Bibliothek des Zentralinstituts in München, die Universitätsbibliothek Heidelberg und das Institut für Kunstgeschichte der Universität München sowie das geschichtswissenschaftliche Network historicum.net bauen zusammen mit weiteren Partnern eine virtuelle Fachbibliothek zur Kunstgeschichte auf, die vor allem die Aufsatzliteratur (gedruckt, online und hybrid publiziert) erfaßt. Auch hier lohnt die Recherche.

Zum arthistoricum.net gehört u.a. auch ART-guide (http://artguide.uni-hd.de). Es sammelt relevante Internetquellen und stellt die wichtigsten Online-Arbeitsinstrumente vor. Weitere Komponenten sind E-Publishing und Tutorien.

Das Bibliographieren ist für das Gelingen einer wissenschaftlichen Arbeit wesentlich. Kaum etwas ist peinlicher, als beim Referat darauf hingewiesen zu werden, daß man wesentliche Literatur zum Thema nicht erfaßt und deshalb an der Aufgabenstellung vorbeigeschrieben hat. Eine sehr gute Hilfe bei der Literatursuche bietet ein Tutorium im Internet. Unter arthistoricum.net klicken Sie auf „Recherche-Hilfe" und dann auf „Büchersuche". Im Tutorial werden Sie mit den wichtigsten Online-Instrumenten der Literatursuche vertraut gemacht. Zu den weiteren Tutorien „Bildersuche" und „Retrodigitalisate" s. Punkt 5.7.

Sehr hilfreich im Umgang mit dem Internet als Forschungsinstrument der Kunstgeschichte ist das folgende Werk:

Kohle, Hubertus/Kwastek, Katja: *Computer, Kunst und Kunstgeschichte*, Köln 2003

Dieses Verfahren der Literatursuche ist das sog. systematische Bibliographieren. Parallel dazu betreibt man immer auch das sog. unsystematische Bibliographieren. Das geht folgendermaßen: Wenn Sie lesen, lesen Sie die Fußnoten mit. Darin sind Literaturangaben enthalten. Die nehmen Sie auch in Ihre Literatursammlung mit auf, und so arbeiten Sie sich von Angabe zu Angabe weiter.

Einführungen in das Studium

Bauer, Hermann: *Kunsthistorik*. Eine kritische Einführung in das Studium der Kunstgeschichte, 3., durchges. u. erg. Aufl. München 1989 (zuerst 1976)

Belting, Hans/Dilly, Heinrich /Kemp, Wolfgang /Sauerländer, Willibald /Warnke, Martin (Hrsg.): *Kunstgeschichte*. Eine Einführung, Berlin 1985, 6. überarb. u. erw. Aufl. 2003

Beide Werke erheben zwar den Anspruch, eine Einführung zu bieten, sind aber für Erstsemester nicht ohne weiteres verständlich, sondern eher für höhere Semester geeignet. Im Buch von H. Bauer kommt das 20. Jahrhundert sehr kurz und ist stark von der „Münchner Schule" geprägt; das zweite genannte Werk deckt insgesamt ein breiteres Spektrum ab.

Brassat, Wolfgang/Kohle, Hubertus (Hg.): *Methoden-Reader Kunstgeschichte*. Texte zur Methodik und Geschichte der Kunstwissenschaft, Köln 2003
Der Schwerpunkt liegt hier auf den Methoden des 20. Jahrhunderts; die Texte sind sehr gut kommentiert und kritisch gewürdigt.

Wolf, Norbert: *Kunstwerke verstehen und beurteilen*. Eine systematische Einführung. Unter Mitwirkung von Ulrike Besch und Gottfried Kerscher, Düsseldorf 1984

Das Buch lehnt sich an die Einführung von H. Bauer an, berücksichtigt aber stärker das 20. Jahrhundert und ist verständlicher geschrieben. Lassen Sie sich von mitunter etwas hochgestochenen Kapitelüberschriften nicht abschrecken. Das Kapitel „Die historische Perspektive der Kunstbetrachtung: ‚Entwicklung' und ‚Stil'" (S. 100) z. B. mag vom Titel her etwas einschüchternd klingen, aber im Text finden Sie u. a. eine Aufstellung, wie die einzelnen Stilepochen aufeinander folgen und von wann bis wann sie dauern. Im Studium wird erwartet, daß Sie solche Kenntnisse schon mitbringen, und deshalb werden sie in Seminaren nicht vermittelt, sondern vorausgesetzt. Ähnlich ist es mit anderen Begriffen. In dieser Einführung werden sie kurz und bündig erklärt. Sie bietet sehr viele gebündelte Informationen und Grundlagenwissen, das man sonst nur nach und nach während des Studiums erwirbt. Dieses Buch ist zwar vergriffen, sollte aber in der UB oder Institutsbibliothek vorhanden sein.

Baumgartner, Marcel: *Einführung in das Studium der Kunstgeschichte* (Kunstwissenschaftliche Bibliothek, hrsg. v. Christian Posthofen Bd. 10), 2. Aufl. Köln 1999 (zuerst 1998)
Der erste Teil bietet eine Standortbestimmung des Fachs Kunstgeschichte. Baumgartner problematisiert die Gegenstände des Fachs und die Abgrenzung zu Nachbardisziplinen und liefert eine kurzgefaßte Geschichte des Fachs. Im zweiten Teil erläutert der Autor kurz Voraussetzungen des Kunstgeschichtsstudiums und seine Organisation und konzentriert sich dann auf wichtige kunsthistorische Literatur, die er ausführlich vorstellt und kommentiert. Das Buch ist verständlich geschrieben und enthält eine Fülle weiterführender Literaturangaben.

Held, Jutta/Schneider, Norbert: *Grundzüge der Kunstwissenschaft.* Gegenstandsbereiche – Institutionen – Problemfelder, Köln, Weimar, Wien 2007 (UTB 2775)
Die Autoren führen in die Gegenstandsbereiche, Ordnungssysteme, Methoden und Diskussionsfelder des Fachs ein, erörtern z. B. das „soziale System der Kunst" (Kap. IV), die „Vermittlung und Erhaltung von Kunst", das „Problem des Stils" und die „Grundlagen

und „Perspektiven der Bildanalyse". Es ersetzt nicht das Werk von Belting u.a. (siehe oben), ist aber eine sinnvolle Ergänzung.

Preiß, Achim: *Einführung in die Technik wissenschaftlichen Arbeitens.* Eine Anleitung für Studienanfänger der Kunstwissenschaften, Alfter 1992
Das Heft umfaßt zwölf Seiten und gibt praktische Ratschläge für den Studienbeginn und das Abfassen von Referaten; es ist keine inhaltliche Einführung.

Eine auch für Anfänger verständliche systematische Einführung in die verschiedenen Gebieten und Methoden der Kunstgeschichte muß noch geschrieben werden.

4.5 Wie erwirbt man Grundlagenwissen

Die Kunstgeschichte setzt sich zu einem großen Teil mit christlicher Kunst auseinander. Sie müssen also mit christlichen Inhalten vertraut sein oder es werden. Nur zum Spaß hier drei Testfragen: Wieviele Apostel gibt es, wieviele Propheten gibt es, was wird Pfingsten gefeiert? Wenn Sie die Antworten nicht wissen oder sich nicht sicher sind, fehlen Ihnen Grundlagen. Die lassen sich nur mit Arbeit nachholen. (Im Lexikon der christlichen Ikonographie, s. Punkt 4.4, können Sie die Antworten nachschlagen.) Am Anfang ist kunsthistorische Arbeit zu einem großen Teil Fleißarbeit.

Biblische Geschichte, Heiligenlegenden und Liturgie

Vermutlich sagt man Ihnen, daß Sie die Bibel lesen sollen, was Sie auch wahrscheinlich einsehen. Die wenigsten Studierenden tun es aber, weil die Bibel so dick ist – das entmutigt von vornherein. Trotzdem werden Sie über kurz oder lang doch die gesamte Bibel lesen müssen. Es gibt allerdings einen Weg, sich relativ schnell mit den bekanntesten Geschichten der Bibel vertraut zu machen. In der Kunst werden immer wieder dieselben Geschichten und Szenen dargestellt, über all die Jahrhunderte hinweg. Das sind meistens auch diejenigen Geschichten, die in

Kinderbibeln, sozusagen den Bibeln für Anfänger, erzählt werden, weil es eben die bekanntesten sind. Kaufen Sie sich also eine Kinderbibel – ich meine wirklich: kaufen – und lesen Sie sie. Anschließend schenken Sie sie einem Kind; damit erhält wenigstens dieses Kind eine Chance, sich einen kleinen Teil der geistigen Grundlagen, die Sie sich erst als Erwachsene angeeignet haben, kennenzulernen. Kinderbibeln erhalten Sie im Buchhandel und in Spielzeugläden. Nehmen Sie die, die am meisten Geschichten enthält. Die Lektüre der „richtigen" Bibel wird Ihnen dadurch, wie gesagt, nicht erspart.

Wenn Sie kunsthistorisch arbeiten, beziehen Sie sich keinesfalls auf eine Kinderbibel. Für das Mittelalter ist die sog. Vulgata, eine lateinische Bibelübersetzung, maßgeblich. Sie ist in jedem kunsthistorischen Institut vorhanden. Wenn Sie für die Lektüre eine eigene Bibel kaufen, wählen Sie eine Ausgabe, die auch Apokryphen enthält, weil Themen daraus oft dargestellt wurden. Um mit Luther zu reden: „Das sind Bücher, so der Heiligen Schrift nicht gleichgehalten und doch nützlich und gut zu lesen sind". Hüten Sie sich vor Übersetzungen, die sich dem heutigen Sprachgebrauch angleichen. Eine Bibelübersetzung, in der Apostel als „Mitarbeiter" bezeichnet werden, ist für die Kunstgeschichte unbrauchbar.

Hennecke, Edgar/Schneemelcher, Wilhelm (Hrsg. und Übers.): *Neutestamentliche Apokryphen*, 2 Bde., 6. Aufl., hrsg. v. Wilhelm Schneemelcher, Tübingen 1999

Die Lektüre der Bibel allein reicht nicht aus, um sich die nötigen Grundlagen für das Studium der Kunstgeschichte zu verschaffen. Für christliche Kunst sind auch die Legenden der Heiligen sehr wichtig. Viele von ihnen sind in der „**Legenda aurea**" gesammelt, der Goldenen Legende. Der Sammler bzw. Herausgeber war ein Bischof von Genua, Jacobus de Voragine (1228/30–1298). Diese Legenden sind dem Kirchenjahr nach geordnet, d. h. die Sammlung fängt mit dem 1. Advent an. Die Geschichten sind so anschaulich, daß sie geradezu nach einer Umsetzung in Bilder schreien. Damit wurde die „Legenda aurea" bzw. die Heiligenlegenden zu einer ganz wichtigen Quelle für die Kunst. Das hat für Kunsthistoriker die Konsequenz, sie lesen zu müssen. Es reicht keinesfalls, sich mit der Kurzbiographie eines Heiligen in einem Lexikon zu begnügen; Sie müssen die gesamte „Legenda aurea" lesen. Es ist keine schwere oder langweilige Aufgabe.

Die „Legenda aurea" wurde schnell in die jeweilige Volkssprache übersetzt. Die einzelnen Ausgaben weichen voneinander ab, denn es wurden auch die jeweiligen Lokalheiligen aufgenommen. Wenn Sie also z. B. über spanische Heilige arbeiten, sollten Sie eine spanische Ausgabe verwenden. Wenn Sie sich die „Legenda aurea" kaufen, ist es am sinnvollsten, eine zweisprachige Ausgabe lateinisch/deutsch zu wählen und darauf zu achten, daß Sie eine ungekürzte Ausgabe kaufen. Zu empfehlen ist:

Die Legenda Aurea des Jacobus de Voragine. Einleitung und aus dem Lateinischen von Richard Benz, 14. Aufl. Gütersloh 2004 (zuerst Jena 1924)

Natürlich gibt es noch einige weitere Werke, die für die Heiligenviten grundlegend sind. Es führt aber zu weit, sie hier aufzulisten und zu kommentieren, denn hier geht es darum, wie Sie Grundlagenwissen erwerben. Bibel, Kinderbibel, „Legenda aurea" sind Werke, die Sie sich kaufen und vor allem lesen sollten. Und nochmals: Lexika und Kinderbibel können die Lektüre der Bibel und der „Legenda aurea" nicht ersetzen.

Außerdem müssen Sie sich gewisse Grundkenntnisse der **Liturgie** verschaffen. Besuchen Sie ruhig eine katholische Messe und ein Kloster, in dem Sie auch den Stundengebeten beiwohnen können, die den Tagesablauf im Kloster bestimmen. Das allein reicht allerdings nicht aus; erwerben Sie nach Möglichkeit auch ein Meßbuch.

Für die Zeit vor dem II. Vatikanum (1962–65) sind folgende Werke hilfreich:

Jungmann, Josef Andreas: *Der Gottesdienst der Kirche.* Auf dem Hintergrund seiner Geschichte kurz erläutert, 3. Aufl. Innsbruck/München 1962 (zuerst 1955)

Lechner, Joseph/Eisenhofer, Ludwig: *Liturgik des römischen Ritus,* 6. Aufl. Freiburg 1953 (1.–5. Aufl. unter dem Titel: Eisenhofer, Ludwig: *Grundriß der Liturgik des römischen Ritus*).

Antike Mythologie

Die Werke der bildenden Kunst, die nicht christlich geprägt sind, beziehen sich oft auf die Antike. Sie müssen also auch die Sagen der Antike kennen. Hier gilt dasselbe wie für die Bibel. Sie müssen Ovids Metamorphosen, Homers Ilias und die Odyssee lesen. Wiederum werden Sie das zunächst wahrscheinlich nicht tun, weil die Bücher zu umfangreich erscheinen. Auch hier gibt es kürzere Nacherzählungen der bekanntesten Geschichten. Es ist natürlich Dünnbrettbohrerei, wenn Sie Ihr Wissen nur aus dieser Nachschöpfung beziehen:

Schwab, Gustav: *Die schönsten Sagen des klassischen Alterthums*, zuerst Stuttgart u. a. 1838–40 und zahlreiche Neuausgaben
Achten Sie unbedingt darauf, eine ungekürzte Ausgabe zu kaufen.

Publius Ovidius Naso: *Metamorphosen*. Lateinisch-deutsch. In deutsche Hexameter übertragen von Erich Rösch, hrsg. v. Niklas Holzberg, 14. Aufl. Zürich/Düsseldorf 1996 (auch als Taschenbuchausgabe)

Als Lexikon für den Hausgebrauch:
Hunger, Herbert: *Lexikon der griechischen und römischen Mythologie*. Mit Hinweisen auf das Fortwirken antiker Stoffe und Motive in der bildenden Kunst, Literatur und Musik des Abendlandes bis zur Gegenwart, Wien 1953 (und folgende Auflagen; auch als Paperback)

Natürlich greifen Künstler nicht nur antike Literatur, sondern auch antike Kunstwerke auf. Sie sollten sich diese Werke einprägen, um ihre „Nachkommen" wiederzuerkennen. Dabei ist folgendes Werk sehr hilfreich:

Haskell, Francis/Penny, Nicholas: *Taste and the Antique*. The Lure of Classical Sculpture 1500–1900, 5. Aufl. New Haven/London 1998 (zuerst 1981)
Der erste Teil bietet einige gute Aufsätze zur Antikenrezeption. Im Katalogteil ist jede Skulptur abgebildet, ihre Geschichte in der Neuzeit erzählt, die verschiedenen Deutungen aufgeführt, und die wichtigsten Kopien genannt. Hinzu kommen Literaturangaben.

Die Nachbargebiete

Kunstgeschichte ist immer wieder auf Nachbarwissenschaften angewiesen, vor allem auf historische und philologische Fächer. Dies betrifft sowohl die Methoden als auch die Inhalte. Nur als Beispiel: bildende Kunst schöpft immer wieder aus literarischen Werken, sie stellt immer wieder Ereignisse aus der Geschichte dar. Als Kunsthistoriker müssen Sie deshalb lesen, lesen, lesen – mehr als nur kunsthistorische Fachliteratur. Weil unsere Arbeitsweise vor allem eine historische ist, folgen hier nur knappe Hinweise auf einführende Literatur zur Geschichte.

Das Grundwissen Geschichte erwerben Sie, indem Sie ein Geschichtsbuch der Oberstufe durcharbeiten. Das Abiturwissen für die Zeit von ca. 1500 bis zur Mitte des 18. Jahrhunderts finden Sie z. B. in

> Mieck, Ilja: *Europäische Geschichte der Frühen Neuzeit*. Eine Einführung. 6., verbesserte Aufl. Stuttgart/ Berlin 1998 (zuerst 1970)

Es gibt auch zahlreiche Einführungen in bestimmte Gebiete der Geschichte, die hier nicht aufgeführt werden können. Nur zwei Beispiele:
> Boockmann, Hartmut: *Einführung in die Geschichte des Mittelalters*, 8., durchges. Aufl. München 2007
> Goetz, Hans-Werner: *Proseminar Geschichte*. Mittelalter, 3. überarb. Aufl. Stuttgart 2006 (zuerst 1993)

Für intensivere Arbeit ist der sog. „Gebhardt" ein Standardwerk:
> *Handbuch der deutschen Geschichte*/Gebhardt, hrsg. v. Herbert Grundmann, 17 Bde., Stuttgart 1970–1973, 10. neu bearbeitete Aufl. Stuttgart 2001 (Taschenbuchausgabe bei dtv) (weitere Bände in Planung)

> *Handbuch der europäischen Geschichte*, hrsg. v. Theodor Schieder, 7 Bde. (Bd. 7 in zwei Teilbänden), Stuttgart 1968–1987 (zum Teil schon in 3. und 4. Aufl.)

Die Historischen Hilfswissenschaften sind für Kunsthistoriker ganz wichtig und auch als Nebenfach sehr zu empfehlen (s. Punkt 1.5). Die Kenntnisse, die dort vermittelt werden, brauchen Sie früher oder später für Ihre kunsthistorische Arbeit. Sie müssen wissen, wie man ein Wappen (z. B. auf einem Gemälde) korrekt beschreibt; Sie müssen wissen, welche unterschiedlichen Arten der Zeitrechnung existierten (so galt z. B. der Osterkalender noch bis weit ins 16. Jahrhundert hinein: d. h., das Jahr begann erst Ostern). Zwei Einführungen sind hilfreich, wobei die zweite sich auf Schriftquellen konzentriert:

von Brandt, Ahasver: *Werkzeug des Historikers*. Eine Einführung in die Historischen Hilfswissenschaften, 17. Aufl. Stuttgart/Berlin/Köln/Mainz 2007

Beck, Friedrich/Henning, Eckart (Hrsg.): *Die archivalischen Quellen*. Eine Einführung in ihre Benutzung (Veröffentlichungen des Brandenburgischen Landeshauptarchivs 29), 4. durchges. Aufl. Köln 2004 (zuerst Weimar 1994)

Reiseführer/Der Inhalt des Exkursionskoffers

Packen Sie immer einen Kunstführer ein, und zwar einen, der für Kunsthistoriker geschrieben ist, nicht für ein breites Laienpublikum. Für die Bundesrepublik Deutschland gibt es zwei Standardreihen: der sog. Dehio und der sog. Reclam.

Dehio, Georg: *Handbuch der deutschen Kunstdenkmäler*. Begründet vom Tag für Denkmalpflege 1900, fortgeführt von Ernst Gall. Neubearbeitung durch die Dehio-Vereinigung (die Bände für Ostdeutschland zuerst durch die Arbeitsstätte Kunstgeschichte bei der deutschen Akademie der Wissenschaften zu Berlin, dann im Institut für Denkmalpflege im Einvernehmen mit der Dehio-Vereinigung) München/Berlin 1964–2006

Reclam Kunstführer. Deutschland, Stuttgart 1964–1991

Beide Reihen sind nach Bundesländern geordnet und hierbei ggfs. in Teilbände aufgegliedert. Innerhalb dieser Gebiete sind sie alphabetisch nach Ortsnamen geordnet. Der Dehio erfaßt auch noch sehr kleine Orte, die im Reclam nicht unbedingt auftauchen. Dafür behandelt der Dehio das 20. Jahrhundert etwas kürzer als der Reclam. Entscheiden Sie selbst – es lohnt, sich im Laufe der Zeit eine

Reihe komplett zuzulegen. Auch für die Arbeit am Schreibtisch sind diese Bände unentbehrlich: sie enthalten zu größeren Orten einen Abriß der Geschichte und der städtebaulichen Entwicklung, sowie gute Architekturbeschreibungen. Mit einem Dehio oder Reclam in der Hand können Sie auf sehr einfache Art das spezielle Vokabular der Architekturbeschreibung lernen, wenn Sie zugleich bewußt das entsprechende Bauwerk oder eine Abbildung betrachten.

Der Dehio wurde in der BRD und DDR parallel erarbeitet, jeweils zu den betreffenden Ländern. Viele Bände wurden seitdem überarbeitet. Achten Sie beim Kauf darauf, nicht einen unveränderten Nachdruck zu erwerben, sondern eine überarbeitete Ausgabe.

Reclam und Dehio enthalten zwar Grund- und Aufrisse von wichtigen Gebäuden, aber ansonsten weder Abbildungen noch Hinweise auf Unterkünfte, Restaurants oder Verkehrsverbindungen. Sie geben auch keine Reiserouten an; es sind eben keine touristischen Führer.

In Frankreich reisen Sie am besten mit dem entsprechenden Band des „Guide bleu":

Les guides bleus, Paris
Die älteren Ausgaben sind meist die detaillierteren, auch wenn die Datierungen nicht immer korrekt sind. Die Bände sind nach Départements geordnet, innerhalb der Bände nach Reiserouten. Das Auffinden der einzelnen Orte wird durch ein sehr gutes Register ermöglicht. Diese älteren Bände können Sie manchmal günstig in Antiquariaten vor Ort erwerben.

Für Italien sind die Bände des Touring Club zu empfehlen:
Guida d'Italia del Touring Club Italiano, Mailand. Häufige Neuauflagen.
Sie sind natürlich auf Italienisch, aber nicht kompliziert geschrieben. Die Alternative sind hier die entsprechenden Reclam-Bände.

In Österreich reisen Sie wiederum mit Dehio oder mit Reclam.
Dehio. Handbuch. Die Kunstdenkmäler Österreichs, hrsg. v. Bundesdenkmalamt, Institut für österreichische Kunstforschung

Reclam Kunstführer. Österreich

Für die Schweiz:

Kunstführer durch die Schweiz, begründet von Hans Jenny, hrsg. v. d. Gesellschaft für Schweizerische Kunstgeschichte, 4 Bde. und je eine CD-Rom, vollst. neu bearb. Aufl. Bern, 2005–

Der Inhalt des Exkursionskoffers

Eine Exkursion ist keine Modenschau. Vielmehr müssen Sie sich darauf einrichten, stundenlang zu stehen: in Museen, in Kirchen, vor Fassaden, evtl. in Galerien: eben überall, wo es Kunst gibt. In Sport- und Jagdgeschäften gibt es kleine **Hocker**, die sich sehr platzsparend zusammenfalten lassen – viele Museen lassen sie in ihren Räumen zu, und sie können Ihnen viel Rückenschmerzen ersparen.

Kirchen sind für gewöhnlich kalt. Packen Sie deshalb auch im Hochsommer warme Socken ein. Nehmen Sie **Schuhe** mit, die dicke, gut gegen Bodenkälte isolierende Sohlen haben, und die so bequem sind, daß sie auch nach drei stehend verbrachten Stunden noch nicht zu klein sind. Aus demselben Grund sollten Sie immer einen warmen Pullover mitnehmen: nicht nur im Koffer oder Rucksack, sondern auch, wenn es in die Kirchen geht. Ein Schal kann ebenfalls sehr sinnvoll sein. Wenn Sie zwischen zwei Jacken schwanken, sollten Sie die mitnehmen, die mehr Taschen hat. Unterwegs braucht man hunderterlei Dinge, die man möglichst griffbereit haben sollte.

Dazu gehört z. B. ein kleines, aber lichtstarkes **Fernglas**. Deckengemälde, Schlußsteine, weit entfernte Altäre, hohe Fassaden usw. lassen sich so besser betrachten. Da die Lichtverhältnisse nicht immer günstig sind, zahlt es sich aus, von vornherein ein lichtstarkes Glas zu erwerben. Es sollte zudem möglichst leicht sein, denn auf Exkursionen muß man meist alles selber tragen, und man muß außer dem Fernglas noch mehr einpacken.

Eine weitreichende **Taschenlampe** gehört ebenfalls zur Standardausrüstung. Sie sollte möglichst nicht mit Batterien oder Akkus betrieben werden, weil die meist dann erschöpft sind, wenn man sie am nötigsten braucht, und ein Ladegerät wiegt viel. Besser sind Lampen, die man über Nacht an der Steckdose wieder aufladen kann.

Weiterhin gehören ein **Notizbuch** und ein **Zollstock** ins Gepäck. Ganz wichtig ist auch ein **Fotoapparat** mit sehr lichtstarkem Objektiv, denn oft ist Blitzen verboten. In Kirchen ist es (mitunter nur mit vorheriger Genehmigung) meist erlaubt; hier ist auch ein Stativ sinnvoll.

„Fahre nie nach Ohio ohne Dehio" – denken Sie daran, den entsprechenden kunsthistorischen **Führer** einzupacken!

Außerdem gehört unbedingt ein kleiner **Mundvorrat**, zumindest aber Traubenzucker, ins Gepäck. Sie wissen nie, wie lange Sie sich z. B. in einer Kirche aufhalten. Wenn der Küster eigens für Sie aufgesperrt hat und er Sie einschließt, damit nicht Touristen oder andere Neugierige Zugang haben, vereinbaren Sie mit ihm eine Zeit, wann er Sie wieder abholt. Sollte er Sie vergessen, ist es tröstlich, wenigstens etwas zu essen zu haben. Zudem sind viele Dozenten dafür berüchtigt, daß sie auf Exkursionen vergessen, Pausen einzulegen.

Der Handapparat – Bücher kaufen oder entleihen?

Unter einem Handapparat versteht man die Bücher, die für die tagtägliche Arbeit von Nutzen sind, die also „zur Hand" sein müssen. Dazu gehören z. B. die Werke, die im Abschnitt zum Grundlagenwissen (s. Punkt 4.5) genannt worden sind, angefangen von der Bibel bis hin zu dem Werk von Haskell/Penny: *Taste and the Antique* 1982. Weitere Bücher sind im Folgenden genannt.

Ganz wichtig ist ein **Duden**. Auch die neue Rechtschreibung hat Regeln, und vermutlich wird auch die alte Rechtschreibung parallel dazu noch eine Weile üblich bleiben. Beim Lesen lenken Rechtschreibfehler vom Inhalt ab – man achtet dann mehr auf die Fehler als auf das, was Sie sagen wollen. Deshalb ist eine korrekte Rechtschreibung mehr als nur gute Form. Bevor Sie Ihre schriftliche Ausarbeitung abgeben, muß Korrektur gelesen werden – möglichst nicht von Ihnen selbst, denn Sie kennen den Text zu gut und überlesen die Fehler.

Auch ein **Wörterbuch für Synonyme** und für Fremdwörter leistet gute Dienste. Wenn es um kunsthistorische Fachausdrücke geht, sollten Sie ein entsprechendes Lexikon zu Hause haben. Es muß die wichtigsten Termini enthalten und erschwinglich sein. Vielleicht werden Sie in einem Antiquariat fündig; sonst müssen Sie tiefer in die Tasche greifen. Für den Hausgebrauch sind zu empfehlen:

Jahn, Johannes: *Wörterbuch der Kunst*, fortgeführt von Wolfgang Haubenreißer, 12., durchgesehene und erweiterte Aufl., Stuttgart 1995 (zuerst Leipzig 1939)

Koepf, Hans: *Bildwörterbuch der Architektur*, 4. überarb. Aufl. Stuttgart 2005 (zuerst Stuttgart 1968)

Koepf, Hans: *Baukunst in fünf Jahrtausenden*, 11. Aufl. Stuttgart/ Berlin/Köln 1997

Pevsner, Nikolaus/Fleming, John/Honour, Hugh (Hrsg.): *Lexikon der Weltarchitektur*, 3. überarb. Aufl. München 1992 (zahlreiche Ausgaben, z. B. auch Darmstadt 1971), auch als CD-ROM, Berlin 2004
Der deutsche Text stellt eine stark erweiterte Ausgabe des *Penguin Dictionary of Architecture*, Harmondsworth 1966 dar.

Ein gutes **Konversationslexikon** ist ebenfalls unentbehrlich.

Welche weiteren Werke außerdem in Ihrem Handapparat stehen, hängt weitgehend von Ihren speziellen Interessensgebieten ab. Viele der genannten Werke sind vielleicht bei den Eltern und Großeltern vorhanden. Alle Bücher sind auch im Buchhandel erhältlich. Es lohnt auch, am Schwarzen Brett des Instituts einen Aushang mit Auflistung der gesuchten Bücher zu machen. Ansonsten können Sie **Antiquariate** durchstöbern; auch hierbei kann das Internet hilfreich sein. Das Zentrale Verzeichnis antiquarischer Bücher ZVAB stellt mehr als 150.000 Bucheinträge zur Verfügung (http://www.zvab.com).

Bücher kaufen oder entleihen?
Grundsätzlich gilt, daß Sie während des Studiums nur sehr wenige Bücher kaufen müssen. Werke, die im Laufe des Studiums immer wieder benötigt werden, wie z. B. bestimmte Lexika, die Bibel, die „Legenda aurea", Ovids „Metamorphosen", sollten Sie kaufen. Weiterhin sollten Sie Bücher besitzen, wenn Sie sie systematisch durcharbeiten, die Sie also über einen längeren Zeitraum beschäftigen. Dazu gehören z. B. die Werke, die im Abschnitt 4.5 vorgestellt wurden, aber auch Titel, die Sie für eine größere Prüfungsvorbereitung brauchen.

Spezialliteratur, die Sie nur für das Anfertigen einer einzigen Arbeit benötigen, sollten Sie lediglich entleihen. Wenn Sie tatsächlich die Bücher lesen, die im Laufe des Studiums als **Grundlagenliteratur** empfohlen wird (s. Punkt 4.5: Wie erwirbt man Grundlagenwissen), können Sie sich überlegen, ob Sie diese entleihen oder kaufen. Im Zweifel entleihen Sie erst und entscheiden während der Lektüre, ob Sie das Buch auf Dauer besitzen möchten. Sie können auch die Lehrenden und ältere Kommilitonen um Rat fragen. Denken Sie daran, daß Sie nicht gleich im ersten Semester alles kaufen müssen, was man Ihnen zum Kauf empfiehlt. Erst wenn Sie selbst merken, welche Werke Ihnen ständig „fehlen", sollten Sie sie kaufen.

4.6 Die Technik des Beschreibens

Eine Beschreibung ist sozusagen die Bestandsaufnahme. Sie steht am Anfang jeder Arbeit. Beschreiben ist bewußtes Sehen, das auch die Details erfaßt und sie in einen größeren Zusammenhang einordnet. Beschreiben ist auch immer zugleich Deuten.

Für eine gute Beschreibung müssen Sie klar erkennen, was auf dem Bild dargestellt ist. Am besten ist es daher, wenn Sie die Beschreibung vor dem Original selbst anfertigen. Geht das nicht, müssen Sie sich eine möglichst gute Abbildung besorgen. Es reicht keinesfalls, ein Dia gegen das Licht zu halten, eine womöglich unscharfe Abbildung aus dem Internet herunter zu laden oder anhand einer Fotokopie zu arbeiten. Zwar gibt es auch große Bildagenturen und Fototheken, jedoch reichen für Seminararbeiten gewöhnlich die Abbildungen in der Sekundärliteratur aus.

Eine gute Beschreibung ist niemals eine bloße Aufzählung, sondern sie hat etwas von einer Erzählung. Sie deutet auch immer schon, z. B. wenn sie das Thema des Werks nennt. Sie beginnt beim Wichtigsten und führt den Betrachter entsprechend den Sinnzusammenhängen weiter.

Die Gliederung der Beschreibung

Die Gliederung der Beschreibung ist durch die Gliederung, die Komposition des Werks vorgegeben. Trotzdem gibt es einige Regeln, die immer gleich bleiben. Dazu gehört, daß Sie als erstes die technischen Daten angeben.

(Wenn Sie im folgenden Abschnitt einige Fachausdrücke noch nicht verstehen, schlagen Sie z. B. bei Jahn: Wörterbuch der Kunst nach, s. oben)

1. Technische Daten
- Name des Künstlers (falls bekannt; ob das Werk eigenhändig ist oder unter Werkstattbeteiligung entstand oder ob es sich um eine Zuschreibung handelt. Falls das strittig ist, muß es ggfs. im Text diskutiert und hier schon darauf verwiesen werden). Hier nennen Sie vorhandene Signaturen (auch in Form von Monogrammen) mit der Angabe, wo sie auf dem Werk angebracht sind.
- Titel des Werks (mit Angabe, ob es ein zeitgenössischer oder späterer Titel ist)
- Gattung (Tafelbild, Handschriftenminiatur, Skulptur, Relief, Kirchenfassade usw.). Hier geben Sie z. B. auch an, ob es sich um ein Diptychon, Triptychon, die Außenflügel eines Altars handelt, usw.
- Datierung (mit Angabe, ob Datierung auf dem Werk. Falls sie strittig ist, muß im folgenden Text u. U. ein eigener Gliederungspunkt folgen, auf den Sie hier schon verweisen)
- Beschriftungen auf dem Rahmen, der Rückseite des Werks, oder bei Skulpturen; z. B. Brandmarken werden an dieser Stelle genannt.
- Die Maße (Höhe vor Breite: meist in cm; bei Zeichnungen in mm)
- Material: Pigmente/Bindemittel und Bildträger (z. B. Öl auf Leinwand, Tempera auf Pappelholz, Deckfarben auf Pergament usw.). Bei Zeichnungen wird die „unterste" Schicht zuerst genannt, am Schluß der Bildträger, z. B: Graphit, Kohle, Weißhöhungen, laviert auf Papier.

- Zustand (Restaurierungen, z. B. Doublieren der Leinwand, Anstückungen, Fehlstellen, Beschädigungen, Übermalungen, Retuschen usw., soweit meist aus den Museumskatalogen oder etwaigen Restaurierungsberichten bekannt)
- Heutiger Besitzer und Standort (wo wird das Werk aufbewahrt; bzw. wo steht das Gebäude)
- Herkunft (die Provenienz, d.h. die Vorbesitzer. Sie beginnen mit dem frühesten bekannten und zählen sie, soweit bekannt, bis zur Gegenwart auf).

Bei der Beschreibung fangen Sie mit einem Satz an, der das Thema des Werkes nennt. Sie geben dem Betrachter damit eine grobe Orientierung; er weiß ja noch überhaupt nichts von dem, was er vor sich hat. Die eigentliche Beschreibung beginnen Sie mit der Hauptperson oder der Hauptsache. Gewöhnlich nimmt sie am meisten Platz im Bild ein, und der Blick fällt zuerst auf sie. Oft ist sie auch im Mittelpunkt plaziert. Beschreiben Sie sie zuerst allgemein – wer ist die Figur, was tut sie. Dafür reicht ein einziger Satz.

Diese Person tut etwas – folgen Sie der Handlung; sie wird Sie zum nächsten wichtigen Gegenstand führen. Im Laufe der Beschreibung entdecken Sie das Beziehungsgeflecht, das die einzelnen Bildelemente miteinander verbindet. Auch wenn es sich nicht um Menschen handelt, sind diese sind meist in irgendeiner Weise aktiv. Ein Baum z. B. breitet vielleicht schützend seine Zweige aus; ein Berg ragt auf, eine Landschaft hinterfängt die Personen. Vermeiden Sie unbedingt das Verb „befinden". Es ist nichtssagend; ersetzen Sie es durch anschaulichere Verben. Bleiben Sie im Aktiv, denn es wirkt lebendiger als Passiv. Vermeiden Sie auch, einen Satz mit „Wir erkennen ..." oder „Wir sehen ..." zu beginnen, denn das klingt sehr steif und ungelenk. Hüten Sie sich vor Worten wie „irgendwie", „gewissermaßen", „eigentlich". Versuchen Sie stattdessen, so präzise wie möglich zu beschreiben. Behalten Sie aber den Blick auf das Ganze, um sich nicht in Details zu verlieren.

Wenn Sie der Handlung bzw. der Bilderzählung folgen, arbeiten Sie sich vom Wichtigen zum weniger Wichtigen vor; häufig ist das vom Vorder- zum Hintergrund. Bei Architektur beginnen Sie Ihre detaillierte Beschreibung gewöhnlich mit dem Erdgeschoß.

Bei Ihrer Beschreibung fügen Sie auch gleich folgende Punkte mit ein: den Standpunkt des Betrachters (Untersicht oder Aufsicht; wo vor dem Bild: ist ihm ein fester Standpunkt zugewiesen, oder kann er sich frei bewegen?); das Kolorit (die Farbgebung: wie tragen die Farben in ihren unterschiedlichen Abstufungen dazu bei, die Komposition zusammenzuhalten?); die Lichtführung (Gibt es eine oder mehrere Lichtquellen? Wo sind sie anzunehmen? Wie betont das Licht bestimmte Stellen im Werk und läßt andere zurücktreten; sind die Farben Lokalfarben oder verändern sie sich im Licht? Welche Rolle spielen die Schatten?).

Um genau zu beschreiben, müssen Sie genau hinsehen. Dabei hilft es ungemein, wenn Sie das Kunstwerk nachzeichnen. Es muß keine Kopie werden, eine Skizze reicht. Als Kontrolle können Sie Ihre fertige Beschreibung jemandem vorlesen, der das Werk nicht kennt. Sie bitten ihn, während des Vorlesens zu skizzieren. Wenn er ins Stocken gerät, wissen Sie, daß hier Ihre Beschreibung unklar ist.

Beispiele

Im folgenden werden einige beispielhafte Beschreibungen abgedruckt.

Goldschmidt, Adolph: *Elfenbeinreliefs aus der Zeit Karls des Groszen*, in: Jahrbuch der Preuszischen Kunstsammlungen 26 (1905), S. 47–67; die zitierte Beschreibung S. 48f.
In diesem Aufsatz stellte Goldschmidt einige karolingische Elfenbeine zusammen, die um 800 bzw. kurz danach entstanden und stilistisch so eng miteinander verwandt sind, daß sie eine eigene Gruppe bilden. Im ersten Teil seines Aufsatzes weist Goldschmidt nach, daß eine Handschrift in der Wiener Hofbibliothek (heute: Österreichische Nationalbibliothek, der sog. Dagulf-Psalter, Ms. 1861) und zwei Elfenbeinplatten im Louvre ursprünglich zusammengehörten (sie bildeten den Einband der vor 795 entstandenen Handschrift. Louvre, Paris. 16,8 × 8,1 cm). Im Anschluß daran beschreibt Goldschmidt die beiden Platten mit ihren insgesamt vier Reliefs. Aus Platzgründen wird hier nur die Beschreibung des ersten Reliefs zitiert.

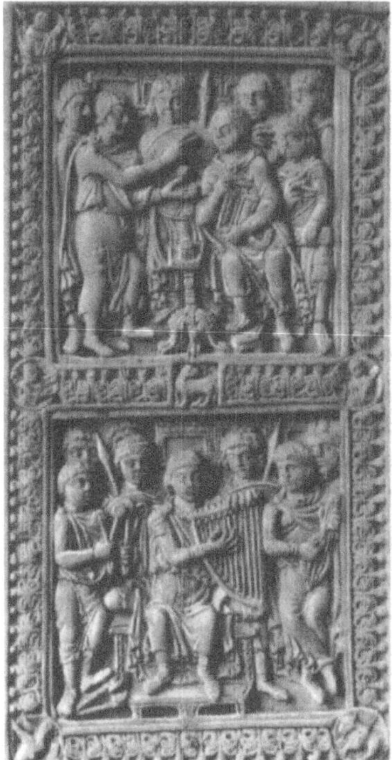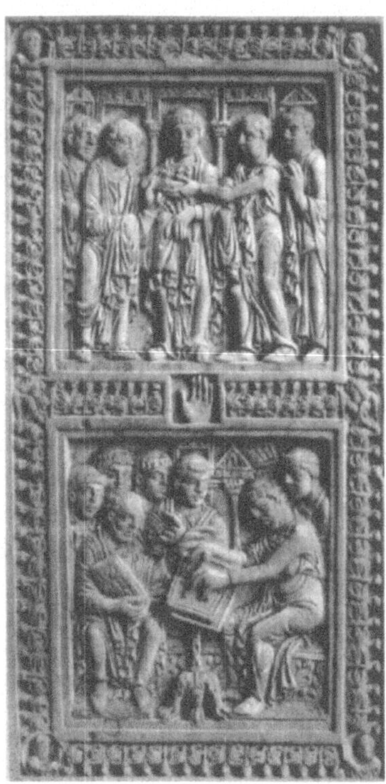

„Jede Platte ist von einem Streifen mit Blattornamenten umgeben und durch einen gleichen in eine obere und untere Hälfte geteilt … Der jugendliche König David steht links, begleitet von seiner Leibwache, zwei jungen Kriegern mit Schild und Lanze. Nur bei dem einen werden auf diesem Relief die Waffen sichtbar. Der König ist mit Tunika und Mantel bekleidet, den eine Agraffe auf der rechten Schulter zusammenhält; sein Gesicht ist bartlos, sein Haar, das nach vorn in die Stirn gekämmt ist, reicht hinten bis über die Ohren hinab, es kräuselt sich am Saume um den Kopf herum, wird aber durch keine königliche Auszeichnung geschmückt. Ihm gegenüber sitzen vier Schreiber. Das Sitzen ist zwar ungeschickt ausgedrückt, aber der Schemel, auf den der vorderste seinen Fuß setzt, und die gebogenen Knie lassen darüber keinen Zweifel. Zwei von ihnen sind

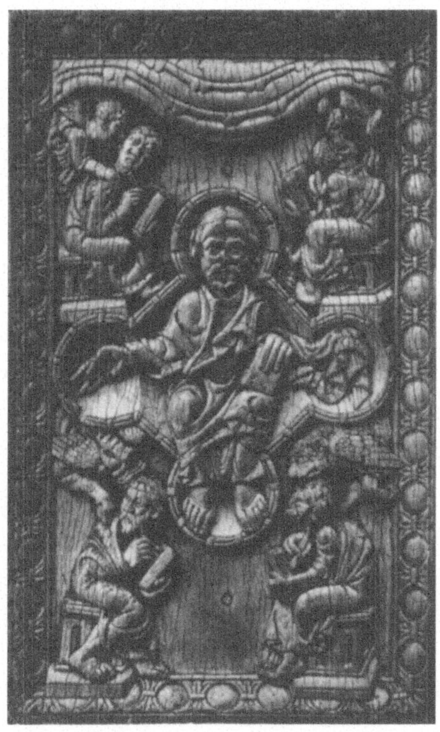

bärtig, zwei unbärtig; sie sind mit Buch und Feder bewaffnet, und vor dem vordersten steht in der Mitte des Reliefs ein Tintenfaß auf hohem Untergestell. David ist in lebhafter Rede begriffen, er erhebt die Rechte mit dozierender Gebärde und streckt begleitend die Linke den Zuhörenden entgegen. Diese schreiben noch nicht; zwar hat der erste schon sein Buch geöffnet, aber einstweilen hört auch er nur zu. Es ist also kein Diktat Davids, sondern es handelt sich um eine Vorrede oder einen Auftrag. Den Hintergrund bildet eine arkadenartige Architektur."

Vöge, Wilhelm: *Ein deutscher Schnitzer des 10. Jahrhunderts*, in: Jahrbuch der preuszischen Kunstsammlungen 20 (1899), S. 117–124, wiederabgedruckt in: Bildhauer des Mittelalters. Gesammelte Stu-

dien von Wilhelm Vöge, hrsg. v. Erwin Panofsky, Berlin 1958, S. 1–10; die zitierte Beschreibung S. 1f.
(Sog. „Echternacher Meister": Thronender Christus mit den vier Evangelisten. Trier, Ende 10. Jahrhundert, 21 × 12,4 cm, Buchdeckel aus Elfenbein, heute Berlin, Staatliche Museen Preußischer Kulturbesitz.)
„Unter den Erwerbungen, die für die Berliner Sammlung von Elfenbeinen in letzter Zeit gemacht worden sind, erregt ein Werk aus der Spätzeit des X. Jahrhunderts mit thronendem Christus und Evangelisten besonderes Interesse. Es ist kein Mirakel der Technik, die Anordnung ist wenig geschickt; Übelgelaunte werden sagen, daß es durch seine Häßlichkeit auffalle … Zu dem wunderlichen Christuskopf mit dem dichten Haarkranz hat sichtlich irgend ein byzantinisches Vorbild die Anregung gegeben; doch der Meister transponierte es in Bäurische … Das schlecht gescheitelte, mühsam geglättete Haar umrahmt ein derbes viereckiges Gesicht von niedriger Stirn und starken Backenknochen; der Bart ist mit barbarischer Zierlichkeit geordnet; die Nase ist unschön, breit auseinander gehend, es scheint, etwas eingedrückt. Doch die großen wässerigen Augen sind voll Ausdruck, die geschlossenen Lippen sprechend; plumpe Extremitäten deuten auf niedrige Abkunft und harte Arbeit.
Was bei den Evangelisten mehr noch als die naturalistische Formengebung fesselt, ist die Wahrheit des Mimischen. Sie sind im Augenblick der Inspiration dargestellt. Aber während derartige Scenen nur zu oft etwas leblos Allegorisches oder subaltern Schreibermäßiges haben, ist hier der Vorgang von seiner psychischen Seite gefaßt. Wie der Engel dem Matthäus über die Schulter hineinkorrigiert, und der Evangelist sich die redlichste Mühe giebt, das Gesagte richtig aufzufassen; wie ihm gegenüber der Johannes sich vergebens anzustrengen scheint, die im Flüsterton gehaltenen Offenbarungen des Adlers zu erraten – das krampfhafte Aufhorchen kommt in der heftigen Drehung des Kopfes sehr gut zum Ausdruck –; wie der Markuslöwe eine Weile meditiert, ehe er zu soufflieren fortfährt, während sein Klient, ganz hingegeben, ihm zu Füßen sitzt – das ist ebenso liebenswürdig erzählt wie gut beobachtet."

Wenn Sie die vorangegangenen Beispiele lesen, werden Sie merken, daß sie etwas gemeinsam haben. Sie vermeiden Schachtelsätze und drücken sich in Haupt- und meist nur einem Nebensatz aus. Goldschmidt macht von Adjektiven nur höchst sparsam Gebrauch. (Eine Anregung für Sie: streichen Sie aus Ihrer Beschreibung sämtliche Adjektive heraus, lesen Sie den Text laut, setzen Sie gezielt wenige Adjektive wieder ein, lesen Sie den Text wieder laut.) Vöge nutzt Adjektive, um stilistische Eigenheiten herauszuarbeiten. Beide Autoren schreiben im Aktiv, denn das ist wesentlich lebendiger als Passiv; beide heben in ihren Beschreibungen stark auf das Geschehen ab. Sie zählen nicht auf, sondern sie erzählen.

Alle Beschreibungen erwachsen aus intensiver Anschauung des Werks; sie werden ständig überarbeitet. Die erste Beschreibung ist nur der Ausgangspunkt. Je mehr man sich mit dem Werk auseinandersetzt, desto mehr sieht man im Sinne von: man nimmt es wahr, man erkennt es. Darum wird auch die Beschreibung immer wieder überarbeitet; die neuen Erkenntnisse fließen ein. Forschungen werden ständig ergänzt, korrigiert, widerlegt. Eine gute Beschreibung ist nicht zu widerlegen; sie kann höchstens ergänzt werden. Viele Werke sind zudem in ihrer physischen Existenz vernichtet, aber in Beschreibungen leben sie noch weiter und sind für die Kunstgeschichte verfügbar.

Literaturempfehlung:

Panofsky, Erwin: *Zum Problem der Beschreibung und Inhaltsdeutung von Werken der bildenden Kunst*, in: Ders.: Deutschsprachige Aufsätze, hrsg. von Karen Michels und Martin Warnke, Berlin 1998, S. 1064–1077 (unter demselben Titel zuerst erschienen in: Logos 21, 1932, S. 103–119)
Panofsky hat sein Erklärungsmodell, das auf den Philosophen Karl Mannheim zurückgeht, immer wieder überarbeitet und mehrmals publiziert. In diesem Aufsatz sind die verschiedenen Ebenen der Beschreibung und Interpretation aus didaktischen Gründen auseinanderdividiert.

Wölfflin, Heinrich: *Das Erklären von Kunstwerken* (Bibliothek der Kunstgeschichte, hrsg. v. Hans Tietze, Bd. 1), 2. Aufl. Leipzig 1940 (zuerst Leipzig 1921)

5. Referat und Hausarbeit

5.1 Die Referatsvergabe und Zeitplanung

In der ersten Sitzung des Semesters stellt der Dozent gewöhnlich das Seminarthema vor. Er führt in das Thema ein, nennt vermutlich Grundlagenliteratur (die Sie auch wirklich lesen sollten) und vergibt die Referatsthemen. Ein Seminar besteht nämlich zum größten Teil aus mündlichen Vorträgen, eben den Referaten, die die Studierenden halten, samt ihrer Diskussion. In der Regel erhält nur der einen Schein, der auch ein Referat gehalten hat. Mitunter werden Themen doppelt besetzt, wenn z. B. mehr Seminarteilnehmer da sind als Referatsthemen. Die sogenannten Korreferenten bearbeiten dasselbe Thema, referieren aber nicht unbedingt bzw. nur einen Teil. Häufig muß auch das mündlich gehaltene Referat schriftlich ausgearbeitet werden (das ist keine wesentliche Mehrarbeit, wenn man von Anfang an sauber wissenschaftlich arbeitet: s. Punkt 5.5). Wegen der Referatsvergabe und der allgemeinen Einführung ins Seminarthema sollten Sie unbedingt in der ersten Sitzung anwesend sein. Zwar gibt es immer Nachzügler, die erst in der zweiten Sitzung auftauchen, aber dazu sollten Sie nicht gehören.

Bei der Referatsvergabe geht es mitunter chaotisch zu. Manchmal stellt der Dozent die Referatsthemen einzeln vor, zeigt Dias und erklärt, worum es geht. Manchmal wird nur eine Liste der Themen verteilt und man hat keine Vorstellung von seinem Objekt, noch nicht einmal von seinem Aussehen. Lassen Sie als Erstsemester sich nicht davon einschüchtern, daß alle anderen um Sie herum scheinbar genau wissen, worum es geht. Die meisten dürften ein wenig bluffen. Gewöhnlich ist es so, daß die ersten Themen keine Abnehmer finden: zu wenig Vorbereitungszeit, die Angst, sich zu blamieren, lieber wartet man ab, wie der Hase läuft. Dafür reißen sich alle um die letzten Themen.

Im Grunde ist es gleichgültig, für welches Thema Sie sich melden. Jedes wird an irgendeinem Punkt interessant, und Sie lernen bei jedem Thema etwas. Es muß nicht die Liebe auf den ersten Blick zu Ihrem Referat sein. Gescheiter ist es, wenn Sie Zeitplanung betreiben: dieses Referat ist nicht Ihr einziges im Semester. Sie werden wahrscheinlich noch weitere schreiben. Wählen Sie die Referatstermine nach Möglichkeit so, daß mindestens drei Wochen Zeit zwischen ihnen liegen. Wenn Sie alle auf das Semesterende schieben, werden Sie höchstwahrscheinlich Probleme mit der Zeiteinteilung bekommen, weil man am ersten Referat viel zu lange sitzt, und die anderen zu kurz kommen.

Für ein Proseminarreferat bzw. -hausarbeit sollten Sie ca. drei Wochen Zeit einkalkulieren. Dies ist aber nur eine Faustregel; Sie werden selbst im Laufe der Zeit merken, ob Sie mehr oder weniger Zeit benötigen. Mit diesen drei Wochen ist gemeint, daß Sie in diesem Zeitraum in der Hauptsache an Ihrem Referat sitzen. Ihre tägliche Arbeitszeit ist vor allem dieser Arbeit gewidmet, sonst ist sie nicht innerhalb von drei Wochen zu bewältigen.

Ein ungefährer **Zeitplan** könnte so aussehen: Geben Sie sich ca. fünf Tage Zeit für die Literatursuche. Parallel dazu fertigen Sie schon eine erste detaillierte Beschreibung des Objekts an oder leisten die erste gründliche Lektüre und Inhaltsangabe Ihres Quellentextes. Das Exzerpieren könnte ca. zehn bis zwölf Tage dauern, wobei es teilweise parallel zur Literaturbeschaffung geschieht. Das eigentliche Schreiben ist in vier Tagen zu schaffen. Anschließend erfolgt das Überarbeiten, Ausdrucken und Korrekturlesen. So behalten Sie auch noch etwas Reserve für Computerprobleme und andere Verhängnisse. Ideal ist es, wenn Sie zwischen Schreiben und Überarbeiten ein paar Tage Pause haben. Sie gewinnen damit Abstand, die „Betriebsblindheit" verliert sich etwas, und Sie werden für die Lücken und Verbesserungsmöglichkeiten Ihrer Arbeit wieder etwas sensibler.

Dieser Einteilungsvorschlag ist natürlich reine Theorie. Sie müssen selbst ausprobieren, wie Ihr Arbeitsrhythmus ist. Einige Menschen können nur unter Druck arbeiten, andere nur mit Muße. Einige brauchen „freie" Tage mittendrin, andere arbeiten besser durch, auch an den Wochenenden. Lesen Sie auch das Kapitel 4.2 zu „Schreibhemmungen".

Parallel müssen Sie sich um die Dias bzw. Vorlagen für Powerpoint-Folien kümmern: prüfen Sie sehr bald nach, welche Dias im Institut vorhanden sind und welche Sie bestellen müssen. Diese Prozedur dauert unterschiedlich lange: einige Institute brauchen dafür drei Wochen (zur Vorbeugung bzw. Abwendung von drohenden Präsentations-Katastrophen s. Punkt 5.7).

Es kommt immer wieder vor, daß sich der geplante Referatstermin verschiebt. Der Zeitgewinn kann in einigen Fällen höchst willkommen sein. Wenn Sie aber Ihre Arbeit schon weitgehend oder ganz fertig haben, dann lassen Sie sie, wie sie ist. Feilen Sie nicht mehr daran, verbessern Sie nichts mehr – außer offensichtlichen Fehlern. Meist wird die Arbeit nur anders, aber nicht besser. Keinesfalls sollten Sie gar anfangen, ganze Punkte neu zu schreiben oder die Gliederung umzuwerfen – dann werden Sie zum neuen Termin garantiert nicht fertig. Nutzen Sie die Zeit lieber, um schon mit dem nächsten Referat anzufangen. Die Zeit, die Sie in eine schon fast fertige Arbeit zusätzlich investieren, wird Ihnen bei der nächsten fehlen.

Wie der Arbeitsablauf im Detail aussehen kann, lesen Sie im folgenden Kapitel.

5.2 Der Anfang

Beginnen Sie sofort mit der Arbeit. Gehen Sie aus der ersten Sitzung, und fangen Sie mit der Suche nach einer guten Abbildung an. Machen Sie sich mit Ihrem Werk vertraut, und das so schnell wie möglich. Gehen Sie danach an die Kataloge, suchen Sie in der Institutsbibliothek die Literatur, recherchieren Sie in den Sachkatalogen des Instituts, der UB, der Stabi, des Zentralinstituts für Kunstgeschichte (zikg.lrz-muenchen. de. Bestellen Sie auch sofort, was Sie zum Thema finden. Erfinden Sie keine Ausflüchte wie z. B. „morgen fange ich an". Es gibt keinen Grund, nicht schon heute anzufangen. Meist muß man sich einen Ruck geben: wenn Sie es heute tun, ist das Schlimmste schon geschafft.

Sie besorgen sich also eine sehr gute Abbildung von Ihrem Objekt oder sehen es sich nach Möglichkeit im Original an, und beschreiben es. Sie lernen es sozusagen aus erster Hand kennen. Das ist wichtig, damit

Sie eine eigene Basis bekommen. In der Literatur steht viel Unsinn, und wenn Sie Ihr Objekt kennengelernt haben, bevor die Literatur Ihnen den Blick verstellt hat, sind Sie viel unabhängiger von Gedrucktem.

Sie bibliographieren, d. h., Sie sammeln Literaturangaben zum Thema und besorgen sich die Werke. Unter Punkt 4.4: Bibliographien finden Sie eine Anleitung, wie man bibliographiert, d. h. Literatur zum Thema findet. Auch bei den Bibliotheksführungen werden Sie gute Hinweise erhalten.

Zu den Fragen der Materialsuche, der Gestaltung von Anmerkungen, Bibliographie, auch der Themensuche für Magister- und Doktorarbeiten usw. lesen Sie am besten folgendes Buch:

Eco, Umberto: *Wie man eine wissenschaftliche Abschlußarbeit schreibt*. Doktor-, Diplom- und Magisterarbeit in den Geistes- und Sozialwissenschaften, 11. Aufl. der deutschen Ausgabe, Heidelberg 2005 (zuerst als: Come si fa una tesi di laurea, Mailand 1977)
Dieses Werk ist aus den Nöten der Universitätspraxis heraus entstanden. Es erklärt anschaulich und auf amüsante Weise, wie man als Studierender seine Abschlußarbeit anfertigt. Es ist auch für Proseminarreferate höchst nützlich. Außerdem ist es verständlich geschrieben. Die Lektüre lohnt, denn hier wird Schritt für Schritt erklärt, wie Sie praktisch vorgehen müssen, wenn Sie eine wissenschaftliche Arbeit schreiben. Eco warnt vor Stolpersteinen, und er erklärt auch, wie Sie die auftretenden Probleme lösen.

5.3 Wie exzerpiert man

Wenn Sie sich die Literatur beschafft haben, geht es ans Lesen. Das Hauptproblem ist, wie man den Wust von Literatur bändigt und so organisiert, daß man selber zehn Seiten oder wieviel auch immer schreibt, ohne einen Nervenzusammenbruch zu bekommen.

Sie fangen möglichst mit der neuesten Veröffentlichung an. Damit erhalten Sie sehr schnell den neuesten Forschungsstand. Dann lesen Sie in chronologischer Folge rückwärts weiter, arbeiten sich also von der jüngsten zur ältesten Veröffentlichung durch, und hören bei der ältesten

Publikation auf. Sie merken auf diese Art und Weise schnell, wer von wem abschreibt und wer neue Erkenntnisse bringt.

Beim Lesen machen Sie sich Notizen, die sog. **Exzerpte**. Diese Auszüge aus der Literatur sind unbedingt notwendig, auch wenn sie zeitaufwendig sind. Auch hier gilt, wie beim Mitschreiben der Vorlesung: probieren Sie aus, ob Sie lieber mit DIN A4-Blättern oder mit Karteikarten arbeiten, oder ihre Exzerpte gleich in den Computer schreiben.

Ein weiterer Vorteil des Exzerpierens: wenn Sie das ganze Buch vor sich liegen haben, werden Sie vielleicht nicht nur die unbedingt nötigen Seiten lesen, sondern auch ein wenig herumschmökern. Dabei macht man oft wertvolle Funde. Wenn Sie hingegen die nötige Literatur nur kopieren, werden Sie sich um solche Lesefrüchte bringen.

Also müssen Sie exzerpieren; diese (vermeintliche) Kröte sollten Sie schlucken. Gewöhnlich dauert die Lektüre der ersten Publikation lange, denn das meiste ist neu und Sie müssen viel exzerpieren. Beim zweiten Werk ist Ihnen einiges schon bekannt und das Exzerpieren geht schneller.

Notieren Sie oben auf jedem Blatt – auf j e d e m Blatt, auch auf Fotokopien – Autor, Kurztitel und Erscheinungsdatum. Am linken Rand notieren Sie die Seitenzahlen der Publikation. Falls Sie am Computer schreiben, gilt das entsprechend: es muß deutlich sein, aus welcher Veröffentlichung und von welcher Seite genau Ihre Notizen stammen. Das erleichtert später das Erstellen der Fußnoten. Alles, was nicht Ihr eigenes Gedankengut ist, müssen Sie nämlich durch eine Anmerkung belegen. Das gehört zu den ehernen Regeln von Wissenschaft. Wenn Sie nicht belegen, handelt es sich um ein Plagiat, geistigen Diebstahl. Das ist kein Kavaliersdelikt. Die Überprüfbarkeit ist ein wichtiges Kriterium für saubere wissenschaftliche Arbeit; deshalb ist durchgängiges, lückenloses Belegen so überaus wichtig. Wie man **Anmerkungen** gestaltet, steht unter Punkt 5.5.

Wenn Sie etwas wörtlich herausschreiben, setzen Sie es gleich in Anführungszeichen, um es als Zitat zu kennzeichnen. Achten Sie, bitte, darauf, daß Sie solche Zitate wirklich buchstabengetreu abschreiben. Vorsicht: Wörtliche Zitate bringt man nur, wenn Sie besonders prägnant oder elegant sind. Man verwendet sie sparsam; im Zweifelsfall formulieren Sie lieber selbst.

Vom Sinn und Unsinn des Fotokopierens

Keinesfalls sind die Exzerpte durch Fotokopien zu ersetzen. Beim Lesen sollen Sie zugleich denken und etwas über Ihr Thema lernen. Wenn Sie lediglich lesen oder nur kopieren, bleibt kaum etwas haften. Wenn Sie dagegen das Gelesene kurz zusammenfassen oder paraphrasieren, oder besonders wichtige Stellen sogar wortwörtlich abschreiben, wird sich das Gelesene einprägen. Es ist damit für Sie wirklich verfügbar – viel mehr, als wenn Sie nur einen Stapel Kopien nach Hause tragen, aber letztlich nicht wissen, was in den Kopien steht.

Wenn Ihnen etwas besonders wichtig erscheint, sollten Sie es nicht kopieren, sondern exzerpieren: als Kopie haben Sie es nur auf einem Stück Papier, aber nicht im Kopf – dabei ist es doch besonders wichtig. Seien Sie generell sparsam mit Kopieren. Es heißt nicht umsonst „Kapieren statt Kopieren". Was Sie einmal geschrieben haben, sitzt fester, als wenn Sie das Buch auf den Kopierer gelegt und nur seinen Einband betrachtet haben.

Wie liest man Fachliteratur

Wenn Sie lesen, lesen Sie gewöhnlich Antworten. Sie sollten aber mit einer Frage lesen, nämlich dem Thema Ihres Referats. Wenn man sich hin und wieder an diese Frage erinnert, fällt es auch leichter, Wichtiges und Unwichtiges voneinander zu unterscheiden. Es ist hilfreich, sich einen Zettel mit dem Thema des Referats an den Schreibtisch zu hängen oder neben sich auf den Tisch in der Bibliothek zu legen. In keinem Fall sollten Sie einfach nur Fakten zusammentragen.

Eine wichtige Aufgabe der Wissenschaft ist, Erkenntnisse zu vermehren: Erkenntnisse gewinnt man aber nur, wenn man Fragen stellt. Das Staunen, das Sich-Wundern, steht am Anfang von Wissenschaft (und manchmal auch am Schluß, wie Plato und Plotin sagen). Ohne Fragen gibt es keine Wissenschaft. Ihr Studium ist aber ein wissenschaftliches – deshalb müssen Sie Fragen entwickeln und, in einem weiteren Schritt, auch versuchen, Sie zu beantworten.

Wie findet man Fragen? Sie erinnern sich: das Gelesene sind meist Antworten. Achten Sie beim Lesen auf Folgendes:

- wovon will der Autor seine Leserschaft überzeugen?
- was ist die Frage des Autors?
- ist dies die einzig mögliche Frage? Kann man sie auch anders stellen; gibt es auch noch ganz andere Fragen?
- welche These stellt der Autor zur Beantwortung seiner Frage auf?
- wie begründet er diese These?
- kann man sie auch anders begründen? Oder sogar widerlegen?
- wogegen richtet sich seine These, implizit oder explizit?
- ist dies die einzig mögliche Antwort?
- fragen Sie immer wieder „warum?"
- fragen Sie immer wieder „mit welchem Ziel?"

Achten Sie beim Lesen auch darauf, ob Ihnen wirklich belegbare Fakten, Vermutungen, Schlußfolgerungen usw. geboten werden. Eine weit verbreitete Unart ist z. B., daß auf Seite fünf eine These aufgestellt wird, die auf Seite zehn schon als Tatsache behandelt wird. Auch so etwas sollten Sie als eigenen Kommentar vermerken und gegebenenfalls in Ihrem Referat erwähnen – je nach Bedeutung für Ihre eigene Argumentationsweise im laufenden Text oder in einer Anmerkung.

Wenn Sie bei der Lektüre zu eigenen Fragen bzw. kritischen Kommentaren kommen, notieren Sie diese auf einem eigenen Blatt. Vermerken Sie auf dem Blatt, bei welcher Lektüre (Autor, Kurztitel, Seitenangabe) Sie diese Gedanken hatten. Es wird Ihnen helfen, diese eigenen Einfälle zu gegebener Zeit kritisch zu sichten bzw. auszuarbeiten.

Ideal ist es, wenn Sie nicht nur Literatur speziell zu Ihrem Referatsthema lesen, sondern auch mindestens ein Werk, das einen Überblick über die jeweilige Epoche behandelt: es hilft Ihnen, Ihr Thema in einem größeren Zusammenhang zu sehen.

Die Strukturierung der Exzerpte und Kopien

Wenn Sie mit dem Exzerpieren fertig sind, müssen Sie eine Gliederung erstellen. Durch das Lesen und Notizenmachen ist Ihnen bekannt, welche Punkte Sie für Ihr Thema behandeln werden. Notieren Sie die auf einem eigenen Blatt. Sie wissen jetzt auch schon ungefähr, wie die Punkte zusammenhängen. Dann bringen Sie sie in eine Reihenfolge. Die ist immer erst vorläufig – wichtig ist, daß Sie überhaupt eine haben.

Wie sieht eine gute **Gliederung** aus? Ein allgemeines Rezept gibt es nicht, aber ein paar Grundregeln. Zunächst nennen Sie Ihr Thema und erläutern die Gliederung. Das hilft Ihnen auch, den ersten Satz aufs Papier zu bekommen, z. B.: „Thema meiner Arbeit ist …" Ein Satz genügt. Die erste Niederschrift dieses Abschnitts ist nur vorläufig. Meist gewinnt man beim Schreiben eine neue Sicht auf das Thema, so daß diese erste Einleitung nur provisorisch ist. Wenn Sie die Arbeit fertiggestellt haben, müssen Sie die Einleitung unbedingt überarbeiten, meistens ganz neu schreiben.

Dann beschreiben Sie möglichst bald das Kunstwerk bzw. den Gegenstand Ihrer Arbeit (vielleicht handelt es sich ja um ein kunsttheoretisches Traktat), damit man weiß, worum es geht und eine Vorstellung des betreffenden Werks gewinnt. Diese Beschreibung ist nur kurz; die ausführliche Beschreibung kommt später.

Dann folgt ein Kapitel zum **Stand der Forschung.** Dabei beginnen Sie mit der ältesten Literatur. Das können Sie ungefähr so formulieren: Als erster Forscher hat sich XY mit diesem Werk 1920 befaßt (immer die Jahreszahl nennen!). Dann sagen Sie, was XY geleistet hat: er hat z. B. dieses Werk zum erstenmal genau beschrieben und einem Künstler attribuiert und auf die 1. Hälfte des 15. Jahrhunderts datiert. Dann geht es weiter: Diese Einordnung wurde von YZ 1937 weiter präzisiert. Die ikonographische Ausdeutung leistete 1958 – und wieder der Name des betreffenden Forschers, usw. Nachdem Sie auf diese Art die wichtigste Forschungsliteratur vorgestellt haben, sagen Sie auch, was noch nicht geleistet wurde. Anschließend sollten Sie zusammenfassen, welche schriftlichen **Quellen** es gibt, d. h. Aussagen vom Künstler selbst oder von Zeitgenossen. Die Grenzen zwischen Quellen und Sekundärliteratur können natürlich fließend sein.

Aus Forschungsstand und Quellenlage begründen Sie anschließend die **Fragestellung** Ihres Referats. (Das ist auch die Methode, wie man später ein Bachelor- oder Magister-Thema finden kann.) Die Behandlung dieser Fragestellung ist der Hauptteil Ihrer Arbeit. Hier, bei der Formulierung der Fragestellung, gilt dasselbe wie für die Einleitung: nach Abschluß des Manuskripts müssen Sie diesen Teil nochmals übergehen. Unter Umständen hat sich im Lauf der Arbeit Ihre ursprüngliche Fragestellung geändert, Akzente haben sich verschoben, usw. Meist merkt man nämlich erst beim Ausformulieren, worüber man tatsächlich arbeitet.

Grundsätzlich ist es so, daß man nur einen neuen Aspekt ausführlich behandeln kann, bestenfalls zwei. Bei einem guten Referat hat man am Schluß das Gefühl, daß man das Problem nur anreißen konnte. In Proseminararbeiten geht es nicht in erster Linie darum, neue Fragen zu stellen. Dort geht es vor allem darum, geleistete Forschung zusammenzufassen und klar zu präsentieren. Trotzdem müssen Sie auch hier erläutern, wie Sie vorgehen, d. h. Sie müssen Ihre **Methodik** erklären. Die dann folgende **genaue Beschreibung** Ihres Kunstwerks hebt auf Ihre Fragestellung ab – was dafür wichtig ist, müssen Sie besonders betonen.

Im Anschluß an die detaillierte Beschreibung behandeln Sie weitere Fragen, z. B. den Auftraggeber und seine Intention, den Entstehungsprozeß des Werks, die Ikonographie, den Stil, die Stellung des Werks im Oeuvre des Künstlers, die Bewertung des Werks im Lauf der Geschichte usw. – immer unter Ihrer Leitfrage. Sie ziehen dazu verwandte Kunstwerke, die gleichzeitig entstanden sind, als Vergleichsbeispiele heran, natürlich auch Vorläufer, die Ihr Werk beeinflußt haben, oder auch Werke, die in dessen Nachfolge stehen.

Ein häufiger Fehler ist, daß zunächst Vergleichsbeispiele vorgestellt werden, das Werk aber, um das es eigentlich geht, erst später beschrieben wird. Bei diesem Vorgehen hängen die Vergleichsbeispiele sozusagen in der Luft, denn man weiß noch gar nicht, wozu Sie sie in Beziehung setzen. Grundregel ist, daß Sie immer zuerst das Werk vorstellen und beschreiben, das den Mittelpunkt Ihrer Arbeit bildet. Erst dann können Sie andere Werke zum Vergleich heranziehen und Vorläufer oder Nachfolger behandeln.

Wenn Sie diese weiteren Werke in Beziehung zu Ihrem Hauptwerk setzen, müssen Sie sie unbedingt zunächst kurz beschreiben. Glauben Sie nicht, daß ein Dia oder eine Folie die Beschreibung ersetzen kann – Sie müssen in Worte fassen, was man sieht oder zu sehen meint. Bei diesen Beschreibungen beziehen Sie sich zugleich auf Ihre ausführliche Beschreibung des Hauptwerks. Sie sagen kurz, was bei den Vergleichsbeispielen gleich oder ähnlich ist, und führen dann die Unterschiede aus.

Wenn Sie die folgenden Fragen gestellt und eine Antwort versucht haben, ist schon viel geleistet:
- Wie sieht es aus?
- Wo gibt es das noch?
- Wo kommt es her?
- Warum könnte es so sein?

Das letzte Kapitel ist immer eine **Zusammenfassung** der Ergebnisse und ein Verweis auf evtl. offene bzw. weiterführende Fragen.

Eine Arbeitsgliederung kann also folgendermaßen aussehen:
1. Einleitung: Thema der Arbeit. Sehr kurze Beschreibung des Objekts
2. Forschungsstand und Quellenlage
2.1 Sekundärliteratur: was ist geleistet, welche Fragen sind noch nicht bearbeitet worden
2.2 Quellenlage
3. Problemstellung: welche Fragen behandeln Sie in Ihrer Arbeit, welche nicht. Ziel der Arbeit
3.1 Methodischer Ansatz: wie gehen Sie vor
3.2 Genaue Beschreibung des Gegenstands
3.3 Analyse/Synthese
3.3.1 Vergleichsbeispiele
3.3.2 Vorgängerwerke
3.3.3 Nachfolgende Werke
3.4 Zusammenfassung des Kapitels
4. Ausblick/offene Fragen
   Auflistung der benutzten Literatur/ggfs. Quellenverzeichnis
   ggfs. Abbildungsverzeichnis und Abbildungen

Dies ist nur ein sehr grob gehaltener Vorschlag. Es gibt kein allgemein verbindliches Gliederungsschema: Sie müssen Ihre Gliederung am jeweiligen Gegenstand orientieren und deshalb für jede Arbeit (fast) neu erfinden.

Wenn Sie eine grobe Gliederung erstellt haben, gehen Sie in die Sprechstunde des Seminarleiters. Schreiben Sie sich Ihre Fragen, die Sie vielleicht haben, vor der Sprechstunde auf. Gehen Sie mit ihm die Gliederung durch, erklären Sie Ihre inhaltlichen Gewichtungen. Vielleicht kann er Ihnen noch weitere Literaturhinweise geben. Jetzt sollten Sie auch Unklarheiten hinsichtlich der Themeneingrenzung beseitigen. Machen Sie sich bei dieser Besprechung Notizen.

Die endgültige Gliederung muß in sich logisch sein und den methodischen Aufbau der Arbeit widerspiegeln. Die Überschriften der einzelnen Punkte müssen in Gliederung und Text identisch sein, einschließlich des Gliederungspunktes (z. B. 2.5.1; zur Dezimalklassifikation siehe auch Punkt 5.5: Gliederung/Inhaltsverzeichnis).

Beim nächsten Schritt sortieren Sie Ihre Exzerpte entsprechend der Gliederung. Dafür gibt es keine allein seligmachende Methode. Bei Eco: Wissenschaftliche Abschlußarbeit [11]2005 (s. oben) finden Sie Anregungen, auch im hier folgenden Abschnitt. Wohlgemerkt: es gibt keine Methode, mit der alle zurechtkommen. Auf jeden Fall drucken Sie jetzt auch Ihre Exzerpte aus dem Computer aus und versehen jedes Blatt mit dem Kurztitel der jeweiligen Publikation.

Sie markieren die Punkte auf Ihrem Gliederungsblatt farbig: jeder Punkt bekommt eine andere Farbe. Dann gehen Sie Ihre Exzerpte und Fotokopien aufmerksam durch und markieren am Rand die Passagen in der jeweiligen Farbe des Gliederungspunktes. Dies hat auch den Vorteil, daß Sie alle Informationen noch einmal gebündelt im Kopf haben. Nach dieser Aktion sehen die Blätter bunt und fröhlich aus. Der Vorteil: Sie sehen auf einen Blick, ohne die Notizen nochmals lesen zu müssen, welche Blätter oder Karteikarten Sie zu welchem Gliederungspunkt brauchen.

Wenn Sie frei referieren wollen, sollten Sie sich zumindest stichwortartig notieren, was Sie in welcher Reihenfolge sagen wollen (zur Referiertechnik s. Punkt 5.8 und 10.4). Wenn Sie aber das Referat auch schriftlich abliefern müssen oder wenn Sie von vornherein eine Hausarbeit verfassen, kommt als nächstes der Akt des Schreibens auf Sie zu.

5.4 Das Schreiben

Dann schreiben Sie den ersten Gliederungspunkt. Dazu suchen Sie aus dem Stapel Papier alle Blätter heraus, die diese Farbe aufweisen, z. B. Grün. Sie lesen die Passagen noch einmal durch, legen die Blätter in der Reihenfolge, wie Sie sie für die Argumentation brauchen, schalten das Telefon leise und schreiben den Punkt. Danach gönnen Sie sich eine Belohnung. So geht es auch mit den ganzen anderen Punkten. Sie können getrost die Exzerptblätter im großen Stapel durcheinanderbringen, weil Sie ja zuvor jedes Blatt oben mit Name, Kurztitel und Erscheinungsdatum gekennzeichnet haben.

Ganz wichtig ist, daß Sie die Anmerkungen sofort mitverfassen. Anhand der Seitenzahlen und Kurztitel auf Ihren Exzerpten ist es einfach, in einer Fußnote zu belegen, woher Sie Ihr Wissen haben (zur Technik der Anmerkungen s. Punkt 5.5). Machen Sie keinesfalls den Fehler, daß Sie erst den Text schreiben und das Verfassen der Fußnoten in einem eigenen Arbeitsgang erledigen wollen. Dann müssten Sie nämlich sowohl den eigenen Text als auch die Exzerpte noch einmal durchgehen, finden aber womöglich die Textstelle in Ihren Notizen nicht wieder und sind zu diesem Zeitpunkt die ganze Sache vermutlich ohnehin schon leid. Deshalb noch einmal der dringende Rat: Schreiben Sie die Anmerkungen gleichzeitig mit dem Text.

Ob Sie die Gliederungspunkte in ihrer logischen Reihenfolge schreiben oder mit Ihrem Lieblingspunkt anfangen, hängt vom persönlichen Arbeitsstil ab. Probieren Sie es erst einmal der Reihe nach. Wenn Sie Ihre Arbeit zuerst handschriftlich verfassen, beschreiben Sie die Bögen nur einseitig. Lassen Sie auch genügend Platz zwischen den Zeilen, um später Korrekturen und Ergänzungen einfügen zu können. Übernehmen Sie die Gliederungspunkte in das Manuskript: das hilft bei der Orientierung. Auch sollten die Manuskript-Blätter durchlaufend numeriert sein. Es ist außerdem hilfreich, wenn Sie so deutlich schreiben, daß Sie Ihr Produkt auch noch nach einigen Tagen entziffern können.

Wenn Sie am Computer schreiben, machen Sie jeden Abend (wirklich jeden Abend) **Sicherungskopien** und eventuell auch Zwischenausdrucke. Computer und Drucker streiken grundsätzlich kurz vor dem Abgabetermin, das gehört zu ihrem Charakter. Mit Sicherungskopien auf Disketten haben Sie die Chance, auf einem fremden Drucker Ihr Referat zu Papier bringen zu können.

Noch ein dringender Rat für Computerbenutzer: Sie wissen, daß die sog. Viren in Ihrem Rechner verheerende Wirkungen haben können, bis hin zum Löschen der Festplatte. Schützen Sie sich davor, indem Sie regelmäßig **Viren-Schutzprogramme** laufen lassen. Überprüfen Sie damit auch jede fremde Datei und jedes fremde Speichermedium, bevor (bevor!) Sie sie öffnen bzw. lesen. Diese Schutzprogramme bekommen Sie gewöhnlich relativ preiswert beim Rechenzentrum Ihrer Universität bzw. als kostenlose Shareware im Internet (z. B. www.chip.de). Besorgen Sie sich regelmäßig die neueste Version, damit Sie tatsächlich „abwehrfähig" bleiben.

Schreiben Sie nur das, was Sie wirklich verstanden haben. Sie müssen es in einer Diskussion begründen und verteidigen können. Wenn Sie mit etwas, das Sie gelesen haben, nicht einverstanden sind oder es nicht verstehen, dann schreiben Sie das in Ihrer Arbeit – ggfs. in einer Fußnote – und begründen Sie es.

Versuchen Sie keinesfalls, Probleme schnell und bequem zu lösen. Eine Lösung, die keiner ernsthaften Nachfrage standhält, ist nur Bluff. Formulieren Sie stattdessen das Problem so klar wie es Ihnen möglich ist. Versuchen Sie dabei, Ihre eigenen Fragen zu stellen und nicht nur die aus der Sekundärliteratur zu wiederholen.

Wenn Sie alle Gliederungspunkte geschrieben haben, müssen Sie Ihr Manuskript überarbeiten. Manche Menschen schreiben gleich wohlformuliert, andere schreiben erst drauflos und feilen erst in einem späteren Durchgang. Das ist wiederum Sache jedes einzelnen. Das Ausfeilen eines Textes kostet meist mehr Zeit, als wenn Sie sich sofort um guten Stil bemühen.

Das **Überarbeiten** geschieht folgendermaßen: Sie gehen Ihr Manuskript Zeile für Zeile, Satz für Satz durch. Am besten lesen Sie es laut: dabei fallen Ihnen am ehesten die Stellen auf, bei denen es sprachlich holpert oder wo logische Brüche auftreten. Vermutlich fallen Ihnen Passagen auf, die eigentlich in einen anderen Gliederungspunkt gehören. In einem solchen Fall schneiden Sie das Manuskript auseinander und kleben Sie die entsprechende Passage dort ein, wo sie hingehört. Viele Autoren benutzen in dieser Phase den Fußboden ihres Arbeitszimmers als

Arbeitsfläche. Dort liegt das Manuskript ausgebreitet, Seite nach Seite. Wehe, es wird gelüftet: dann ist alle Ordnung dahin. Schon deshalb sollten Sie herausgeschnittene und verschobene Textpassagen tatsächlich kleben. Dieses Verfahren klingt altmodisch, ist aber bewährt: Sie haben hierbei den vollständigen Text vor Augen und einen besseren Überblick, als wenn Sie das Ausschneiden und Einfügen am Bildschirm erledigen.

Zu guter Letzt erstellen Sie das Literturverzeichnis, ggfs. das Verzeichnis der Abbildungen und fügen diese selbst als Kopien oder Ausdrucke bei.

Gehen Sie nach dem Überarbeiten Ihr Manuskript nochmals durch, auch das Literaturverzeichnis. Überprüfen Sie, ob alle zitierte Literatur dort aufgenommen ist. Vermutlich können Sie Ihr Manuskript zu diesem Zeitpunkt nicht mehr sehen, aber das hilft nichts. Als Trost können Sie sich sagen, daß dann (erstmal) nur noch das Formatieren am Computer kommt. Schließlich der Lohn: aus dem Drucker läuft die Arbeit.

Die Arbeit ist aber immer noch nicht fertig. Am Schluß muß jemand anderes – ich wiederhole – jemand anderes **Korrektur lesen**. Man selber ist betriebsblind geworden. Es sollte jemand sein, der mit Rechtschreibung und Zeichensetzung vertraut ist. Es ist wirklich unglaublich, was manchmal in Referaten und Hausarbeiten geboten wird.

Dies ist natürlich nur eine sehr grobe Richtschnur. Es ist völlig normal, wenn man mit der Gliederung kämpft, oder drei Tage lang braucht, um sich den ersten Satz abzuringen (zu diesem Problem s. auch Punkt 4.2).

5.5 Anmerkungen, Literaturverzeichnis, Abbildungsverzeichnis

Die folgenden Bemerkungen sind sehr knapp gehalten. Sie verstehen sich als eine Einführung, aber sie sind keinesfalls vollständig. Es ist sozusagen eine „Erste Hilfe".

Anmerkungen

Die Anmerkungen werden auch als Fußnoten (wenn sie am Fuß der Seite plaziert sind) oder als Endnoten (wenn sie dem Text angehängt werden) bezeichnet. Es sind Ziffern, die von 1–n durchgezählt werden. Wie man Anmerkungen gestaltet, finden Sie bei Eco: Wissenschaftliche Abschlußarbeit [11]2005 und Wilk-Mincu: Kunstwissenschaftliche Literatur [3]1992 (s. Punkt 4.4: Bibliographien) erläutert; das anschließende Kapitel enthält ebenfalls eine solche „Waschanleitung".

Anmerkungen dienen dazu, übernommenes Wissen als solches zu kennzeichnen. Niemand, der ein Thema bearbeitet, muß das Rad neu erfinden. Im Gegenteil, es wird unbedingt erwartet, daß man sich mit der Forschung zum Gegenstand vertraut macht (s. Punkt 5.3: Forschungsstand). Fremdes Gedankengut muß kenntlich gemacht werden, so daß jeder Leser klar erkennt, was Ihre eigenen Überlegungen sind, und wo Sie die Ergebnisse eines anderen referieren. Dies geschieht in Form der Anmerkungen. Dort belegen Sie, woher Sie Ihre Informationen haben. Dies muß vollständig und nachvollziehbar geschehen. Machen Sie lieber eine Anmerkung zuviel als eine zuwenig.

Zu einer Anmerkung gehört nicht nur der Verweis auf einen Namen, sondern eine ganz genaue Literaturangabe, einschließlich der Seitenzahl. Was Sie schreiben, muß überprüfbar sein, und zwar ohne Probleme. Achten Sie deshalb darauf, daß Ihre Anmerkungen vollständig und korrekt sind. Sie schützen sich damit vor dem Vorwurf der Schlamperei, oder sogar dem der wissenschaftlichen Unlauterkeit und des Plagiats. Ein Plagiat ist kein Kavaliersdelikt, sondern geistiger Diebstahl! Sie brauchen in Anmerkungen nicht penibel und ausführlich zu wiederholen, was ohnehin schon publiziert ist und sich nachlesen läßt. Ihre Anmerkung soll lediglich dem Leser sagen, wo er das, was Sie kurz und bündig zusammenfassen, ausführlich nachlesen kann. Der Leser muß auch überprüfen können, ob Sie den zitierten Autor richtig zusammenfassen. Diese **Nachprüfbarkeit** ist ein ganz wichtiges Kriterium für wissenschaftliche Arbeit. Sie wiederholen also in Ihrer Arbeit die Forschungsergebnisse aus der publizierten Literatur nur soweit, wie es für Ihre eigene Arbeit notwendig ist.

Es geht hier um wissenschaftsethische Prinzipien. Ein Autor hat nach der Veröffentlichung seiner Ergebnisse nur noch sehr wenig Einfluß darauf, wie mit seinen Publikationen umgegangen wird. Es ist eine Vertrauensleistung, die er der Öffentlichkeit und seinen Kollegen erbringt. Gehen Sie mit diesem Vertrauen und mit dem geistigen Eigentum anderer Menschen sorgsam um. Sie sorgen dann gleichzeitig dafür, daß man auch Ihnen vertraut. Nur auf dieser Basis ist gutes wissenschaftliches Arbeiten möglich. Die Deutsche Forschungsgemeinschaft (DFG) hat eine Denkschrift herausgebracht, in der diese und andere Grundregeln für wissenschaftliche Arbeit niedergelegt sind.

> Deutsche Forschungsgemeinschaft: *Sicherung guter wissenschaftlicher Praxis.* Empfehlungen der Kommission „Selbstkontrolle in der Wissenschaft", Weinheim 1998
> Dieser „Knigge" richtet sich vor allem an Wissenschaftler, die in der Forschung tätig sind. Er ist aber auch schon für Studierende lesenswert, die erst am Beginn ihres Studiums stehen, denn die Regeln sind für alle dieselben.

Wenn Sie eigene Ideen haben, sollten Sie das genauso kenntlich machen. Es gibt keinen Grund, warum Sie Ihr Licht unter den Scheffel stellen sollten. Grundsätzlich gilt alles als Ihr eigenes Gedankengut, wenn sie keine andere geistige Autorschaft per Anmerkung belegen. Im laufenden Text können Sie Wendungen einflechten, wie z. B. „mir erscheint folgender Schluß zwingend: ...", „aufgrund der geschilderten Ereignisse stelle ich folgenden Zusammenhang her ...", „ich interpretiere folgendermaßen" usw. Denken Sie daran, daß Sie das, was Sie sagen, auch begründen bzw. so gut wie möglich beweisen müssen.

Das Literaturverzeichnis

Das Literaturverzeichnis ist eine vollständige Auflistung der Literatur, die Sie benutzt haben. Es gehört zu jeder wissenschaftlichen Arbeit wie die Gliederung und die Anmerkungen. Es müssen alle Werke aufgeführt sein, die in den Anmerkungen erscheinen. Darüber hinaus sollten Sie auch alle Werke aufnehmen, die Sie zwar nicht zitiert haben, die Ihnen aber trotzdem bei der Bearbeitung des Themas geholfen haben. Auf keinen Fall sollten Sie Werke aufnehmen, die Sie nicht in der Hand gehabt und nicht benutzt haben. Wenn Sie klarmachen wollen, daß Sie wissen, Sie hätten dieses oder jenes Werk lesen müssen, aber es war selbst per Fernleihe oder Dokumentenlieferdienst nicht erhältlich, dann sagen Sie das an passender Stelle in einer Fußnote. Sie machen so deutlich, daß Sie sich mit der Literaturlage auskennen.

Das Abbildungsverzeichnis

Manchmal ist es sinnvoll, die schriftliche Ausarbeitung des Referats bzw. die Hausarbeit mit Abbildungen zu versehen. Hier gilt dasselbe wie für die Auswahl der Dias bzw. Folien (s. Punkt 5.7):

- Was Sie im Text erwähnen, müssen Sie durch eine Abbildung belegen.
- Was Sie anhand der Abbildung zeigen wollen, muß auch erkennbar sein (es ist gleichgültig, ob es sich um ein eingeklebtes oder eingescanntes Foto handelt oder um eine einfache Fotokopie).
- Je mehr Sie anhand einer einzigen Abbildung zeigen können, desto besser.

Die Abbildungen sollten Sie durchnumerieren. Sie sollten ihnen auch eine Beischrift, die sog. Legende, beifügen, damit man weiß, was dargestellt ist. Sie kann knapp sein: Künstler und Titel des Werks, evtl. noch Datierung und Standort. Die ausführlichen Angaben gehören in das Abbildungsverzeichnis. Es wird dem Abbildungsteil entweder vorangestellt oder angehängt. Es enthält zu jedem Werk die Abbildungsnummer, Künstler oder Kunstkreis, Titel des Werks, Datierung, Maße (Höhe vor Breite vor Tiefe), Material, Standort. Wenn Sie es perfekt machen wollen, ergänzen Sie noch, welcher Publikation oder Internetseite Sie die Abbildung entnommen haben. Diese Angabe fügen Sie in () dazu und gestalten es wie eine Anmerkung, d. h. einschließlich der Seitenangabe, bzw. die URL und das Datum der Abfrage.

Hinweise für die formale Gestaltung wissenschaftlicher Arbeiten

Von Studierenden wird die Fertigkeit, wie man Fußnoten macht, Literatur korrekt zitiert, eine Literaturliste gestaltet, zwar erwartet, aber kaum jemand verrät Ihnen, wie man sie erwirbt. Es gibt aber dennoch Möglichkeiten. Entweder Sie arbeiten das folgende Kapitel durch, oder das entsprechende bei Wilk-Mincu: Kunstwissenschaftliche Literatur [3]1992 oder Eco: Wissenschaftliche Abschlußarbeit [11]2005 (s. Punkt 4.4: Bibliographien und 5.2), oder Sie besuchen bei den Historikern einen sog. Grundkurs. Die folgenden Hinweise gehen auf ein Merkblatt zurück, das am Historischen Seminar der Universität Münster in Proseminaren verteilt wurde. Sie stellen Empfehlungen dar; sie sind nicht vollständig und erheben keinen Anspruch auf allgemeine Gültigkeit.

1. Allgemeines

Wissenschaftliche Arbeiten werden grundsätzlich im 1½-Zeilenabstand geschrieben, jedes Blatt nur einseitig. Links ist ein Rand von 5–7 cm freizulassen, oben und unten ca. 3 cm. Auch auf der rechten Seite lassen Sie ausreichend Korrekturrand. Alle Textseiten, ausgenommen die Titelseite und das Blatt mit der Gliederung, sind zu numerieren. Die Seitenzählung beginnt also mit der ersten Textseite. Das Inhaltsverzeichnis (die Gliederung) folgt auf die Titelseite; der Anmerkungsteil (falls er nicht als Fußnoten erscheint), Quellen- und Literaturverzeichnis sowie ein möglicher Anhang folgen auf den Textteil.

Eine sog. Schreibmaschinen- oder Standardseite (das gilt auch für mit dem Computer geschriebene Seiten) rechnet man mit 60 Anschlägen pro Zeile und 30 Zeilen pro Seite. Leerzeilen und -zeichen zählen mit. Für Proseminararbeiten rechnet man ca. 10 Seiten, für Hauptseminararbeiten 15–20 Seiten. Diese Seitenangaben variieren aber je nach Institut und Dozent. Die Anmerkungen zählen meist extra. Halten Sie sich an abgesprochene Begrenzungen, schummeln Sie nicht durch kleinere Schrift, Proportionalschrift, engeren Zeilenabstand, mehr Zeilen pro Seite. Das sind billige Tricks, die sofort durchschaut werden. Was Sie klar im Kopf haben, können Sie auch klar, d. h. kurz und bündig, ausdrücken. Wenn nicht, haben Sie es vermutlich noch nicht genügend durchdacht.

2. Titelseite

Sie enthält das Thema des Seminars, Namen des Seminarleiters, Bezeichnung des Semesters, Thema der Arbeit, Name, Vorname, Anschrift, E-Mail-Adresse und Telefonnummer, Studienfächer und Semesterzahl des Verfassers, ggfs. auch die Matrikelnummer.

3. Gliederung/Inhaltsverzeichnis

Die Gliederung soll den Inhalt der Arbeit von der ersten bis zur letzten numerierten Seite aufzeigen (deshalb mit Seitenangaben), und darlegen, wie der Autor das Thema gegliedert und bearbeitet hat. Eine folgerichtige und in sich geschlossene Gedankenführung erfordert eine Gliederung nach Haupt-, Neben- und Unterpunkten in logischer Form. Punkte, die in der Gliederung auf derselben Stufe stehen, müssen inhaltlich und logisch den gleichen Rang einnehmen. Die Gliederung muß in sich verständlich sein. Als Beispiel sei hier die Dezimalklassifikation vorgestellt:

1.
1.1
1.2
2.
2.1
2.2
2.2.1 usw.

Die Gliederungspunkte sind jeweils mit Überschriften zu versehen, die den Inhalt des Abschnitts in knapper und möglichst genauer Form angeben. Abschnittsüberschriften dürfen sich weder mit dem Gesamtthema der Arbeit noch mit den Überschriften von Unterabschnitten decken.

Eine Kommentierung der Gliederung oder der Motive für die Wahl eines bestimmten Themas ist nicht nötig. Der letzte Abschnitt der Arbeit sollte nicht als „Schluß" betitelt werden, sondern verdeutlichen, ob und inwiefern der Autor seine Ergebnisse zusammenfaßt, seine Thesen nochmals kurz darstellt, und/oder einen Ausblick auf ungelöste Probleme gibt.

4. Abkürzungen

Sie sollten so sparsam wie möglich verwendet werden. Nur solche wie usw., etc., z. B., sowie solche für Währungen oder Institutionen (z. B. UNO, EG) sind üblich. Regeln für das Ausschreiben von Zahlen sind im Duden zu finden.

5. Anmerkungen

Die Herkunft aller Informationen und nicht selbständig entwickelter Gedanken muß – falls sie nicht wissenschaftliches Allgemeingut sind – eindeutig nachgewiesen werden, so daß eine Überprüfung für den Leser möglich ist. Außer den Quellenangaben können begrenzt auch sachliche Randbemerkungen (Kommentare des Verfassers) zu den Anmerkungen gehören, soweit sie nicht wichtiger Bestandteil des jeweiligen Gedankens im Text sind. Die Anmerkungen werden vom Textteil abgetrennt und im Text nur durch hochgestellte arabische Ziffern vermerkt.

Bezieht sich ein Abschnitt der Arbeit nur auf einen bestimmten Teil eines Werkes aus der Literatur, braucht nicht jeder übernommene bzw. referierte Gedanke einzeln belegt zu werden. Es genügt dann, nach dem ersten Satz des betreffenden Abschnittes eine entsprechende Anmerkung zu machen (z. B.: Dieser Überblick stützt sich auf: ...) Diese Anmerkung sollte wirklich zu Beginn des Absatzes gemacht werden, nicht erst am Ende.

Fußnoten: Anmerkungen, die in Form von Fußnoten erscheinen, werden, mit der entsprechenden Ziffer versehen, einzeilig auf den unteren Teil der Seite geschrieben und vom Text durch einen Strich abgetrennt. Fußnoten werden entweder je Seite neu von 1–n gezählt, oder aber im ganzen Text durchgezählt. Die zweite Möglichkeit ist praktischer, weil man sich mitunter auf frühere Fußnoten bezieht. Hat man sie pro Seite von 1–n durchgezählt, muß bei einem solchen Verweis auch die Seitenzahl zugefügt werden. Sollte aus Platzgründen ein Teil des letzten Anmerkungstextes nicht mehr auf die Seite passen, darf der Text auf der folgenden Seite unterhalb des Trennstriches zu Ende geführt werden. Ganze Anmerkungspunkte dürfen nicht auf die folgende Seite gebracht werden.

Endnoten (Abgetrennter Anmerkungsteil): Endnoten werden dem Textteil angefügt. Die Anmerkungen im Text werden fortlaufend von 1–n numeriert. Zwischen den einzelnen Anmerkungspunkten sind wegen der besseren Übersichtlichkeit Abstände zu lassen.

Zitierweisen für Quellen, Bücher, Aufsätze: Bei den Angaben zum Verfasser bzw. Herausgeber sind alle Titel und akademischen Grade fortzulassen. Bei anonym erschienenen Werken oder unsignierten Artikeln tritt an die Stelle des Verfassernamens die Bezeichnung „N. N" oder „Anonymus". Falls für ein Werk ein Herausgeber verantwortlich ist, muß dies vermerkt werden. Beispiel: Kaemmerling, Ekkehard (Hrsg.): Bildende Kunst als Zeichensystem 1. Ikonographie und Ikonologie. Theorien, Entwicklung, Probleme, Köln 1979. – Bei mehreren Herausgebern können Sie nur den ersten nennen und die anderen mit „u. a." oder „et al." abkürzen.

Wird derselbe Autor auf der gleichen Seite der Arbeit fortlaufend zitiert, kann man seinen Namen durch die Abkürzung „Ders." oder „Dies." ersetzen. Ist in *aufeinanderfolgenden* Belegen das gleiche Werk gemeint, lassen sich die Angaben zum Werk durch „Ebenda" oder „Ebd." ersetzen. Die jeweilige Seitenangabe muß aber in jedem Fall hinzugefügt werden. Erstreckt sich ein wörtliches Zitat oder ein sinngemäß übernommener Gedanke im zitierten Werk über zwei Seiten, schreibt man z. B. „S. 17f". Handelt es sich um mehr als zwei Seiten, gibt man die genauen Seitenzahlen an, z. B. „S. 17–22". Es ist leider auch weit verbreitet, solche Stellen mit „S. 17ff" zu belegen. Das Kürzel „ff" steht dabei für „folgende". Bitte, seien Sie so präzise wie möglich und geben Sie die genauen Seitenzahlen an.

Taucht ein bestimmter Gedanke fortlaufend im zitierten Werk auf und will man eine Stelle besonders hervorheben, schreibt man z. B. „bes. S. 23".

Folgende Angaben sind für das **Zitieren aus Büchern** erforderlich:

1. Familienname des Verfassers.

Im angelsächsischen Bereich haben Autoren oft zwei Nachnamen. Der erste ist der sog. „middle name", der zweite ist der Name, unter dem der Autor zitiert wird. Beispiel: Jane Davidson Reid wird unter Reid bibliographiert.

2. Vorname des Verfassers

3. Titel des Buches mit Untertitel

4. Bei mehrbändigen Werken Angabe des Bandes bzw. Werkteils

5. Auflage des Buchs, falls mehr als eine erschienen ist

6. Verlagsort des Buchs (der Verlag selbst wird nicht genannt)

7. Erscheinungsjahr des Buches. Finden sich darüber keine Angaben, schreibt man „o. J.".

8. Sie sollten Ort und Jahr der Erstauflage hinzufügen. Bei Übersetzungen sollten Sie, wenn irgend möglich, den Originaltitel mitsamt Ort und Jahr der Erstauflage angeben.

Handelt es sich um eine als solche ausgewiesene Dissertation oder Habilitation, wird dies zusätzlich durch die Bezeichnung „Diss." oder „Habil. Schr." und die Angabe der betreffenden Hochschule sowie des Jahres, in dem die Arbeit angenommen worden ist, kenntlich gemacht.

9. Seitenangabe

Beispiel: Busch, Werner: Die notwendige Arabeske. Wirklichkeitsaneignung und Stilisierung in der deutschen Kunst des 19. Jahrhunderts, Berlin 1985 (Bonn Univ. Habil. Schr., 1979), S. 23–34

Folgende Angaben sind für das **Zitieren aus Zeitschriftenaufsätzen** erforderlich:

1. Familienname des Verfassers

2. Vorname des Verfassers

3. Titel des Aufsatzes und Untertitel

4. Name der Zeitschrift unter Voranstellung des Wortes „in:"

5. Nummer des Jahrgangs oder Bandes. Die Jahreszahl wird in () gesetzt oder durch Komma abgetrennt. Die Angabe von Heftnummern ist bei einer fortlaufenden Seitenzählung eines Jahrganges nicht notwendig.

6. Seitenangabe

7. Bei Übersetzungen sollten Sie, wenn irgend möglich, den Originaltitel mitsamt Ort und Jahr des ersten Erscheinens angeben.
Beispiel: Nochlin, Linda: Warum hat es keine bedeutenden Künstlerinnen gegeben?, in: Söntgen, Beate (Hrsg.): Rahmenwechsel. Kunstgeschichte als feministische Kulturwissenschaft, Berlin 1996, S. 27–56. Zuerst als: Why Have There Been No Great Women Artists?, in: Dies.: Women, Art and Power and Other Essays, London 1989, S. 145–178

Folgende Angaben sind für das **Zitieren aus Aufsätzen in Sammelwerken**, Festschriften, Handbüchern, Lexika, Ausstellungskatalogen usw. erforderlich:

1. Familienname des Verfassers
2. Vorname des Verfassers
3. Titel des Aufsatzes mit Untertitel
4. Titel des Werkes unter Voranstellung des Wortes „in:" (Dabei muß z. B. ein Ausstellungskatalog als solcher kenntlich gemacht werden. Auch der genaue Ort und das Jahr der Ausstellung müssen angegeben werden)
5. Name des oder der Herausgeber
6. Auflage des Werkes, falls mehr als eine erschienen ist
7. Verlagsort
8. Erscheinungsjahr
9. Seitenangaben

Beispiel: Newman, John: Reynolds and Hone. „The Conjuror" Unmasked, in: Reynolds. Kat. Ausst. Royal Academy of Arts, London 1986, hrsg. von Nicholas Penny, London 1986, S. 344–354

Lexikonartikel werden wie Beiträge in Sammelwerken zitiert. Das Schlagwort wird als Titel des Artikels behandelt. In wissenschaftlichen Lexika sind die einzelnen Artikel namentlich gekennzeichnet. Mitunter sind sie nur mit den Initialen des Autors versehen, und vorne im Band sind diese Initialen aufgelöst.

Im Literaturverzeichnis muß die zitierte Literatur vollständig aufgeführt werden. Folgende Möglichkeiten bieten sich an und gelten sowohl für die Fußnoten als auch für den separaten Anmerkungsteil der Endnoten.

1. Beim erstmaligen Zitieren des entsprechendes Textes wird eine vollständige bibliographische Angabe gemacht mit dem Vermerk: Im folgenden zitiert als: [Nachname des Verfassers, Kurztitel und Erscheinungsdatum]. Bei weiterer Verwendung erscheint die Publikation nur unter diesen Kurzangaben samt der jeweils relevanten Seitenangabe. Im Literaturverzeichnis wird die Publikation vollständig bibliographiert.

Wenn Sie in einer späteren Anmerkung wieder auf dasselbe Werk verweisen, können Sie auch in runden Klammern die Nummer der entsprechenden Anmerkung hinzufügen, in der der vollständige Titel angegeben wurde. Dies macht man allerdings nur, wenn – z. B. bei Zeitschriftenaufsätzen – kein Literaturverzeichnis beigefügt wird.

2. In den Anmerkungen arbeiten Sie nur mit der Kombination von Verfassernamen, Kurztitel und Erscheinungsdatum und stellen den vollständigen bibliographischen Angaben im Literaturverzeichnis den Kurztitel voran. Dieses Verfahren wird wegen seiner Umständlichkeit selten angewendet.

Vermeiden Sie es, in den Anmerkungen immer wieder dieselbe bibliographische Angabe in voller Länge zu machen. Damit zeigen Sie nur, daß Ihr Computer einen Block wiederholen kann, aber nicht, daß Sie das Zitieren mit Kurztiteln beherrschen. Hüten Sie sich auch unbedingt davor, in Anmerkungen auf schon vorher zitierte Werke zu verweisen, indem Sie die Kürzel „op. cit." (opere citato) oder „a. a. O." (am angegebenen Ort) benutzen. Damit muten Sie Ihrer Leserschaft viel Sucherei zu.

Für das Zitieren von **Quellen aus dem Internet** gibt es noch keine einheitlichen Regelungen. Als Anregung können folgende Adressen dienen:

Zitierrichtlinien im Internet
http://www.ub.uni-duesseldorf.de/home/ebib/fachinfo/faecher/alg/
zit/zitiervorschriften (14. 8. 2007)

Zitieren und Bibliographieren aus dem Internet:
http://www.mediensprache.net/de/publishing (14. 8. 2007)

Wenn Sie aus dem Internet zitieren, gehört die vollständige URL und in () das Datum der Abfrage dazu. Oft sind Texte im Internet nur kurzzeitig verfügbar, und damit ist das Kriterium der Nachprüfbarkeit als ein ganz wichtiges Kriterium von Wissenschaftlichkeit nicht mehr gegeben. Die Deutsche Bibliothek vergibt deshalb eine Art „digitalen Strichcode" in Form von URNs (Uniform Resource Name), d. h. eine Standardnummer, die der ISBN für Bücher vergleichbar ist. Die Deutsche Bibliothek verwaltet die URNs auf einem zentralen Server. Wenn Sie selber einmal schnell und kostengünstig im Internet publizieren wollen (z. B. Ihre Dissertation, s. Punkt 7.5), ist die URN eine zuverlässige Referenz. Damit ist Ihre Publikation im Netz leichter auffindbar und langfristig verfügbar.

Noch ein Wort zu **Plagiaten**: Das Internet erweckt durch den freien Zugang den Anschein, daß die Inhalte auch frei verfügbar seien. In der Wissenschaft gilt aber grundsätzlich, daß Sie klar belegen müssen, woher Sie Ihr Wissen haben. Wenn Sie ganze Hausarbeiten oder auch nur Passagen aus dem Internet übernehmen, müssen Sie das klar kenntlich machen: durch genaue URLs und Abfragedatum, bei „copy-and-paste" zusätzlich durch Anführungszeichen. Grundsätzlich gilt wie bei Übernahmen aus gedruckter Literatur: lieber selber formulieren, lieber selber denken. Wer nur markiert, kopiert und einfügt, hat für sich selber nichts dazugelernt und noch nicht begriffen, was der Sinn eines Studiums ist.

Oft sind wissenschaftliche Texte im Internet auch in gedruckter Form erschienen und das Internet bietet, quasi als Kurzinfo, eine Kurzfassung bzw. eine Fassung ohne Anmerkungen und Literaturliste, d.h. ohne wissenschaftlichen Apparat. In solchen Fällen sollten Sie unbedingt auf die Druckfassung mit allen Belegen zurückgreifen.

Das wörtliche Zitat: Wörtlich übernommene Textstellen werden durch Anführungszeichen eingerahmt. Lange Zitate sollen durch eingerückten, einzeiligen Schriftsatz hervorgehoben werden. Bei wörtlichen Wiedergaben dürfen keinerlei Veränderungen vorgenommen werden, auch und gerade dann nicht, wenn der übernommene Text in veralteter Schreibweise abgefaßt ist – es sei denn, man gibt einen Hinweis, daß die Schreibweise der modernen angepaßt wurde. Auch ist darauf zu achten, daß die Interpunktion ebenfalls zum Zitat gehört: Endet das Zitat mit einem Punkt, so stehen die Anführungszeichen hinter diesem. Falls mit dem Zitat auch der Gedankengang im Text der eigenen Arbeit endet (=

Satzende), muß nochmals ein Punkt gesetzt werden. Gleiches gilt für Kommata und andere Satzzeichen.

Ein Zitat innerhalb einer wörtlich übernommen Textstelle, also ein Zitat im Zitat, wird mit Apostroph eingeschlossen („— , — ' —".) Eigene Hinzufügungen des Verfassers innerhalb eines zitierten Textes (z. B. ergänzte Verben, Namen, Ausrufungszeichen) werden in [] gesetzt. Werden Hervorhebungen beim Zitieren weggelassen, müssen Sie in einer Anmerkung darauf hinweisen. Gleichfalls müssen Sie auf Hervorhebungen des Verfassers (z. B. durch Sperrdruck oder Unterstreichung) hinweisen, indem Sie z. B. nach dem Zitat in [] einfügen: [Hervorhebungen im Original]. Auslassungen innerhalb einer wörtlich übernommenen Textstelle werden durch (...) angedeutet.

Noch einmal: Zitate müssen buchstabengetreu sein! Lesen Sie deshalb, bitte, besonders aufmerksam Korrektur.

Beim Zitieren fremdsprachiger Texte ist es sinnvoll, in einer Anmerkung eine Übersetzung zu liefern. Der angeführte Text wird grundsätzlich nach seinem Original zitiert. Nur wenn das Originalwerk nicht zugänglich ist, darf aus zweiter Hand zitiert werden, allerdings mit dem Zusatz „zitiert bei" oder „zitiert nach" mit Literaturangabe. Oft ist ein wörtliches Zitat dadurch im Sinn entstellt, daß es aus dem ursprünglichen gedanklichen Zusammenhang herausgerissen wird. Schon deshalb sollten Sie nach Möglichkeit immer nach dem Original zitieren. Denken Sie daran, daß Übersetzungen sinnentstellend sein können.

Wenn Sie eine Quelle zitieren, z. B. einen lateinischen Text, sollten Sie auch die Zeile angeben. Das erleichtert es, die Stelle wiederzufinden.

6. Literaturverzeichnis

Grundsätzlich gehören in das Literaturverzeichnis alle vom Verfasser in den Anmerkungen zitierten Werke, außer Konversationslexika. Diese werden zwar benutzt, aber nicht angegeben, da sie Allgemeinwissen enthalten. Achtung: ein Literaturverzeichnis darf nur dann als „Bibliographie" betitelt werden, wenn es das gesamte Schrifttum zum Thema erfaßt. Vorsicht, wenn Sie *wikipedia* benutzen: zumindest in der deutschsprachigen Ausgabe darf jeder ungeprüft eingeben; deshalb sollten Sie nach Möglichkeit dieses Hilfsmittel für eine wissenschaftliche Arbeit nicht benutzen.

Darüber hinaus werden auch solche Werke, die dem Verfasser bei der Bearbeitung des Themas weitergeholfen haben, aufgeführt. Für die Angaben im Literaturverzeichnis gelten dieselben Regeln wie für das Zitieren.

7. Abbildungsverzeichnis
Wenn Sie ein Abbildungsverzeichnis beifügen, finden Sie die entsprechenden Hinweise zur Gestaltung unter Punkt 5.5.

8. Endkorrektur
Vor Abgabe sollten Sie Ihre Arbeit auf Rechtschreibung, Zeichensetzung und korrekte Silbentrennung hin durchlesen oder durchlesen lassen.

9. Vielleicht gehören Sie zu den umweltbewußten Studierenden, die möglichst Recyclingpapier verwenden.

5.6 Das Thesenpapier

In vielen Instituten, aber nicht überall, ist es üblich, parallel zum Referat auch ein Thesenpapier anzufertigen. Ein gutes Thesenpapier ist vor allen Dingen kurz und prägnant. Es soll schnell über das Thema informieren und die wichtigste Literatur aufführen. Deshalb füllt ein Thesenpapier nur eine DIN A4-Seite. Es hat keinen Zweck, mit Proportionalschrift, kleineren Buchstabengrößen und geringem Zeilenabstand zu mogeln: Diese „Kunstgriffe" verdeutlichen nur, daß Sie Ihr Thema noch nicht klar im Kopf haben und es deshalb auch nicht klar zusammenfassen können. Besser ist es, auch bei dem Thesenpapier 1½ zeiligen Abstand und die Buchstaben in normaler, d.h. lesbarer Größe zu wählen. Ihr Thesenpapier ist dann auf den ersten Blick ansprechend.

Damit man sich schnell über Ihr Thema informieren kann, muß das Thesenpapier übersichtlich sein. Setzen Sie Ihren Namen und Adresse nach oben, gefolgt vom Thema. Das Thema muß auf den ersten Blick erkennbar sein; schließlich ist es der Gegenstand des Thesenpapiers.

Dann nehmen Sie sich die Gliederung Ihrer Seminararbeit vor. Wenn Sie ein Kunstwerk bearbeiten, machen Sie kurz die nötigen Angaben zu Künstler, Thema, Datierung, Maße, Material, Standort (s. Punkt 4.6: Beschreibung). Jeden Hauptgliederungspunkt fassen Sie thesenartig zusammen. Wenn Ihnen das schwerfällt, fragen Sie sich: Was ist der Kern dieses Punktes? Was ist die Hauptaussage? Worauf kommt es hier an? Formulieren Sie Hauptsätze. Das hilft Ihnen, Gedanken klar auszudrücken, und es hilft dem Leser, sich schnell zu informieren. Denken Sie daran, daß Sie ein Thesenpapier verfassen: Sie brauchen hier nicht zu begründen, Sie brauchen auch keine komplizierten Gedankengänge nachzuzeichnen: Sie umreißen hier ganz knapp den Inhalt der jeweiligen Gliederungspunkte.

Sie können die Hierarchisierung der Gliederung (also z.B. 1., 1.1, 1.1.2) den einzelnen Thesen voranstellen. Die Überschriften der einzelnen Gliederungspunkte sollten Sie aber nicht ins Thesenpapier übernehmen, denn aus Ihren zusammenfassenden Sätzen wird sowieso hervorgehen, wovon der jeweilige Punkt handelt.

Abschließend nennen Sie die wichtigste Literatur zum Thema – das ist die, mit der Sie am meisten gearbeitet haben.

Ein solches Thesenpapier wird übersichtlich sein, es wird kompakt den Inhalt Ihrer Arbeit wiedergeben, sowie die maßgebliche Literatur zum Thema.

5.7 Die Abbildungen

Wenn Sie die Arbeit als Referat oder Hausarbeit vorbereiten, bleibt noch, die Abbildungen zu finden, ihre Reihenfolge festzulegen und ggfs. die Präsentation vorzubereiten.

Gleichgültig, ob Sie mit Dias oder mit Powerpoint arbeiten: die Grundsätze sind dieselben. Auf Ihre Abbildungen sollten Sie sehr viel Sorgfalt verwenden, denn gerade in der Kunstgeschichte gilt, daß man einem Auge mehr als zwei Ohren glaubt. Die erste Grundregel lautet: Worüber Sie sprechen, müssen Sie mit einem Bild belegen. Sie sollten deshalb schon beim Schreiben Ihrer Arbeit eine Liste anlegen, welche Abbildungen Sie benötigen und wo Sie sie schon gefunden haben, sei es als Abbildung in der Literatur, sei es als Dia, sei es in einer Bilddatenbank im Internet. Die zweite Grundregel: Je mehr Sie an einer einzigen

Abbildung zeigen können, desto besser – allerdings muß man auch tatsächlich sehen können, was Sie zeigen wollen. Die dritte Grundregel: Bei Ihrem Referat sollten Sie maximal 15 Abbildungen zeigen, denn mehr kann man sich kaum merken.

Dias

Sie müssen Ihre Dias unbedingt daraufhin prüfen, ob sie scharf und farbgetreu sind und ob man tatsächlich alles darauf sehen kann, was Sie in Ihrem Referat beschreiben. (Ist wirklich das Schränkchen am rechten Rand vollständig zu sehen, oder vielleicht überklebt?) Sonst fehlt Ihnen womöglich genau das bildliche Argument, das in Ihrer Arbeit entscheidend ist. In der Diathek gibt es Projektoren, Diaschirme und Leuchttische, wo Sie das überprüfen können; im Zweifel projizieren Sie das Dia zur Probe. Es reicht keinesfalls aus, das Dia nur gegen das Licht zu halten. Abbildungen auf Overhead-Folie zu kopieren und diese als Dia-Ersatz zu präsentieren, ist nicht akzeptabel. Machen Sie in Notfällen lieber eigene Dias. Das ist allemal besser als solch eine Folie.

Vermutlich sind nicht alle Dias in der Diathek vorhanden; Sie müssen sie also bestellen bzw. selber anfertigen (dazu s. Punkt 5.2).

Wenn Sie die fertigen Dias haben, legen Sie die Dias am besten auf einen Leuchttisch, so daß Sie leichter erkennen können, was Sie im Seminar zeigen. Bei dem ersten Kunstwerk, das Sie erwähnen, ist das erste Dia fällig. Das sollte möglichst bald sein, damit Ihre Hörer wissen, worüber Sie sprechen.

Jeder Seminarraum ist hoffentlich immer noch mit zwei Diaprojektoren ausgestattet. Entscheiden Sie, ob Sie das Dia im linken oder rechten Projektor zeigen wollen und vermerken Sie am Rand vom Manuskript z. B.: 1r (das bedeutet: erstes Dia rechts). Auf einem eigenen Blatt listen Sie die Dias auf, und zwar in zwei Spalten: in der linken Spalte die Dias, die Sie im linken Projektor zeigen, in der rechten Spalte die Dias, die Sie im rechten Projektor zeigen. Numerieren Sie beide Spalten durch, und achten Sie genau darauf, daß diese Numerierung mit der in Ihrem Manuskript übereinstimmt. Auf dem Leuchttisch legen Sie die Dias entsprechend in zwei Spalten, so daß Sie sehen können, welche Dias gleichzeitig projiziert werden.

Wenn Sie fertig sind, stecken Sie die Dias in der Reihenfolge vom Leuchttisch in Magazine, und zwar mit dem Kopf nach unten und der Vorderseite zu Ihnen hin. Genau so werden Sie nämlich auch in den Projektor gesteckt, um korrekt projiziert zu werden. Anhand Ihrer Liste können Sie vor dem Referat noch einmal kontrollieren, ob die Dias auch wirklich in der richtigen Reihenfolge gesteckt sind. Sollte es nötig sein, die Dias in ein anderes Magazin umzustecken, machen Sie das unbedingt selbst. Jemand anders wird die Reihenfolge mit Sicherheit durcheinanderbringen. Normalerweise wird man Ihnen in der Diathek kleine Schachteln geben, in denen Sie die Dias befördern. Sie sparen zwar Platz, aber sie sind unpraktisch, weil die Dias leicht durcheinandergeraten, vor allem, wenn Sie die „linken" und „rechten" Dias in eine gemeinsame Schachtel gesteckt haben. Kaufen Sie sich lieber ein eigenes Magazin, in das Sie die Dias stecken.

In jedem Fall sollten Sie sich die oben beschriebene durchnumerierte Liste der Dias machen, geordnet nach links und rechts. Wenn in der Diskussion nach dem Referat nochmals Dias gebraucht werden, sagen Sie bloß: Dia 3 rechts, und es dürfte keine Schwierigkeiten für den Diaschieber machen, das gewünschte Dia schnell zu zeigen – falls es in einem Magazin steckt, wo der Diaschieber schnell abzählen kann, welches das dritte Dia ist.

Suchen Sie sich schon vor der Seminarsitzung jemanden, der Ihnen die Dias schiebt, nicht erst, wenn Sie zu Ihrem Referat aufgerufen werden. Die Reihenfolge der Dias muß ganz klar sein, und schärfen Sie dem Diaschieber ein, daß er die Dias unmittelbar nach der Projektion wieder an ihren Platz im Magazin zurücksteckt. Sagen Sie dem Diaschieber, ob er mit den Dias vorne oder hinten anfangen soll. Das klingt banal, ist es aber nicht. Kleben Sie auf jedes Dia einen Papierpunkt, auf dem Sie die Ordnungszahl des Dias vermerken: 1 l(inks), 1 r(echts) usw. Viele Diatheken sehen es nicht gerne, wenn man diese Klebepunkte verwendet, obwohl man sie spurenlos entfernen kann; fragen Sie lieber vorher um Erlaubnis.

Denken Sie daran: gute Dias, auf denen man klar erkennen kann, was Sie zeigen wollen, sind überzeugende Argumente. Wenn die Dias lückenlos Ihren Vortrag stützen und die Projektion wie von selbst funktioniert, ist schon viel gewonnen.

Powerpoint-Folien

Für Dias wie für Folien gilt, daß sie scharf sein müssen. Das hängt nicht nur von der Qualität der Vorlagen ab, sondern auch z. B. der des Beamers. Jede Projektion kann nur so qualitätvoll sein wie das schwächste Glied der Kette. Deshalb passiert es leider immer wieder, daß zwar die Vorlage scharf ist und Ihre Argumentation stützt, sich aber in der Projektion als nicht scharf genug erweist, weil sie z. B. durch ein Raster, das von fehlerhafter Digitalisierung herrührt, empfindlich gestört wird. Gerade, wenn es um Details von Bildwerken geht, wie z. B. die Blickrichtung einer Person oder um Farbabstufungen, sind Dias oft noch den Folien überlegen. Machen Sie einmal das Experiment, dieselbe Abbildung als Dia und als Folie zu projizieren ... Im Zweifel entscheiden Sie sich für die schärfere Variante, selbst wenn die Arbeit mit Dias bei einigen Lehrenden als altmodisch verpönt ist.

Längst nicht alle Kunstwerke sind in der Literatur abgebildet und auch nicht im Internet vorhanden, selbst wenn man immer wieder auf die Illusion hereinfällt, daß dort „alles" zu finden ist. Sie können aufs Geratewohl suchen, aber vernünftiger und zeitsparender ist es, sich in einem Tutorium an die Hand nehmen zu lassen. Die hochwertigen Abbildungen sind nämlich in der Regel in Bilddatenbanken gespeichert. Am besten gehen Sie im Internet auf www.http://www.arthistoricum.net und dort auf „Recherche-Hilfe". Damit gelangen Sie zur „Bildersuche" und lernen anhand einer Beispielsuche für ein Referat den Umgang mit den wichtigsten Bilddatenbanken, ihren Stärken und Schwächen (wie z. B. Google, altavista, artcyclopedia, Bildarchiv Foto Marburg, prometheus usw.).

Den Zugang zu verschiedenen Bilddatenbanken (nicht allen, aber vielen) finden Sie auch über die Startseite der OPACs (Bibliothekskataloge) des Zentralinstituts (ZI) für Kunstgeschichte (zikg.lrz-muenchen. de). Dort klicken Sie auf „Kataloge und Datenbanken", dann auf „Bilddatenbanken" und können stöbern. Von zu Hause aus sind nicht alle Datenbanken frei zugänglich, aber wenn Sie im ZI selbst recherchieren, profitieren Sie vom Zugang des ZI. Das gilt übrigens auch für die Zugänge zu den Bibliographien wie z. B. der RILA (s. Punkt 4.4). Informieren Sie sich deshalb unbedingt an Ihrer Universität: vielleicht hat sie einen Campus-Account und Sie können so das reichhaltige Angebot der kostenpflichtigen Datenbanken nutzen.

Manchmal werden Sie für Ihre Arbeit Abbildungen alter Karten, Pläne, Urkunden und anderer Schriftstücke (Archivalien), alter Bücher usw. brauchen. Sie suchen also nach sog. Retrodigitalisaten – so der Fachausdruck für digitalisierte Abbildungen dieses historischen Materials. Auch hierfür bietet arthistoricum.net ein entsprechendes Tutorium, das Sie ebenfalls unter „Recherche-Hilfe" finden.

Bleibt noch, die Folien zu erstellen. Vielleicht haben Sie die Abbildungen (oder Dias) selber eingescannt oder vom Fotografen Ihres Instituts einscannen lassen, oder sich digitalisierte Abbildungen aus dem Netz heruntergeladen. Wichtig ist, daß Sie darauf nun Zugriff haben. Öffnen Sie „Power Point" und klicken in der Menüleiste zunächst auf „Einfügen", dort auf „Neue Folie". Alternativ können Sie auch die Tastenkombination „Strg + M" verwenden. Damit legen Sie Ihre Folien an und klicken so oft, wie Sie Folien zeigen werden. Die ungefähre Anzahl wissen Sie ja schon durch Ihre Vorab-Liste (siehe oben). Dann klicken Sie den ersten Leerrahmen für die Folie an. Rechts klicken Sie unter der Kategorie „Folienlayout" auf „Inhalt Layout", und wählen eine der verschiedenen Layout-Optionen. Nehmen wir an, Sie haben sich für eine Abbildung ohne Überschrift entschieden (das ist das Feld rechts oben), dann klicken Sie nun in Ihrer Folie auf das Icon „Berg und Sonne". Jetzt können Sie eine Grafik einfügen. Dazu erscheint ein eigenes Dialogfenster, in dem Sie oben in der Leiste z. B. „CD" wählen, falls Sie dort Ihre digitalisierten Abbildungen gespeichert haben. Dann klicken Sie das jeweilige Bild auf der CD an, anschließend auf „Einfügen".

Als nächsten Schritt klicken Sie das Icon „Textfeld" an oder gehen alternativ in der Menüleiste unter „Einfügen" auf „Textfeld". Jetzt klikken Sie in den Freiraum unterhalb oder neben Ihrer Abbildung das Feld an, bleiben auf der linken Maustaste und schaffen durch das Ziehen mit der Maus ein Textfeld. Wenn Sie in das fertige Feld klicken, können Sie einen Text schreiben, z. B. Künstler, Titel des Werks, Datierung. Generell sollten Sie darauf achten, daß eine Folie nicht zuviel Text enthält: gerade soviel, daß es für Ihre Hörer eine Hilfe ist, aber nicht von dem ablenkt, was Sie zu sagen haben. Auch hier gilt: Lesen Sie gründlich Korrektur, und achten Sie dabei darauf, daß der Text wirklich bei der

Abbildung steht, zu der er gehört – Verwechslungen schleichen sich nur zu leicht ein. Die Buchstaben sollten mindestens 18 Punkt groß sein, um für Ihr Publikum lesbar zu sein. – Noch eine Bemerkung zu den Grafikdateien: generell können Sie in Powerpoint alle gängigen Formate wie JPG, Bitmap, GIF, PNG oder TIF verwenden. Achten Sie aber darauf, keine zu großen Dateien zu verwenden, um später einen möglichst problemfreien Ablauf der Präsentation zu gewährleisten. Generell gilt, daß kein Bild größer als 1024 × 768 Pixel sein sollte.

Unter Umständen kann Ihre Abbildung vor einem dunklen Hintergrund besser zur Geltung kommen (z. B. eine sehr helle Aquatinta). Klicken Sie dazu mit der rechten Maustaste auf den Freiraum neben Ihrer Abbildung und wählen Sie in dem nun erscheinenden Fenster die Option „Hintergrund". Jetzt haben Sie die Möglichkeit, den Hintergrund nur für diese Folie oder für die gesamte Präsentation zu wählen. Bedenken Sie dabei, daß auch hier weniger oft mehr ist und ein ungünstig gewählter Hintergrund die Farbwirkung des eigentlichen Bildes beeinflußt.

Speichern Sie Ihre Präsentation im Idealfall auf zwei unterschiedlichen Medien (CD, USB-Stick), falls der PC den USB-Stick nicht erkennt oder das CD-Laufwerk defekt ist.

Für die Referatsdiskussion gilt wie bei der Arbeit mit Dias, daß Sie genau wissen müssen, was Sie auf welcher Folie gezeigt haben und nicht alle durchrattern lassen müssen. Klicken Sie dazu in der Menüleiste „Datei" auf die Option „Drucken". Im erscheinenden Dialogfeld wählen Sie „Handzettel" und geben z. B. „3 Folien pro Seite" als Referenzwert ein. Auf dem Ausdruck stehen dann links untereinander jeweils drei Folien. Rechts daneben sind Linien gezogen, auf denen Sie sich Stichworte notieren können. So finden Sie schnell eine bestimmte Folie und können sie gezielt anklicken. Sie können sich natürlich auch handschriftlich eine Kurzliste erstellen.

Beim Referat sollten Sie schon vorher Beamer und Rechner soweit vorbereitet haben, daß Sie gleich beginnen können und nicht wertvolle Referier-Zeit mit dem Hochfahren verlieren. Machen Sie sich mit den Geräten vertraut und überprüfen Sie die Einstellungen und Kabelverbindungen; erkundigen Sie sich ggfs. rechtzeitig nach dem Paßwort des Rechners. Zum Öffnen doppelklicken Sie auf die betreffende Datei, dann oben in der Menüleiste auf „Bildschirmpräsentation", und wählen den obersten Menüpunkt „Bildschirmpräsentation vorführen". Wenn Sie die Präsentation einmal vor dem eigentlichen Referat durchlaufen lassen, bauen sich anschließend die einzelnen Folien schneller auf. Während des Referats bewegen Sie sich zwischen den Folien mit den Cursortasten vor und zurück (falls Sie keine Fernbedienung haben), oder aber mit der linken Maustaste. Proben Sie vorher: im Eifer des Gefechts vergessen viele Studierende, daß man sich mit der unteren Cursortaste vorwärts bewegt. Wie bei den Dias gilt, daß ein Hin- und Herspringen zwischen den Folien den Fluß des Vortrags sehr stört. Es ist sehr viel ruhiger und für die Konzentration des Publikums – und Ihre eigene! – besser, wenn Sie bei Wiederholungen nicht zurückspringen, sondern sie als Kopie eingefügt haben und deshalb Ihre Folien eine nach der anderen zeigen können. Am Ende klicken Sie ins Schwarze, um die Präsentation zu beenden. Tun Sie das aber erst ganz am Ende der Diskussion! Direkt nach dem Referat würde es wie ein Weglaufen wirken, wie ein Kneifen vor der Diskussion. Ihre Folienliste bzw. Handzettel sollten während der Diskussion griffbereit und in der korrekten Reihenfolge neben Ihnen liegen. Sie wirken souverän, wenn Sie Ihren Gegenstand kennen.

5.8 Referiertechnik

Ein gutes Referat wird durch eine gute Präsentation noch besser. Deshalb im folgenden einige Hinweise zum Referieren selbst.

Bleiben Sie ruhig auf Ihrem Platz sitzen, bis der Seminarleiter Sie auffordert, Ihr Referat zu halten. Dann stürzen Sie nicht nach vorne, sondern nehmen Ihre Papiere, erheben sich in aller Ruhe und gehen nach vorne. Das wirkt souverän und gelassen – Sie können es auch vorher zu Hause üben, denn mit Selbstsicherheit wirken Sie von vornherein überzeugend.

Wenn Sie am Pult oder am freigehaltenen Platz vorne angelangt sind, legen Sie Ihre Papiere dort ab. Dann blicken Sie auf und sehen das Publikum an. Tun Sie das ganz bewußt. Sie müssen wissen, zu wem Sie sprechen. Es ist zugleich der erste **Blickkontakt:** Sie werden sehen und spüren, daß man Sie mit Interesse und Wohlwollen ansieht. Auch wenn Ihnen dieses Ansehen vielleicht sehr lange vorkommt, sind es höchstens ein paar Sekunden. Dem Publikum erscheint es viel kürzer als Ihnen.

Außerdem ist es oft so, daß wegen der Bildprojektion der Saal schon verdunkelt ist und nur bei Ihnen eine Leselampe brennt. Das hat den Effekt, daß das Publikum zwar Sie sehen kann, aber Sie sehen das Publikum nicht; Sie haben zunächst das Gefühl, ins Dunkle hinein zu sprechen. Warten Sie einen Moment, bis Sie sich daran gewöhnt haben.

Grundsätzlich gilt: Sie stehen vorne. Dort gehören Sie hin. Bleiben Sie nicht an Ihrem Platz im Seminar sitzen, auch wenn das möglich ist. Wenn Sie vorne stehen, haben Sie einen besseren Überblick. Sie sind beweglicher, als wenn Sie zwischen den Kommilitonen sitzen, Sie können leichter etwas an den Bildern selbst zeigen.

Zeigen Sie möglichst bald **das erste Bild**. Die Zuhörer blicken dann auf das Bild und nicht mehr auf Sie. Ein Bild fesselt die Aufmerksamkeit Ihres Publikums mehr als das gesprochene Wort. Sagen Sie gleich, was Sie zeigen, nämlich möglichst das Werk, über das Sie hauptsächlich referieren. Dies ist eine Grundregel: Wenn Sie Bilder zeigen, sagen Sie sofort, was darauf zu sehen ist, und während Sie das sagen, blicken oder zeigen Sie dorthin. Wenn Sie z. B. sagen: „auf dem rechten Dia zeige ich …", so ist die Seitenangabe grundsätzlich vom Publikum aus. Bedenken Sie das auch, wenn Sie die Abbildungen vorbereiten (s. Punkt 5.7).

Sorgen Sie vor Seminarbeginn dafür, daß ein Zeigestock da ist, oder – besser noch – ein **Leuchtzeiger**. Am einfachsten ist es, wenn Sie sich einen solchen Zeiger kaufen; das Geld dafür ist gut angelegt. Ein Stock ist unhandlich, denn wenn Sie bei Doppelprojektion am weiter entfernten Dia etwas zeigen wollen, müssen Sie viel hin- und herlaufen. Das unterbricht oft den Redefluß. Wenn Sie doch auf Wanderschaft gehen müssen, sprechen Sie dabei nach Möglichkeit weiter, damit Ihr Vortrag nicht ins Stocken gerät. Mit einem Leuchtzeiger in der Hand ersparen Sie sich und dem Publikum diese Unterbrechungen. Falls Sie den Curser auf dem Bildschirm benutzen, blicken Sie bitte nicht nur dorthin, sondern stellen Sie bald wieder den Blickkontakt zum Publikum her. Außerdem müssen Sie Ihre Bilder sehr gut kennen: Was Sie zeigen wollen, müssen Sie auf Anhieb zeigen können. Herumsuchen vor dem Bild wirkt höchst unsicher.

Sie müssen Ihr Referat halb auswendig kennen, wenn Sie einigermaßen **frei sprechen** wollen. Falls Sie es ablesen, blicken Sie wenigstens hin und wieder auf und zu Ihren Hörern hin. Wenn Sie Fachbegriffe oder Namen einführen, geben Sie knappe Erläuterungen dazu. Sie sollten nicht lang sein, aber die für Ihren Zusammenhang wesentliche Information enthalten. Wenn die Hörer mit einem Begriff oder Namen nichts anfangen können, verlieren sie leicht den roten Faden und hören Ihnen nicht mehr zu. Wichtige Namen und Begriffe können Sie vor Beginn Ihres Referats auch anschreiben oder in Ihre Folien aufnehmen.

Sprechen Sie in kurzen Sätzen; ein einziger Nebensatz ist genug. Übungshalber achten Sie einmal bei den Nachrichten im Fernsehen auf die Länge der Sätze. Achten Sie darauf, wieviele Informationen ein einzelner Satz enthält: meist ist es nur eine Botschaft pro Satz. Außerdem sind die Sätze meist nach dem Schema Subjekt-Prädikat-Objekt gebaut. Das ist das Geheimnis, warum die Nachrichten relativ eingängig formuliert sind.

Inhaltlich sollten Referat und schriftliche Hausarbeit gleichwertig sein, dieselben Informationen bieten. Die Präsentation ist aber verschieden. Ein gesprochener Vortrag ist etwas anderes als eine schriftliche Ausarbeitung, die verlesen wird, denn beim Vortrag haben Sie ein Gegenüber. Bei der Lektüre sitzt ein Leser über Ihrem Manuskript. Bei einem Referat sitzen die Hörer Ihnen – nicht Ihren bedruckten Seiten – gegenüber. Es ist ein echter Dialog, auch wenn Sie zunächst als einziger sprechen. Reden Sie also halbwegs natürlich, soweit das in der Situation möglich ist. Man darf Ihnen auch ruhig anmerken, wenn das Thema Sie begeistert, weil dann der Funke am ehesten überspringt.

Lassen Sie sich Zeit beim Sprechen. Natürlich steht Ihnen nur eine begrenzte **Redezeit** zur Verfügung. Wenn man zu Hause übt, hat man selten dasselbe Tempo wie beim tatsächlichen Vortrag: einige brauchen mehr Zeit, andere weniger. Wenn Sie laut sprechen, brauchen Sie mehr Zeit als mit normaler Lautstärke. Normalerweise rechnet man pro Standardseite mit Bildprojektion vier Minuten Rededauer. Eine Standardseite rechnet man mit 30 Zeilen zu 60 Anschlägen. Sie können also vorher überschlagen, wieviele Standardseiten Ihr Vortrag umfassen darf, um das zeitliche Limit einzuhalten. Wenn Ihnen kein Limit gesetzt wurde, denken Sie daran, daß sich kaum ein Mensch länger als eine

Stunde konzentrieren kann. Das bedeutet, daß nach maximal 15 Standardseiten Schluß sein muß, auch wenn Sie noch sehr viel mehr zu sagen hätten. Wenn Sie sich kürzer als eine Stunde fassen können, ist es umso besser. Weinen Sie nicht all den schönen Details hinterher, die Sie gerne referiert hätten: Im mündlichen Vortrag ist es wichtiger, das Wesentliche zu vermitteln. Ausschmückungen kosten Zeit und ersäufen mitunter das Wichtige.

Wenn während Ihres Vortrags jemand tuschelt, kichert, sich räuspert oder hinausgeht, beziehen Sie das keinesfalls auf sich. Man faßt das leicht als Kritik auf. Bitten Sie lieber vorher jemanden, sich weit nach vorne zu setzen, zu nicken und zu lächeln. Ein Blick auf diese Person kann Ihnen während des Referats Selbstvertrauen geben.

Proben Sie Ihr Referat vorher und sprechen Sie dabei so laut wie im Seminar. Mitunter wird empfohlen, sich selbst auf Tonband aufzunehmen, um seinen Vortrag selber kontrollieren zu können. Das ist eine etwas grausame Methode, denn die meisten Menschen erschrecken sehr, wenn sie sich auf Tonband hören. Die Stimme klingt ganz anders, als man sie selber hört, und meistens braucht man einige Zeit, um sich von diesem Erlebnis zu erholen. Solche Experimente sollten Sie unterlassen, wenn Ihnen vor dem Referatstermin nicht viel Zeit bleibt.

Geben Sie gleich zu **Beginn** Ihres Referats dem Publikum eine Vorstellung von dem, was es zu erwarten hat. Beginnen Sie z. B. mit „Mein Thema ist …" (schon jetzt sollten Sie das erste Bild zeigen: das Publikum sieht und hört gleichzeitig, worum es geht: damit haben Sie seine Aufmerksamkeit gefangen). Dann fahren Sie fort: „Mein Referat ist in drei Teile gegliedert: Zuerst behandle ich den Forschungsstand. Danach lege ich meine spezielle Fragestellung dar: [sagen Sie jetzt in einem Satz, worin diese besteht]. Der dritte Teil faßt die Ergebnisse zusammen und gibt einen Ausblick auf offene bzw. neue Fragen." Sie können diese grobe Gliederung auch als Folie projizieren. Wenn Sie den Forschungsstand referiert haben, schließen Sie dieses Kapitel ab, indem Sie eine kurze Zusammenfassung geben und dann z. B. sagen: „Soweit der Forschungsstand. Ich komme zum zweiten Teil, meiner eigenen Fragestellung." Wenn Sie die abgehandelt haben, schließen Sie auch diese wiederum deutlich ab: Fassen Sie zusammen und leiten Sie zum nächsten Kapitel über: „Wir (oder: ich) kommen zum dritten Hauptpunkt …"

Es ist wichtig, daß Sie im Vortrag die **Überschriften** der einzelnen Gliederungspunkte nennen, aber nicht als Überschriften, sondern als ausformulierte Sätze. Wenn Sie lesen, werden Überschriften optisch herausgehoben. Etwas Entsprechendes machen Sie auch im mündlichen Vortrag, indem Sie Überschriften rhetorisch hervorheben. Ihre Hörerschaft kann nicht mitlesen, deshalb müssen Sie verbal die Überschriften, also die Orientierung im Text, hervorheben.

Es ist auch wichtig, daß Sie jeden Hauptpunkt zusammenfassen. Das erleichtert Ihren Zuhörern das Mitdenken, denn jetzt bekommen sie den roten Faden noch einmal in die Hand gedrückt. Sagen Sie, was Sie tun; leiten Sie die Zusammenfassung eines Hauptkapitels z. B. mit den Worten ein: „Ich fasse die Hauptgedanken zusammen: …"

Ihr **Manuskript** muß leserlich sein. Das Licht ist oft dämmerig, so daß man es nicht gut lesen kann. Wenn das Entziffern des eigenen Referats schwierig ist und man den Text auch nicht im Kopf hat, wird der Vortrag unsicher wirken. Gehen Sie keinesfalls mit einem handschriftlichen Text, in dem sie womöglich noch zwischen den Zeilen Korrekturen angebracht haben, in das Seminar. Drucken Sie den Text zweizeilig aus, keinesfalls einzeilig. Drucken Sie ihn für Ihren Vortrag vielleicht auch mit größeren Buchstaben und nötigenfalls komplett in Fettschrift aus, damit er im Dämmerlicht leichter zu lesen ist.

Ideal ist es natürlich, wenn Sie möglichst frei sprechen. Man drückt sich natürlicher und meist auch verständlicher aus. Das erleichtert das Zuhören. Außerdem ist der Blickkontakt zur Hörerschaft intensiver, so daß man leichter merkt, wo das Publikum folgen kann und wo es Verständnisschwierigkeiten hat. Der freie Vortrag braucht aber mehr Zeit als das Referieren eines fertig vorbereiteten Textes und ist wesentlich schwieriger. Üben Sie es trotzdem; lösen Sie sich beim Vortrag soweit wie möglich vom ausformulierten Text. Die Versuchung, am Text zu „kleben", ist groß, wenn er vor einem liegt. Einige Dozenten empfehlen deshalb, den Text nicht auszuformulieren, sondern anhand von Stichworten oder der Notizen auf Karteikarten zu referieren. Probieren Sie aus, was Ihnen mehr liegt. In jedem Fall müssen Sie klar im Kopf haben, was Sie sagen wollen, nur dann können Sie es deutlich ausdrücken.

Meist ist man beim Referat nervös. Gerade bei Frauen wird die **Stimme** dann leicht schrill, was für Zuhörer unangenehm ist. Das Publikum hört in solchen Fällen oft nicht mehr auf das, was die Referentin zu sagen hat, sondern hofft nur auf ein baldiges Ende des Vortrags. Gegen die Nervosität in der Stimme hilft aber, eine Spur tiefer als üblich zu sprechen. Während des Vortrags vergißt man das immer wieder. Es hilft, sich in Rot ein „Tief sprechen" zwischen die Zeilen zu schreiben. Außerdem hat das tiefe Sprechen noch einen weiteren Vorteil: man spricht langsamer, gelassener, und das nervöse Zittern verschwindet sofort aus der Stimme.

Wenn Sie merken, daß die Zuhörer einschlafen, sprechen Sie einen Satz lang etwas leiser. Das Publikum bemüht sich automatisch, genauer hinzuhören, und so gewinnen Sie die Aufmerksamkeit zurück. In diesem Moment müssen Sie wieder mit normaler Lautstärke sprechen, denn sonst geben Ihre Hörer ganz auf und schweifen in weite Fernen ab.

Sie sollten unbedingt einen Stift dabeihaben, der nicht wegrollt. Wenn Sie sich zu den Bildern hinwenden oder vom Manuskript weggehen, legen Sie den Stift an die Stelle, an der Sie aufgehört haben. Wenn Sie zurückkehren, finden Sie auf diese Weise sofort den Satz, mit dem Sie weitermachen müssen. Wenn der Referent erst im Manuskript herumsucht, „wo war ich denn gerade", wirkt das recht unbeholfen.

Wenn Sie einen Autor wörtlich zitieren, müssen Sie das Zitat nicht nur in der schriftlichen Fassung, sondern auch unbedingt im mündlichen Vortrag deutlich kenntlich machen. Sie sagen also z. B.: „ich zitiere Werner Müller", verlesen die Passage wortwörtlich, und schließen das Zitat ab, z. B. mit den Worten „soweit Werner Müller", oder „Ende des Zitats". Wenn das Zitat eine Übersetzung ist, sollten Sie auch das angeben: „ich zitiere John Miller in der Übersetzung von Heinrich Schuster" (oder: „ich zitiere John Miller in meiner eigenen Übersetzung").

Der **Schluß** ist das Schwierigste. Kündigen Sie ihn an, z.B.: „Das letzte Dia, bitte". Es muß dann aber auch wirklich das letzte Dia sein. Oder Sie sagen: „Ich komme zum Schluß". Bei dem Schlußsatz Ihres Referats senken Sie die Stimme, oder Sie legen den Stift demonstrativ hin und danken für die Aufmerksamkeit. Auf diese Weise bleibt es Ihnen erspart, in erwartungsvolle Gesichter zu schauen und zu sagen: „Ich bin jetzt fertig".

Nach dem Schlußsatz bleiben Sie, wo Sie sind. Oft dreht man sich schon instinktiv vom Pult weg. Schreiben Sie sich vielleicht, um das zu verhindern, als letztes Wort „STEHENBLEIBEN" in Ihr Manuskript. Hören Sie sich das Klatschen oder Klopfen an, es ist Ihre „Belohnung". Laufen Sie auch danach nicht an Ihren Platz zurück, sondern bleiben Sie unbedingt vorne. Ein Weggehen würde jetzt so wirken, als wollten Sie vor den anschließenden Fragen davonlaufen. Wenn Sie Fragen beantworten, sehen Sie den Frager an, nicht aber den Seminarleiter. Notieren Sie sich kurz die Fragen, besonders, wenn zwei auf einmal gestellt werden.

Lesen Sie auch das Kapitel „Gute Vorträge und Vorlesungen". Sie können auch Kurt Tucholskys „Ratschläge für einen schlechten Redner" lesen. (Tucholsky, Kurt: Ratschläge für einen schlechten Redner, in: Kurt Tucholsky. Gesammelte Werke, hrsg. von Mary Gerold-Tucholsky und Fritz J. Raddatz (1929–1932), Bd. III, Reinbek bei Hamburg 1961, S. 600–602.)

Wenn Sie Angst vor Fragen haben – die hat fast jeder – dann können Sie sich helfen. Drohen Sie aber keinesfalls vorher im Seminar: Stellt bloß keine Fragen! Das Ergebnis wäre Schweigen im Walde und zähe Seminare. Die bessere Möglichkeit ist die, mit jemand vorher eine Frage abzusprechen und auch eine Antwort vorzubereiten. Das erleichtert Ihnen den Einstieg in die Diskussion.

6. Wie erwirbt man weiteres Wissen

Im Laufe Ihres Studiums müssen Sie sich einen mehr oder weniger groben Überblick über die Kunstgeschichte verschaffen. Das heißt, Sie müssen zum einen die wichtigen Meister und Werke einordnen können und sich mit Kunsttheorie vertraut machen, zum anderen müssen Sie auch die wichtigsten Methoden und ihre Vertreter kennenlernen. Die folgenden Abschnitte nennen entsprechende Werke und erklären Vorgehensweisen, wie Sie das bewerkstelligen können.

6.1 Wie erwirbt man das nötige Überblickswissen

Überblickswissen erwerben Sie, indem Sie Werke lesen, die die Kunstgeschichte im Zusammenhang darstellen. Sie eignen sich Kenntnisse leichter an, wenn sie im Zusammenhang dargestellt sind. Natürlich erwerben Sie auch Kenntnisse durch die Lektüre der Fachliteratur zu Ihren Seminararbeiten, jedoch entsteht dadurch kein geschlossener Überblick. Sie müssen also zweigleisig arbeiten: einerseits die Behandlung spezieller Fragen und Objekte in Form der Seminararbeiten, andererseits der Überblick, der Ihnen vermittelt, welche Künstler in verschiedenen Ländern zeitgleich gearbeitet haben, wie die verschiedenen Epochen aufeinander folgen, in verschiedenen Kunstregionen gleichzeitig bestehen, wie sie sich gegenseitig beeinflußt haben. Das Kennenlernen dieser großen Zusammenhänge ist ein wesentlicher Teil Ihres Studiums. Durch Vorlesungsbesuch allein ist diese Aufgabe nicht zu bewältigen; hier ist wieder in hohem Maße Eigeninitiative und Selbstdisziplin nötig.

Zum Studium gehört auch schlichtes Pauken. Sie müssen sich Fachvokabular einprägen; Sie sollten die Lebensdaten der wichtigsten

Künstler und die Entstehungsdaten ihrer Hauptwerke im Kopf haben. Der vielzitierte Satz „Hauptsache, ich weiß, wo ich nachschlagen kann", hat nur bedingte Gültigkeit. Durch Lesen allein prägen sich diese Daten nicht ein. Sie müssen sie sich bewußt einprägen und von Zeit zu Zeit wiederholen, damit sie im Gedächtnis bleiben. Das ist ein Langzeitprojekt, das Ihr ganzes Studium und darüber hinaus andauert. Niemand erwartet von Ihnen im ersten oder zweiten Semester, daß Sie einen vollständigen Überblick über die Kunstgeschichte erworben haben. Bei Prüfungen wird immer berücksichtigt, daß Sie Kunstgeschichte erst ein paar Jahre studieren. Selbst bei der Magisterprüfung wird Ihr Wissen mehr aus Inseln als aus Festland bestehen. Aber Sie sollten regelmäßig daran arbeiten, diese Wissensinseln zu erwerben. Es gibt Studienführer (z. B. der von Hülshoff/Kaldewey, s. Punkt 3), die erklären, wie man das technisch z. B. mit Hilfe einer Lernkartei bewerkstelligt.

Unter Studierenden ist eine Form von Aberglauben weit verbreitet: Viele denken, daß sie sich Überblickswissen aneignen, wenn sie sich gastweise in Seminare setzen, ohne ein Referat oder eine Hausarbeit zu übernehmen. Das ist schlicht Unsinn. Die Realität ist die, daß man sich am Schluß des Semesters leidlich im eigenen Thema auskennt, aber von den anderen nur etwas hat läuten hören. Wenn man kein Referat oder Hausarbeit verfaßt, sondern nur zuhört, bleibt so gut wie nichts hängen. In der Zeit, die Sie in solchen Seminaren vertun, sollten Sie lieber in einem der folgenden Überblickswerke lesen.

Es ist eine Binsenweisheit, daß man Dinge besser behält, wenn man schon ein gewisses Vorwissen, ein Raster hat, in das sich neues Wissen einfügen kann. Deshalb ist es sinnvoll, sich zunächst dieses Raster zu verschaffen. Zugleich wird es Ihnen leichter fallen, sich im Rahmen von Seminararbeiten in Spezialprobleme einzuarbeiten, weil Sie auch diese immer stärker in größeren Zusammenhängen sehen können.

Sie brauchen Faktenwissen, Sie brauchen eine möglichst große Denkmälerkenntnis. Daran führt kein Weg vorbei. Die Überblicksdarstellungen, die im Folgenden vorgestellt werden, sind nicht der Weisheit letzter Schluß. Sie sind aber hilfreich, wenn Sie daran gehen, sich diese Denkmälerkenntnisse zu verschaffen. Das Buch, in dem „alles" steht, was Sie wissen müssen, gibt es nicht, auch wenn Ihnen das manche Werbetexte weismachen wollen.

Beginnen Sie nicht gleich mit einem mehrbändigen Werk, um sich den kunsthistorischen Überblick zu verschaffen. Greifen Sie zu einem Buch, das Ihnen eine Einführung vermittelt. Im 1. Semester oder schon zu Schulzeiten beginnen Sie am besten mit dem folgenden Werk:

Gombrich, Ernst: *Die Geschichte der Kunst*, 16., vollständig überarb. Ausg., 5. Aufl., Berlin 2004 (zuerst London 1950)
Der deutsche Titel ist irreführend. Der englische Originaltitel lautet nicht „The History of Art", sondern „The Story of Art". Es ist keine umfassende Kunstgeschichte, sondern eher eine Sammlung von Kunstgeschichten. Ursprünglich hatte Gombrich sie für Schulkinder geschrieben, und es sagt viel über das Vorwissen der Studierenden aus, wenn es heute allgemein an Universitäten empfohlen wird. Es ist im Grunde das Vorwissen, das Sie schon mitbringen sollten. Für die deutsche Ausgabe hatte Gombrich einige deutsche Künstler berücksichtigt. Diese Passagen sind in der Ausgabe von 1996 gestrichen worden, weil damit eine „internationale Ausgabe" angestrebt wurde.

Meyer, Peter: *Europäische Kunstgeschichte*, 2 Bde., 6. Aufl. München 1991
Das Werk ist sehr gut geeignet, um sich auf die Zwischenprüfung nach zwei Jahren Studium bzw. eine Bachelor-Prüfung vorzubereiten, weil es kompakt und anschaulich geschrieben ist. Ein Nachteil sind die winzigen Abbildungen. Für die Magisterprüfung bzw. das Rigorosum ist es allerdings nur eine Schmalspurvorbereitung. Grundsätzlich sei hier auch eine kleine Warnung eingeflochten: Kunstwerke wiederzuerkennen heißt noch nicht, sie auch zu verstehen.

Zu Peter Meyer existiert eine Art Pendant:
Honour, Hugh/Fleming, John: *Weltgeschichte der Kunst*, 6., grundlegend erw. und neugest. Ausg., Neuaufl. München 2007 (erste dt. Ausg. München 1983)

Greifen Sie auch unbedingt zu folgender Überblickskunstgeschichte:
Janson, Horst W.: *DuMonts Kunstgeschichte der Alten und der Neuen Welt*, 3. Aufl. neu bearb. und erw. v. Anthony F. Janson, Köln 1988 (zuerst zus. m. Dora Janson unter dem Titel: History of

Art. A Survey of the Major Visual Arts from the Dawn of History
to the Present Day, New York 1962)

Lernen Sie nach einem Werk, und lesen Sie zur Abrundung ein weiteres
und vielleicht noch ein drittes. Grundsätzlich gilt für die Wissenschaft:
Es reicht nicht, nur eine Meinung zu hören. Es gibt kein Überblickswerk, das alle anderen überflüssig macht. Lesen Sie immer mindestens
noch ein zweites Werk. Das braucht nicht soviel Zeit wie das erste, weil
Ihnen Vieles schon bekannt ist. Sie müssen sich lediglich – lediglich? –
darüber klar werden, daß es auch noch andere Sichtwinkel gibt.

Wenn Sie sich einen Überblick über die Architekturgeschichte erarbeiten wollen, arbeiten Sie folgendes Werk durch:
> Pevsner, Nikolaus: *Europäische Architektur*. Von den Anfängen bis
> zur Gegenwart, 8. erw. und neugest. Ausg., München 1997 (zuerst
> Harmondsworth 1943)

Danach greifen Sie zu anderen Kunstgeschichten. Eines der besten Überblickswerke ist nach wie vor die Propyläen-Kunstgeschichte, die in den
zwanziger Jahren entstand und in den sechziger Jahren neu konzipiert
wurde:
> *Propyläen Kunstgeschichte*: 24 Bde., Berlin 1923–1929

> Neuausgabe: *Propyläen Kunstgeschichte*, hrsg. unter Beratung von
> Kurt Bittel u. a., 2 Abteilungen, 18 Bde., 5 Supplementbände, 3 Son-
> derbände, Berlin/Frankfurt M./Wien, 1966–1983 (die Paperback-
> Ausgabe ist vergriffen, wird aber gelegentlich antiquarisch ange-
> boten: zvab.com)

Sie ist umfangreich, aber lassen Sie sich davon nicht abschrecken.
Sie brauchen nicht alle Bände durchzuackern; die außereuropäische
Kunstgeschichte z. B. können Sie getrost beiseite lassen. Die „Propyläen" sind deshalb so wichtig, weil sie die wichtigen Denkmäler,
also die Kunstwerke der jeweiligen Epoche gut abbilden, und die
Texte von ausgewiesenen Fachleuten geschrieben sind, und zwar in
verständlichem Stil. Wenn Sie sich ein Herz fassen und einen Band
der „Propyläen" in die Hand nehmen, werden Sie entdecken, daß
Anmerkungen und Abbildungen ungefähr die Hälfte des Bandes
ausmachen. Der Text ist also gar nicht so viel, wie es von außen

scheint: ca. 250 Seiten. Nehmen Sie sich pro Semester vielleicht einen Band vor. In drei Monaten arbeiten Sie 250 Seiten durch, d. h. pro Monat 80 Seiten, macht 2–3 Seiten am Tag. Das ist zumutbar und auch machbar. Und es ist ein erhebendes Gefühl, wenn man peu à peu merkt, wie man Wissen dazugewinnt und sich nicht mehr so hilflos und ausgeliefert fühlt. Diese Methode funktioniert, ich garantiere es Ihnen. Lesen müssen Sie allerdings selbst, und mir ist klar, daß ich Ihnen hier ein sehr hohes Maß an Selbstdisziplin zutraue.

Parallel oder als Alternative arbeiten Sie mit einem anderen großen, ebenfalls ausgezeichneten Überblickswerk:

The Pelican History of Art, hrsg. v. Nikolaus Pevsner (seit 1967: unter Mitarbeit von Judy Nairn), 43 Bde., Harmondsworth 1953–1978 (Die Taschenbuchausgabe ist geringfügig revidiert, New Haven/London). Die Bände werden bei Neuauflagen laufend überarbeitet.

Zum Teil überschneidet sich die „Pelican History" inhaltlich mit den „Propyläen". Das liegt an den Werken, die für die einzelnen Epochen dieselben sind. Die Abbildungen zeigen deshalb auch teilweise dieselben Werke, teilweise aber nicht.

Die „Propyläen" und die „Pelican" sind sogenannte Stilgeschichten. Sie handeln jeweils eine Epoche bzw. ein Jahrhundert ab und gehen im Großen und Ganzen chronologisch in der Reihenfolge der Entstehung der Werke vor. Das ist sehr sinnvoll, um eine Vorstellung von der zeitlichen Entwicklung der Kunst zu gewinnen. Es ist solide und gilt als altmodisch.

Es gibt auch noch andere Überblickswerke, die andere Herangehensweisen zeigen:

Universum der Kunst, begründet v. André Malraux, hrsg. v. Paul M. Duval, Hubert Landais, Pierre Quoniam, bisher 42 Bde., München 1960–1997. Einzelne Bände sind z.T. schon in 3. und 4. Auflage erschienen.

Diese Reihe hat schöne Abbildungen, aber die einzelnen Bände sind eher als Ergänzung zu den „Propyläen" zu lesen. Hier sind Aufsätze zu einer Epoche versammelt, die um die jeweiligen großen Fragen kreisen. Vieles wird daher bei der Lektüre dieses Werks schon vorausgesetzt.

Busch, Werner/Schmoock, Peter (Hrsg.): *Kunst. Die Geschichte ihrer Funktionen.* Gesamtredaktion der neubearbeiteten Ausgabe auf der Grundlage der Studienbegleitbriefe des Deutschen Instituts für Fernstudien der Universität Tübingen zum Funkkolleg Kunst, Weinheim/Berlin 1987 (Neuausgabe: *Funkkolleg Kunst.* Eine Geschichte der Kunst im Wandel ihrer Funktionen, München u. a. 1997)

Wagner, Monika (Hrsg.): *Moderne Kunst.* Das Funkkolleg zum Verständnis der Gegenwartskunst, Reinbek 2000 (zuerst 1991)
Das „Funkkolleg Kunst" und das „Funkkolleg der Moderne", wie diese Werke im Kunsthistoriker-Jargon heißen, behandeln die Epochen der Kunstgeschichte nicht vorrangig nach wichtigen Werken und Meistern, sondern greifen die in einer Epoche jeweils wichtigsten Aufgaben heraus: z. B. Wandmalerei im Trecento oder für die Gotik die Kathedralen, im 18. Jahrhundert z. B. die Entstehung der Museen. Solche Aspekte fehlen in den Stilgeschichten weitgehend. Diese und das Funkkolleg sind also nicht austauschbar, sondern sie ergänzen sich hervorragend.

Ein Werk, das ebenfalls eine Art Überblick bietet und überaus nützlich ist:
von Wilckens, Leonie: *Grundriß der abendländischen Kunstgeschichte*, Stuttgart 1967, unveränd. Nachdr. Stuttgart 1981, fortgef. v. Dagmar u. Paul v. Naredi-Rainer, 3. Aufl. Stuttgart 2000
Das Werk ist höchst nützlich. Sie können es in Bibliotheken entleihen und vielleicht auch im Antiquariat erwerben. Es teilt die Kunstgeschichte in Epochen ein, vom frühen Christentum über Byzanz, Völkerwanderungszeit, frühes, hohes und spätes Mittelalter, Renaissance, Barock, 19., 20. Jahrhundert. Jede Epoche hat eine stichwortartige Einführung zur politischen Geschichte, Kirchen-, Geistes- und Kulturgeschichte. Dann behandelt die Verfasserin die jeweils relevanten Gattungen, in sich unterteilt nach Ländern. Bei jedem Land sind in chronologischer Folge die wichtigsten Denkmä-

ler aufgeführt, mit Entstehungsort, Entstehungsdatum, heutigem Aufbewahrungsort. Die Werke sind knapp und sehr treffend charakterisiert, ikonographische Programme kurz umrissen. Das Buch ist nicht nur zur Prüfungsvorbereitung optimal, denn man kann leicht erkennen, ob man schon einen guten Überblick über sein Gebiet hat oder noch nicht. Dieses Werk eignet sich auch hervorragend für das systematische Einprägen der Lebensdaten wichtiger Künstler und der Entstehungsdaten von Werken.

6.2 Die Vielfalt der Methoden

In der Forschung (und auch bei Seminararbeiten) ist die Gefahr groß, für bestimmte Ergebnisse, Erklärungen und Theorien gewisse Vorlieben zu entwickeln. Je erwünschter sie für den Forscher sind, oder je überraschender, desto attraktiver sind sie. Man sucht – und findet – die Erklärung, die in das eigene Interpretationssystem paßt. Sie gilt als akzeptabel, wenn sie Stoffmengen ordnet und nicht anderen Phänomenen widerspricht. Erst, wenn Erklärung und Phänomene nicht mehr zusammenstimmen, entsteht der Wunsch nach einer „besseren" Erklärung. Unsere Theorien sind deshalb immer nur vorläufig, auch wenn sie jahrzehntelang als gültig anerkannt werden. Methoden und Theorien sind notwendig, weil sie Fakten in einen Zusammenhang bringen und – wie man in einem modischen Jargon sagt – Komplexität reduzieren.

Sie werden in Vorlesungen und Seminaren, bei der Lektüre von Fachliteratur, merken, daß man sich Kunstwerken auf mehr als nur eine Art nähern kann. Jede Methode erfaßt nur bestimmte Aspekte eines Werks, keine einzige kann es voll erfassen. Das ist kein Armutszeugnis für das Fach, im Gegenteil. Viele Kunstwerke sind so komplex, daß man ihnen nur mit einer Methodenvielfalt halbwegs gerecht werden kann. Kunsthistoriker haben im Laufe der Zeit immer neue Fragestellungen und Herangehensweisen entwickelt. Daraus sind oft genug sog. „Schulen" entstanden, die sich um bestimmte Kunsthistoriker an ihren Instituten gebildet haben. Im Laufe Ihres Studiums müssen Sie sich damit auseinandersetzen. In den Einführungen in die Kunstgeschichte, die bei Punkt 4.4: Wichtige Hilfsmittel genannt sind, finden Sie Aufsätze zu einzelnen Methoden, die Ihnen einen ersten Überblick geben, z. B. zur Formenanalyse, Stilgeschichte, Kunstgeschichte als Geistesgeschichte, Ikonographie bzw. Ikonologie, Hermeneutik, Rezeptionsästhetik, Semiotik, Kunstpsychologie, Sozialgeschichte der Kunst, und zur feministischen Kunstgeschichte (s. auch die Literaturangaben unter 6.3).

6.3 Einige Bücher, die man während des Studiums gelesen haben sollte

In Seminaren und Vorlesungen allein kann Ihnen, wie gesagt, kein umfassendes Überblickswissen vermittelt werden. Wieder ist Ihre Eigeninitiative und Selbstdisziplin angesprochen: Sie müssen sich neben dem ersten Faktenwissen die kunstgeschichtliche Allgemeinbildung selbst verschaffen. Entsprechende Werke wurden in Kapitel 6.1 genannt.

Um einen Einblick in das methodische Spektrum des Fachs zu gewinnen, reicht es nicht aus, die Aufsätze in den verschiedenen Einführungen in die Kunstgeschichte (s. Punkt 4.4) oder Werke zur Fachgeschichte (s. Punkt 1.2) zu lesen. Sie sollten sich nicht nur aus zweiter Hand informieren, sondern unbedingt auch Werke der betreffenden Kunsthistoriker selbst lesen, die führende Vertreter bestimmter Methodenanwendungen sind. Einige Institute für Kunstgeschichte, wie z. B. das Hamburger und die TU Berlin, haben deshalb Leselisten zusammengestellt, die im Umfang stark differieren. Auch Marcel Baumgartner gibt in seiner „Einführung in das Studium der Kunstgeschichte" eine solche Auswahl (Kap. „Allgemeine Lektüreempfehlungen"). Gerade die große Bandbreite der ausgewählten Titel zeigt, daß es keinen verbindlichen Kanon gibt, lediglich Anregungen.

Auch die folgende Liste gibt dafür eine Hilfestellung. Sie ist weder vollständig, noch wird die Auswahl alle Lehrenden zufriedenstellen. Die einzelnen Titel vertreten aber unterschiedliche methodische Ansätze, die für unser Fach prägend geworden sind. Aus diesem Grund wurden sie ausgewählt. Sie bieten nicht unbedingt den neuesten Forschungsstand, auch stellen sie nicht das gesamte Spektrum der Methoden dar. Aber die angewendete Methodik, ihre literarische Qualität können einen Maßstab für andere Lektüre bieten.

Alpers, Svetlana: *The Art of Describing*. Dutch art in the 17th century, London 1983, 5. Aufl. Chicago u. a. 1994 (Kunst als Beschreibung. Holländische Malerei des 17. Jahrhunderts, Köln 1985, 3. Aufl. Köln 2003)

Baxandall, Michael: *Painting and Experience in Fifteenth-Century Italy*. A Primer in the Social History of Pictorial Style, Oxford 1972 (Die Wirklichkeit der Bilder. Malerei und Erfahrung im Italien des 15. Jahrhunderts, Frankfurt/M. 1977, Neuausg. Berlin 1999)

Ders.: *The Limewood Sculpture of Renaissance Germany*, New Haven/London 1980, 5. Aufl. 1995 (Die Kunst der Bildschnitzer. Tilman Riemenschneider, Veit Stoß und ihre Zeitgenossen, München 1984, 4., durchges. Aufl. München 2004)

Belting, Hans: *Bild und Kult*. Eine Geschichte des Bildes vor dem Zeitalter der Kunst, München 1990, 6. Aufl. München 2004

Burckhardt, Jacob: *Der Cicerone*. Eine Anleitung zum Genuß der Kunstwerke Italiens, zuerst Basel 1855, Neudruck der Urausgabe Stuttgart 1939 (Werke Bd. 2: München 2001)

Ders.: *Die Kultur der Renaissance in Italien*. Ein Versuch, zuerst Basel 1860 (Werke Bd. 4: München 2002). Sonderausgabe, hg. v. Walther Rehm, Hamburg 2004

Dvořák, Max: *Kunstgeschichte als Geistesgeschichte*. Studien zur abendländischen Kunstentwicklung, München 1928, Neuausg. München 1995

Friedländer, Max J.: *Von Kunst und Kennerschaft*, Oxford u. a. 1946, Neuausg. Leipzig 1992

Hauser, Arnold: *Sozialgeschichte der Kunst und Literatur*, 2 Bde., München 1953, Sonderausg. München 1990

Jantzen, Hans: *Die Kunst der Gotik*. Die klassischen Kathedralen Frankreichs. Chartres, Reims, Amiens. Hamburg 1957, Neuausg., 2. Aufl. Berlin 2003

Krautheimer, Richard: *Rome*. Profile of a City, 312–1308, New Jersey 1980, Neuausg. Princeton N. J. 2000

Lee, Rensselaer W.: *Ut pictura poesis*: *The Humanistic Theory of Painting*, in: The Art Bulletin 22 (1940), S. 197–269, Neudruck New York 1967, Neuausg. New York 1977
online: http://www.noteaccess.com/Texts/Lee/ (1. 9. 2007)

Meiss, Millard: *Painting in Florence and Siena after the Black Death*, The arts, religion and society in the mid-fourteenth century, Princeton 1951, Neuausg. Princeton N. J. 1978 (Malerei in Florenz und Siena nach der schwarzen Pest. Kunst, Religion und Gesellschaft in der Mitte des vierzehnten Jahrhunders, Amsterdam u. a. 1999)

Panofsky, Erwin: *Idea*. Ein Beitrag zur Begriffsgeschichte der älteren Kunsttheorie, 7. Aufl. 1993 (zuerst Leipzig/Berlin 1924)

Plinius Secundus Gaius: *Naturkunde*. Naturalis Historiae libri XXXVII. Lateinisch-deutsch. Hrsg. u. übers. v. Roderich König, lib. 34–37, Düsseldorf/Zürich 1989–1997, Bd. 34: Metallurgie, Künstlerbiographien. Bd. 35: Farben, Malerei, Plastik. Bd. 36: Steine, Geschichte der Steinskulptur, römische Baustile, Mosaik, Glaskunst. Bd. 37: Gemmen und Edelsteine.

Söntgen, Beate (Hrsg.): *Rahmenwechsel*. Kunstgeschichte als feministische Kulturwissenschaft, Berlin 1996

Warburg, Aby: *Italienische Kunst und internationale Astrologie im Palazzo Schifanoja zu Ferrara*. Vortrag 1912, in: Die Erneuerung der heidnischen Antike. Kulturwissenschaftliche Beiträge zur Geschichte der europäischen Renaissance (A. Warburg / Gesammelte Schriften, hrsg. v. d. Bibliothek Warburg, Bd. II, Leipzig/Berlin 1932, Bd. 1, S. 459–482), Reprint Berlin 1998

Warnke, Martin: *Hofkünstler*. Zur Vorgeschichte des modernen Künstlers, 2. Aufl. Köln 1996 (zuerst Köln 1985)

Wittkower, Rudolf: *Architectural Principles in the Age of Humanism*, London 1952, 5. Aufl. 1998 (Grundlagen der Architektur im

Zeitalter des Humanismus, München 1988, 2. Auflage München 1990)

Wölfflin, Heinrich: *Kunstgeschichtliche Grundbegriffe*, 19. Aufl. Basel 2004 (zuerst München 1913)

Bibel, „*Legenda aurea*", Ovids *Metamorphosen*, die *Ilias* und *Odyssee* sind hier nicht mehr eigens aufgelistet.

6.4 Wie hält man sich auf dem Laufenden

Die wichtigsten Zeitschriften

Ein Großteil der Forschungsergebnisse wird nicht in Buchform, sondern als Aufsatz publiziert und erscheint in Fachzeitschriften. Selbst wenn Online-Publikationen zunehmen, ist doch die gedruckte Fassung noch immer die übliche. Es wäre gut, wenn Sie sich angewöhnen, ca. einmal im Monat einen Schmökernachmittag zu halten, an dem Sie die laufenden Hefte der wichtigsten Periodika durchblättern. Die Einzelhefte der abgeschlossenen Jahrgänge werden gebunden; die Einzelhefte des laufenden Jahrgangs liegen für gewöhnlich aus oder können gegen Hinterlegung des Institutsausweises eingesehen werden. Sie brauchen all die Hefte nicht genau zu lesen oder gar durchzuarbeiten – wenn Sie einfach darin blättern, bleibt schon eine Menge von dem hängen, was gerade geforscht wird. Es ist Ihnen natürlich nicht verboten, den einen oder anderen Beitrag auch zu lesen.

Im folgenden werden kurz die Zeitschriften vorgestellt, die zu Ihrem Schmöker-Programm gehören sollten. Es sind nur die allerwichtigsten; die Liste ist keinesfalls vollständig.

Kunstchronik

Sie enthält seit einigen Jahren nur noch selten Aufsätze, sondern vor allem Berichte darüber, was sich gerade im Fach tut, z. B. Berichte von Kongressen, Tagungen, Ausstellungen. Außerdem enthält sie Buchbesprechungen, die sog. Rezensionen. Es kommen so viele Neuerscheinungen auf den Markt, daß man sich kaum zurechtfindet und längst nicht alle Publikationen wahrnehmen kann. Die Rezensionen helfen Ihnen dabei. Oft stellen sie auch Irrtümer im besprochenen Buch richtig oder liefern wichtige Ergänzungen.

In der „Kunstchronik" finden Sie auch Hinweise auf Stipendien und Stellenausschreibungen. Die sollten Sie schon jetzt lesen, auch wenn Sie vom Studienabschluß noch weit entfernt sind. Sie bekommen dadurch eine Vorstellung, was von Ihnen erwartet wird. Weitere Stellen- und Praktika-Ausschreibungen finden Sie bei www.kunstgeschichteportal. de unter „Beruf und Karriere" (s. Punkt 9).

Weiterhin enthält die „Kunstchronik" einen guten Ausstellungskalender, der für Deutschland sehr detailliert ist, und für das Ausland die wichtigsten Ausstellungen auflistet. Wenn Sie also eine Reise planen, werfen Sie bitte vorher einen Blick in die „Kunstchronik". Nichts ist ärgerlicher, als wenn man nach der Rückkehr feststellt, daß man eine Ausstellung verpaßt hat, die einen interessiert hätte.

Von besonderem Interesse ist das August/September-Heft. Es enthält nämlich die sog. **Hochschulnachrichten**, alphabetisch nach deutschen Universitäten geordnet. (Ausländische Hochschulnachrichten werden im folgenden Heft aufgeführt). Dort finden Sie die abgeschlossenen Magisterthemen, die begonnenen und abgeschlossenen Doktorarbeiten, mitsamt den Namen der Kandidaten und der ihrer Betreuer. Das ist aus mehreren Gründen interessant. Wenn Sie die Uni wechseln wollen, sehen Sie hier, welcher Professor an welcher Uni lehrt, und was für Themen er betreut. Außerdem gilt eine Anmeldung Ihrer Doktorarbeit in der „Kunstchronik" als Sperre für andere Interessenten am Thema; das Thema ist dann für Sie reserviert. In der Dissertation müssen Sie ein Thema bearbeiten, das noch nicht behandelt wurde. In der Praxis bedeutet das, daß Sie sich vor Anmeldung Ihres Themas mit der Kunstchronik zurückziehen und die letzen 15 Jahre der Hochschulnachrichten durchkämmen müssen. Da es inzwischen diese Hochschulnachrichten teilweise schon im Internet gibt, wird diese Arbeit erleichtert. Sie müssen herausfinden, ob jemand schon Ihr Thema bearbeitet. Viele Frauen machen z. B. eine Kinderpause und kehren erst nach einigen Jahren wieder an die Doktorarbeit zurück. Es reicht also nicht, nur die letzten vier, fünf Jahre der Hochschulnachrichten durchzugehen. Sollten Sie entdecken, daß Ihr Wunschthema schon von jemand anders bearbeitet wird, setzen Sie sich mit ihm oder ihr in Verbindung. Meist kann man sich absprechen – falls nicht, hat der Vorrang, der zuerst in der Kunstchronik angemeldet hat.

> (Forschungsdatenbank Dissertationen und Magisterarbeiten aus der Kunstchronik 1985–2002:
> http://www.fotomarburg.de/projekte/datenbanken/hochschulnachricht (1.9.2007)

Außerdem ist die „Kunstchronik" das Organ des „Verbandes deutscher Kunsthistoriker" (VDK), des größten deutschen Berufsverbandes. Hier wird der Kongress des Verbandes angekündigt, der alle zwei Jahre in wechselnden Städten stattfindet, der sog. Deutsche **Kunsthistorikertag**, den Sie schon während Ihres Studiums nach Möglichkeit besuchen sollten (s. Punkt 1.3). In diesem Verband können Sie erst Mitglied werden, wenn Sie einen Abschluß im Fach Kunstgeschichte haben.

> Verband deutscher Kunsthistoriker e.V.
> E-mail: info@kunsthistoriker.org
> http://www.zikg.eu/VDK/homepage.htm (1.9.2007)

Ein weiterer Berufsverband ist der Ulmer Verein, Verband für Kunst- und Kulturwissenschaften e.V. Hier werden auch schon Studierende aufgenommen; die jeweils aktuelle Kontaktadresse finden Sie im Organ des Verbandes:

> *kritische berichte.* Zeitschrift für Kunst- und Kulturwissenschaften (erscheint vierteljährlich)

Der Verband organisiert Tagungen, auch speziell für Studierende, und unterhält eine Sektion „Frauenforschung" und eine Arbeitsgruppe zu freiberuflicher Tätigkeit.

> http://www.ulmer-verein.de (1.9.2007)

Der dritte Kunsthistorikerverein ist der Deutsche Verein für Kunstwissenschaft e.V. (Jebensstr. 2, 10623 Berlin).

> Tel.: 030/3 13 99 32 (Mo–Fr, 8–12 Uhr)
> Fax: 030/32 30 38 24
> E-mail: dvfk@aol.com
> http://www.dvfk-berlin.de (1.9.2007)

Sein Organ ist die *Zeitschrift des Deutschen Vereins für Kunstwissenschaft* (erscheint vierteljährlich)

Von 1947–60 erschien sie unter dem Titel „Zeitschrift für Kunstwissenschaft". Die wissenschaftlichen Beiträge beschränken sich auf deutsche Kunst. Das hängt mit dem Zweck des Vereins zusammen, der Betreuung und Publikation von Arbeiten zur deutschen Kunst. So gab der Verein z. B. Corpuswerke heraus, die heute noch Standardliteratur sind. Darin waren die gesamten Denkmäler einer Epoche gesammelt und katalogisiert, z. B. sämtliche karolingischen, sächsischen und romanischen Elfenbeine (für Anfänger: „sächsisch" ist hier als Epochenbegriff zu verstehen). Der Verein nimmt auch Studierende und Nicht-Kunsthistoriker auf.

Der Schweizer Verband ist die „Vereinigung der Kunsthistorikerinnen und der Kunsthistoriker in der Schweiz" (VKKS) (c/o Schweizerisches Institut für Kunstwissenschaft, Zollikerstr. 32, CH-8032 Zürich).

Tel.: 0443 88 51 51

Fax: 0443 81 52 50

http://www.vkks.ch (9. 9. 2007)

Der Verband nimmt Kunsthistoriker mit Abschluß sowie Studierende im Hauptfach Kunstgeschichte ab dem dritten Studienjahr auf und veranstaltet eine jährliche Tagung; er vergibt auch Stipendien.

Der Verband Österreichischer Kunsthistorikerinnen und Kunsthistoriker

E-mail: contact@kunsthistoriker.at

http://www.kunsthistoriker.at (18. 9. 2007)

nimmt österreichische oder in Österreich tätige Kunsthistoriker und Studierende im Hauptstudium auf. Er veranstaltet alle zwei Jahre eine Tagung. Sein Organ ist die vierteljährlich erscheinende „Kunstgeschichte aktuell".

Zeitschrift für Kunstgeschichte

Sie entstand 1932 aus der Zusammenlegung des *Repertorium für Kunstwissenschaft* (erschien ab 1876) und des *Jahrbuchs für Kunstwissenschaft*. Letzteres hieß bis 1922 *Monatshefte für Kunstwissenschaft*. Ab 1933 ging auch die *Zeitschrift für Bildende Kunst* in der „Zeitschrift für Kunstgeschichte" auf. Sie bietet Aufsätze und Miszellen zu allen Gattungen und Epochen sowie Rezensionen.

Kunstforum international. Die Dokumentation zeitgenössischen Geschehens

Erscheint seit 1973 (auch als Internetausgabe). Die Zeitschrift widmet sich vor allem dem zeitgenössischem Kunstgeschehen, bezieht also neben den traditionellen Gattungen auch Neue Medien, digitale Kunst usw. ein und versucht, fächerübergreifend zu sein. Die einzelnen Hefte haben Schwerpunkte, die normalerweise von anderen Periodika nicht behandelt werden (z.B. Band 173, Nov./Dez. 2004: Kunst im Licht von Konkurrenz, Neid und Rivalität).

Journal für Kunstgeschichte

Bezeichnet sich selbst als internationale Rezensionszeitschrift. Sie können sich hier schnell über Bücher informieren, die in der jüngeren Vergangenheit erschienen sind. Die Besprechungen sind nach Epochen und Sachgebieten geordnet. Die Zeitschrift existiert seit 1996; alle Artikel sind online abfragbar.

www.perlentaucher.de

Häufig werden Fachbücher und auch Aufsätze in überregionalen Tageszeitungen rezensiert. Diese Internetseite faßt solche Rezensionen aus der Tagespresse zusammen, kommentiert sie mitunter (quasi eine Rezension der Rezension) und bietet so schnelle und kurzgefaßte Information. Für jemanden, der auf dem Laufenden sein will, ist diese Seite ungemein nützlich.

Weitere wichtige deutschsprachige Zeitschriften finden Sie im Heft „Kunsthistoriker/Kunsthistorikerin" aus der Reihe „blätter zur berufskunde" (s. Punkt 1.3) aufgelistet. Wichtige internationale Fachzeitschriften sind im Folgenden aufgeführt.

The Burlington Magazine

Es erscheint seit 1903 monatlich. Die Aufsätze sind durchweg auf Englisch. Sie behandeln alle Epochen und Gattungen, wobei der Schwerpunkt auf englischer und italienischer Kunst liegt. Das „Burlington Magazine" hat einen sehr guten Rezensionsteil. Der Ausstellungskalender ist international.

Journal of the Warburg and Courtauld Institutes (JWCI)
Die Londoner Universität hat zwei Institute für Kunstgeschichte: das
alteingesessene ist das Courtauld Institute. Die Kulturwissenschaftliche
Bibliothek Warburg emigrierte 1933 nach London und wurde zum
Warburg-Institute, weil sie in Hamburg nicht bleiben konnte, da Aby
Warburg, ihr Gründer, Jude war. Das JWCI erscheint jährlich; es enthält
Abhandlungen zu allen Gebieten und Epochen der Kunstgeschichte.
Kein Ausstellungskalender, keine Rezensionen.

Gazette des Beaux-Arts
Sie erscheint seit 1859, derzeit zehnmal jährlich. Die Aufsätze sind auf
französisch, haben aber manchmal englische Zusammenfassungen. Sie
behandeln alle Epochen und Gattungen, mit einer Betonung der französischen Kunst. Die Gazette hat auch einen guten Rezensionsteil. Der
Ausstellungskalender ist für Frankreich sehr gut.

Revue de l'Art
Sie erscheint seit 1968 vierteljährlich. Wiederum sind die Aufsätze auf
französisch, mit deutschen und englischen Zusammenfassungen. Sie behandeln vorwiegend französische Kunst. Guter Rezensionsteil.

The Art Bulletin
Es ist das Organ des amerikanischen Kunsthistorikerverbandes, der
sog. College Art Association (CAA). Es erscheint vierteljährlich; die
Aufsätze behandeln alle Epochen, Länder und Gattungen. Sie sind
grundsätzlich auf englisch. Das „Art Bulletin" hat einen sehr ausführlichen Besprechungsteil, und einmal jährlich publiziert es eine Aufstellung der amerikanischen Dissertationen, die gerade in Arbeit sind. Es
sind aber längst nicht alle Dissertationen erfaßt.

The Australian Journal of Art
Diese Zeitschrift ist in Deutschland kaum zu finden, aber trotzdem
wichtig. Sie finden dort natürlich Aufsätze zur Kunst der Aborigines,
aber vor allem zu europäischer Kunst vom Mittelalter bis zur Moderne.

Außerdem gibt es noch Zeitschriften zu bestimmten Epochen und Gebieten, die hier nicht aufgeführt werden können. Die „blätter zur berufskunde" (s. Punkt 1.3) enthalten weitere wichtige Zeitschriften.

Noch zwei praktische Hinweise: Wenn Sie einen Aufsatz suchen, aber nur noch verschwommen den Titel wissen und meinen, daß er in einer bestimmten Zeitschrift erschienen sei, ihn aber nicht in den Bibliographien finden, gehen Sie direkt zu der entsprechenden Zeitschrift ans Regal. Viele Zeitschriften haben einen Registerband, in dem die Themen und Autoren verschlagwortet sind. Dort suchen Sie unter den Stichworten und werden meistens fündig.

Angenommen, Sie stoßen beim Bibliographieren auf Aufsätze in Zeitschriften, die an Ihrem Studienort nicht erhältlich sind. Wie finden Sie heraus, wo sie vorhanden sind? Sie können in Ihrer UB um Hilfe bitten. Sie können die Zeitschriften auch über den OPAC des Zentralinstituts, den Karlsruher Virtuellen Katalog usw. aufstöbern (s. Punkt 4.4) oder Sie greifen zu folgendem Verzeichnis:

Prause, Marianne (Hrsg.): *Verzeichnis der Zeitschriftenbestände in den kunstwissenschaftlichen Spezialbibliotheken der Bundesrepublik Deutschland und West-Berlins* (VZK), Berlin 1973

Hier sind ca. 12.000 Zeitschriften aufgelistet, zusammen mit den Bibliotheken, in denen sie zu finden sind. Nicht alle Bibliotheken besitzen alle Jahrgänge der betreffenden Zeitschrift, aber auch das gibt „Prause" an. Der Nachteil des Buches: Stand von 1971.

Für die ehemalige DDR greifen Sie zu folgendem entsprechendem Verzeichnis:

Gesamtverzeichnis von Zeitschriften und Serien zur bildenden Kunst in Bibliotheken der Deutschen Demokratischen Republik, Dresden 1984

Viele Bibliotheken verfügen auch über einen Dokumentendienst, durch den Sie die gewünschte Literatur schnell als Fax oder als E-Mail erhalten.

Aktueller und umfassender ist die online-Zeitschriftendatenbank (ZDB): http:dispatch.opac.ddb.de (30. 9. 2007). Die ZDB ist die weltweit größte Datenbank für Titel- und Besitznachweise fortlaufender Sammelwerke, also von Zeitschriften, Zeitungen usw. Auch Titel elektronischer Zeitschriften sind verzeichnet. Die ZDB umfaßt mehr als 1,2 Mio Titel in vielen Sprachen vom Jahre 1500 bis heute und führt dazu mehr als 6 Mio Besitznachweise von ca. 4300 deutschen Bibliotheken an.

Jahrbücher

Wichtig sind auch die Zeitschriften, die von einzelnen großen Museen herausgegeben werden. Mitunter geschieht das in Form von Jahrbüchern, d.h. Aufsätzen, die gebündelt einmal im Jahr erscheinen. Die Beiträge sind häufig Stücken der jeweiligen Sammlung gewidmet, aber auch andere Gebiete werden berücksichtigt. Das Metropolitan Museum in New York hat z. B. eine eigene Zeitschrift.

In Deutschland zählen dazu z. B. das *Städel-Jahrbuch*, das vom Städel-Museum in Frankfurt herausgegeben wird, und auch das *Wallraf-Richartz-Jahrbuch* ist solch eine Museumsschriftenreihe. Das Jahrbuch der Hamburger Kunstsammlungen erschien ab 1948. Ab 1982–1991 hatte es den Titel: *Idea. Werke, Theorien, Dokumente*. Jahrbuch der Hamburger Kunsthalle. Seit 1994 erscheint das Jahrbuch unter dem Titel *Im Blickfeld*. Das *Marburger Jahrbuch für Kunstwissenschaft* ist eine Veröffentlichung des Kunstgeschichtlichen Instituts der Philipps-Universität Marburg/Lahn. Das *Münchner Jahrbuch für Kunstgeschichte*, das von den Bayerischen Staatsgemäldesammlungen herausgegeben wird, ist ebenfalls zu nennen, auch das *Jahrbuch der Kunsthistorischen Sammlungen in Wien*, das vom Kunsthistorischen Museum, Wien, herausgegeben wird. Das *Wiener Jahrbuch für Kunstgeschichte* wird vom Bundesdenkmalamt Wien und vom Institut für Kunstgeschichte der Universität Wien herausgegeben.

Zwei weitere Jahrbücher befassen sich vorzugsweise mit italienischer Kunst: Das *Römische Jahrbuch für Kunstgeschichte* wird vom Max-Planck-Institut für Kunstgeschichte herausgegeben, das seinen Sitz in Rom hat; es ist die Bibliotheca Hertziana. Seit Band 25 (1989) heißt das Periodikum *Römisches Jahrbuch der Bibliotheca Hertziana*.

Ein anderes bedeutendes deutsches Institut in Italien entstand im 19. Jahrhundert als Selbsthilfe deutscher Kunsthistoriker, die in Italien forschten. Sie arbeiteten vor den Objekten, aber ihnen fehlte eine gute Bibliothek. Kurzerhand gründeten sie selber eine in Florenz. Ihr Jahrbuch sind die *Mitteilungen des Kunsthistorischen Instituts in Florenz*.

Neuerscheinungen

Sie sollten nicht nur in Zeitschriften regelmäßig stöbern, sondern auch neu erschienene Bücher im Auge behalten. Jedes Institut stellt die „Neuerwerbungen" in einem besonderen Regal auf. Fragen Sie bei der Bibliotheksführung danach. Die Kataloge der großen Verlage sind ebenfalls eine wahre Fundgrube. Vielleicht können Sie in Ihrem Institut anregen, daß diese Kataloge in der Bibliothek ausgelegt werden, nachdem sie im Institut auf notwendige Anschaffungen hin durchforstet worden sind. Überregionale Tageszeitungen besprechen auch kunsthistorische Publikationen und haben in regelmäßigen Abständen eigene Literaturbeilagen. Im Gespräch mit Kommilitonen kann man ebenfalls von neuen Büchern erfahren.

Plattformen für Kunstgeschichte

Arthist. Netzwerk für Kunstgeschichte im h-net
http://www.arthist.net (18.9.2007)
Nachrichtendienst für Kunsthistoriker. Nach der Anmeldung erhält man regelmäßig E-Mails mit Rezensionen, Anfragen, Tagungsberichten und -ankündigungen; bietet außerdem eine sehr brauchbare Linkliste zu internationalen und deutschsprachigen Kunstgeschichte-Netzwerken.

H-Soz-u-Kult – Kommunikation und Fachinformation für die Geschichtswissenschaften
http://hsozkult.geschichte.hu-berlin.de/ (18.9.2007)
Ebenfalls Nachrichtendienst. Bietet breite Palette an Rezensionen, Tagungsankündigungen und -berichten, Inhaltsverzeichnisse der aktuellen Zeitschriften (teilweise auch kunsthistorische), außerdem Stipendien, Förderprogramme, Graduiertenkollegs.

Portal Kunstgeschichte. Informationsdienst für Kunsthistoriker
http://www.portalkunstgeschichte.de (18.9.2007)
Interessant vor allem der Stellenmarkt: für Studierende (Praktikumsbörse, Studienführer, etc.) und Mittelbau. Ansonsten: Rezensionen, Ausstellungsbesprechungen, usw.

7. Prüfungen

7.1 Arbeitsgruppen und Krisenbewältigung

Die Gründung einer Arbeitsgruppe kann sehr hilfreich sein, und zwar
während des gesamten Studiums – falls sie funktioniert. Sie wird Ihnen
kaum Arbeit abnehmen, hat aber eine ganze Reihe von Vorteilen. Sie
wird Ihnen helfen, bei sich selbst Wissenslücken zu entdecken bzw. Ihnen
zeigen, wo Sie schon sattelfest sind. Gerade bei nahenden Prüfungen ist
das ein großer Vorteil. Einige Studierende sind gerne Einzelkämpfer und
empfinden eine Arbeitsgruppe eher als Behinderung. Andere verlieren,
auf sich allein gestellt, leicht die Motivation. Trifft man sich regelmäßig
mit Kommilitonen, verliert man dieses deprimierende Gefühl und findet
dafür den Spaß an der Arbeit wieder. Eine Arbeitsgruppe ist freilich kein
Allheilmittel: Arbeiten müssen Sie selbst, das Denken wird Ihnen die
Gruppe nicht abnehmen, und nicht jeder ist für Gruppenarbeit geeignet.

Die ideale **Zahl** für eine Arbeitsgruppe ist drei. Zwei reden zu leicht
über private Dinge und nicht mehr über Arbeit. Bei vieren gibt es immer
einen, der anfängt, über nicht-kunsthistorische Dinge zu reden. Dann
sollte einer die anderen zurückpfeifen und an das eigentliche Arbeitsthe-
ma erinnern. Damit nicht einer in die Rolle des Aufpassers rutscht, können Sie für jedes Treffen einen anderen „Moderator" bestimmen. Außerdem ist es mit vier Leuten schwer, einen Termin zu finden, der allen
paßt. Machen Sie einen **Termin** pro Woche aus, den sie regelmäßig ein-
halten; legen Sie Beginn und Ende fest – und halten Sie sich auch daran.
Sie können z. B. gemeinsam ins Museum gehen und sich intensiv die
Werke ansehen. Üben Sie gemeinsam an den „Propyläen" und an Ihrer
Postkartensammlung. Bereiten Sie sich gemeinsam auf eine Klausur
oder mündliche Prüfung vor. Im Gespräch über die Werke lernen Sie

ganz von selbst, Ihre Meinung zu vertreten, das Fachvokabular anzuwenden, und Sie verlieren die Scheu, zu reden (falls Sie darunter leiden). Nur: Gruppenarbeit allein reicht als Vorbereitung nicht aus, wenn Sie sich auch Wissen schlicht einpauken oder Grundlagenliteratur durchackern müssen.

Die Interessen bzw. die **Zielsetzung** sollten, zumindest für eine gewisse Zeit, annähernd dieselben sein (z. B. Vorbereitung einer Klausur). Auch der Kenntnisstand sollte ungefähr gleich sein, denn es hat hier wenig Sinn, ein weit fortgeschrittenes Semester mit einem Anfänger zusammenzuspannen. Einigen Sie sich über die Zielsetzung, und das möglichst präzise. Wenn Sie sich auf eine bestimmte Prüfung vorbereiten, sollten Sie von Treffen zu Treffen genau klären, wer was zum nächsten Treffen beitragen muß und wann genau es stattfindet. Diese „Hausaufgaben" müssen wirklich gemacht werden. Eine Gruppe zerbricht, wenn nicht alle mehr oder weniger in gleichem Maße beitragen.

Geben Sie sich einige Wochen Zeit, um sich aneinander zu gewöhnen. Meist funktionieren Gruppen nicht von Anfang an. Wichtig ist, daß Sie zu Anfang die genannten Spielregeln deutlich benennen und versuchen, sie einzuhalten – und erwarten Sie am Anfang nicht zuviel von Ihrer Gruppe.

Eine gewisse Konkurrenz ist fast unausweichlich. Sie sollte aber nicht zu einem wichtigen Charakteristikum der Gruppe werden. Stattdessen hilft gegenseitige Ermutigung und Unterstützung viel weiter. Hören Sie einander zu, kritisieren Sie einander möglichst wenig. Solche Umgangsweisen fördern das gegenseitige Vertrauen und damit die „soziale Leistungsfähigkeit" Ihrer Arbeitsgruppe. Ein Diskussionsforum im Internet, z. B. im Zusammenhang mit E-learning, kann den persönlichen Kontakt innerhalb einer Arbeitsgruppe nicht ersetzen.

Es gehört zum normalen Verlauf des Studiums, daß man irgendwann zwischen dem 3. und 6. Semester eine **Krise** bekommt und aufgeben will. Manchmal liegt der Grund darin, daß man bis dahin noch nicht ernsthaft studiert hat. Man weiß noch nicht, ob einem die Sache wirklich wichtig genug ist. Dann hilft es, sich ein Semester mit großem Engagement hineinzustürzen; danach sind Sie klüger und können eine Entscheidung treffen.

Literaturhinweise:

Mönch, Jürgen/Schneider, Jürgen: *Studienabbruch – und jetzt?* Absprung zum richtigen Zeitpunkt, Handlungsstrategien, Förderungsmöglichkeiten, Perspektiven. Landsberg am Lech/München 1994

Öttl, Christine/Harter, Gitte: *Studienabbruch, na und! So geht's weiter: Potentiale erkennen – erfolgreich bewerben – selbstbewußt auftreten*, Nürnberg 2005

Vielleicht liegt Ihre Krise auch daran, daß Sie bisher nur Veranstaltungen bei einem oder zwei Dozenten besucht haben. Deren Art, Kunstgeschichte zu betreiben, ist vielleicht nicht die Art, die Ihnen liegt. Vielleicht sind Sie auch an einem Institut, das für Sie zu innovativ oder zu konservativ ist. Dann hilft ein Uniwechsel. Generell gilt gerade in den ersten Semestern: Wechseln Sie die Dozenten, gehen Sie nach Möglichkeit zu keinem zweimal. Meiden Sie diejenigen, die Ihnen den Schein halb geschenkt geben. Je mehr Sie gefordert werden, desto mehr profitieren Sie letztendlich von einer Arbeit. Drängen Sie darauf, daß Ihre Arbeiten auch wirklich korrigiert werden. Gehen Sie in die Sprechstunden, beharren Sie auf einer Besprechung Ihrer Arbeit – es steht Ihnen zu. Ihr Dozent muß begründen, warum er Ihrer Arbeit eine bestimmte Note gibt. Wenn Sie abgewimmelt werden, besuchen Sie nie wieder ein Seminar bei diesem Dozenten. Sie haben ein Recht darauf, so gut wie möglich ausgebildet zu werden. Wenn Sie nicht auf dieses Recht pochen, wird es niemand anders tun. Das ist Ihr Teil der Verantwortung, den Sie für das Gelingen Ihres Studiums tragen.

Mitunter wird dasselbe Referatsthema mehrfach vergeben. Sie sollten dann eine Arbeitsgruppe bilden, falls Sie den Eindruck haben, sie könnten gut zusammenarbeiten. Auf jeden Fall aber sollten Sie Adressen und Telefonnummern austauschen, denn Sie werden alle mehr oder weniger dieselbe Literatur benutzen, aber die Bibliothek leiht Bücher immer nur an einen einzigen Benutzer aus. Sprechen Sie sich also rechtzeitig ab, wer welche Bände ausleiht und wie Sie die allseitige Benützung der Literatur organisieren. Teilen Sie die Lektüre aber nicht soweit auf, daß Sie z. B. in einer Arbeitsgruppe aus drei Studierenden auch nur ein Drittel der Literatur selbst lesen. Die Arbeitsgruppe ist keine Arbeitsersparnis: das ist ein Irrtum. Die Denkarbeit wird für Sie keinesfalls weniger.

In jedem Fall ist eine Arbeitsgruppe im Krisenfall eine gute moralische Unterstützung. Die anderen Studierenden machen ebenfalls früher oder später ihre Krise durch, vielleicht haben sie sie schon gemeistert. Wenn man Phasen durchlebt, in denen man meint, daß man gar nichts oder viel zu wenig weiß, ist es sehr hilfreich, sich mit Kommilitonen vergleichen zu können.

In einer Arbeitsgruppe geschieht es leicht, daß einer zum Wortführer bzw. **Chefdenker** wird. Auch wenn man Zweifel an dessen Meinung hegt, traut man sich vielleicht nicht, diese zu äußern (er hat vielleicht schon mehr Semester auf dem Buckel, war schon einmal bei dem Dozenten in einem anderen Seminar, wehrt Gegenargumente ab usw.). Wenn Sie jemand in der Arbeitsgruppe haben, der immer nur mit seinem Wissen prunkt und Sie deprimiert, werfen Sie ihn oder sie umgehend hinaus.

Leicht geschieht es auch in Arbeitsgruppen, daß man sich in eine bestimmte Deutung oder These verliebt. Damit ist man blind für andere Interpretationen, die zutreffender sein können. In der Arbeitsgruppe muß man deshalb immer wieder bewußt fragen „ist das wirklich so?", „muß es wirklich so sein?", „welche anderen Möglichkeiten sind denkbar?" Jeder einzelne in der Gruppe ist für das Endergebnis verantwortlich; keiner darf Irrtümer und Mängel auf einen anderen abschieben. Diese allseitige Verantwortung ist Grundlage des Bemühens um Qualität und gehört zum wissenschaftlich korrekten Arbeiten.

In einer guten Arbeitsgruppe kann jeder seine Ideen, Überlegungen, seine Anregungen einbringen und wird gehört. Im Idealfall können die unterschiedlichen Sichtweisen der einzelnen in einen gemeinsamen Kenntnisstand integriert werden. In der Arbeitsgruppe – wie auch im Seminar – lernen die einzelnen, wie „Ideen im Gespräch zu Hypothesen und Theorien werden, wo die Interpretation und Einordnung einzelner, überraschender Ergebnisse in Zusammenhänge stattfindet." (Deutsche Forschungsgemeinschaft: *Vorschläge zur Sicherung guter wissenschaftlicher Praxis*. Empfehlungen der Kommission „Selbstkontrolle in der Wissenschaft", Weinheim 1998, S. 8).

7.2 Die Prüfungsvorbereitung

Beginnen Sie nicht erst kurz vor der Seminar-, Zwischen-, Bachelor- oder der Magisterprüfung damit, sich systematisch Überblickswissen zu verschaffen. Die Zeit ist dann zu kurz; das Unternehmen sehr hektisch, und der Erfolg ist minimal. Es ist eine inzwischen weit verbreitete Erkenntnis, daß man mehr lernt, wenn man sich über einen längeren Zeitraum verteilt kleinere Einheiten aneignet, als wenn man in einem kurzen Zeitraum einen Kraftakt durchführt. Außerdem verhindert die Prüfungsangst häufig, daß das Eingetrichterte wirklich haftenbleibt. Die beste Prüfungsvorbereitung sind einige Semester kontinuierliches, intensives Studium.

Fangen Sie darum frühzeitig an, Ihr Studium zu planen. Wann wollen Sie Ihre Scheine erwerben, wann Ihre Exkursionen machen? Nehmen Sie sich nicht zuviel für jedes Semester vor; verteilen Sie den Scheinerwerb möglichst gleichmäßig (s. auch Punkt 3.9: Die Zusammenstellung eines Stundenplans).

Verteilen Sie den Erwerb von Überblickswissen auf mehrere Semester. Beginnen Sie im 1. Semester mit dem Durcharbeiten (Durcharbeiten, nicht bloßes Durchlesen) von Gombrich: Geschichte der Kunst (s. Punkt 6.1). Gehen Sie dann zu anderen Überblickswerken über, die Sie regelrecht durchackern. Vor der Prüfung brauchen Sie dann nur noch zu wiederholen. Wissen, daß Sie sich schon einmal erarbeitet haben, wird durch die Wiederholung gefestigt, und es macht weniger Mühe und kostet weniger Zeit, es nur „aufzuwärmen".

Anhand der „Propyläen Kunstgeschichte" können Sie auch gut Bestimmungsübungen machen. Es wird ja von Ihnen erwartet, daß Sie gegen Ende Ihres Studiums ein Werk datieren und geographisch einordnen können, etwas zur Ikonographie sagen können und die bekanntesten Werke kennen. Dabei ist folgende Methode hilfreich: Unter den Abbildungen in den „Propyläen" sind Künstler, Kunstwerk, Datierung und Entstehungsort angegeben. Sie halten diese Legende zu und versuchen Ihr Glück. Dann prüfen Sie nach. Datierungen sollten auf ca. 20 Jahre genau sein; bei den berühmten Werken sollten sie präziser sein.

Dann greifen Sie zu dem anderen großen, ebenfalls ausgezeichneten Überblickswerk, der „Pelican History of Art". Zum Teil überschneidet sie sich inhaltlich mit den „Propyläen". Das liegt an den Werken, die ja für die einzelnen Epochen dieselben sind. Die Abbildungen sind deshalb auch teilweise dieselben, teilweise aber nicht. Hier können Sie also Ihr schon erworbenes Wissen auf die Probe stellen.

Eine gute Hilfe für Bestimmungsübungen sind auch Kunstpostkarten. Sammeln Sie sie, und üben Sie mit ihnen. Am besten allerdings lernt man anhand der Originale selbst.

Abschlußprüfungen

In fast jedem Institut schließen Sie das Bachelor-Studium mit einer mündlichen Prüfung zu vorher abgesprochenen Gebieten ab, manchmal außerdem mit einer mehrstündigen Klausur, in der Überblickswissen abgefragt wird. Einige Institute verlangen außerdem eine schriftliche Abschlußarbeit, andere rechnen Seminararbeiten als Abschlußarbeit an. Zuvor wird Ihnen aufgrund der erworbenen Scheine das ordnungsgemäße Studium bescheinigt (zur schriftlichen Arbeit s. Punkt 5.2 und den folgenden Punkt). Beim Magister-Studiengang gibt es zusätzlich noch die Zwischenprüfung, mit der das Grundstudium abgeschlossen wird. Auch sie besteht meist aus einer mündlichen Prüfung, an manchen Instituten aus einer Klausur.

In vielen Abschlußprüfungen werden Fragen zu Kunstwerken der näheren Umgebung gestellt. Zur Vorbereitung reicht es meist aus, den entsprechenden „Dehio" oder „Reclam" (s. Punkt 4.5) durchzuarbeiten, und zwar am besten zu Fuß oder per Rad vor den Werken selbst. Ansonsten besteht die Vorbereitung für die Prüfung im regelmäßigen Besuch von Vorlesungen und der anderen Veranstaltungen.

An manchen Instituten besteht eine regelrechte Prüfungs-Hysterie, der man am besten mit Arbeitsgruppen beikommen kann. Verschaffen Sie sich so viel Information wie möglich über die Prüfungen und Prüfer. Wenn die Prüfung z. B. als Klausur abgenommen wird, existiert häufig im Institut ein Ordner, in dem alte Klausurbögen mit den Antworten aufbewahrt werden. Arbeiten Sie diesen Ordner gemeinsam in der Arbeitsgruppe durch. Sie werden merken, daß bestimmte Fragen immer wieder vorkommen. Sie werden dabei auch die Struktur der Fragen kennenlernen.

Machen Sie sich klar, daß viel von der Angst auch reine Hysterie ist: oft erzählt man sich vor Prüfungen Schauergeschichten über die Fragen. Studierende, die diese Prüfungen schon hinter sich gebracht haben, sind besonders gut im Erzählen solcher Schwänke. Das hat die Funktion, sich selber in einem möglichst guten Licht erscheinen zu lassen, nämlich zu zeigen, welche Schwierigkeiten man schon gemeistert hat. Ziehen Sie von solchen Märchen die Hälfte ab, dann dürften Sie der Wahrheit etwas näher kommen.

7.3 Wie findet man ein Bacheloroder Magisterthema

Bevor Sie zu Ihrem zukünftigen Bachelor- oder Magisterbetreuer gehen, aber ohne einen konkreten Themenvorschlag zu haben, überlegen Sie sich, welche Epoche Ihnen am ehesten liegt und welche Kunstgattung Sie am meisten interessiert. Überlegen Sie sich, ob Sie z. B. gerne Stilanalysen treiben oder eher an ikonographischen Fragestellungen interessiert sind, ob Sie historischen Zusammenhängen nachspüren wollen, ob Sie vor allem die Funktion von Kunstwerken reizt, usw. Wenn Sie sich über diese Fragen im klaren sind, fällt es leichter, ein Kunstwerk bzw. eine klar umrissene Fragestellung für Ihre Arbeit zu formulieren. Erwarten Sie von dem Betreuer Ihrer Arbeit nicht, daß er oder sie das Traumthema für Sie bereithält. Es gehört zum wissenschaftlichen Arbeiten, daß man selbständig eine Fragestellung entwickelt.

Legen Sie sich schon während des Studiums einen Karteikasten an, den Sie mit „Ideen" betiteln können. Wenn Sie eine Idee für ein Thema haben oder eine Beobachtung machen, der Sie irgendwann einmal nachgehen wollen, vermerken Sie sie kurz auf einer Karteikarte und stecken Sie sie in den Karteikasten. Diese Ideen kommen oft unverhofft, ohne scheinbaren äußeren Zusammenhang. Ihr Unterbewußtsein kennt keine festen Arbeitszeiten; es spült manchmal Einfälle an die Oberfläche, die häufig sehr wertvoll sind. Lassen Sie solche Geschenke nicht achtlos liegen, sondern notieren Sie sie – merken kann man sich solche Einfälle kaum über längere Zeit. Für die Notierung dieser Eingebung reichen Stichworte. Versehen Sie die Notizen auch mit dem Datum. Von Zeit zu

Zeit sollten Sie diese Ideenkartei durchsehen. Es kann sein, daß dieser Einfall der Anfang Ihrer Bacheler- oder Magisterarbeit oder Dissertation wird; vielleicht werden Sie irgendwann einen Vortrag daraus machen. Natürlich kann es passieren, daß Sie „Ihre" Idee in der Literatur wiederfinden. Lassen Sie sich davon nicht entmutigen, sondern werten Sie es vielmehr als Ermutigung, als Bestätigung Ihrer eigenen Kreativität und sammeln Sie weiter.

Gehen Sie Ihre Proseminar- und Hauptseminarbeiten noch einmal durch. Erinnern Sie sich, welche Arbeit Ihnen besonders Freude bereitet hat. Vielleicht haben Sie am Schluß der Referate einen Abschnitt „Offene Fragen", der Ihnen jetzt weiterhilft.

Fragen Sie Ihre Kommilitonen. Oft haben sie Ideen oder sind über ein Thema gestolpert, das sie selber nicht bearbeiten werden, aber gerne weiterreichen.

Wenn Sie Ihre Lieblingsepoche entdeckt haben und wissen, in welcher Gattung Sie arbeiten wollen, oder aber einen bestimmten Künstler bzw. Kunstwerk ins Auge gefaßt haben, machen Sie sich an die Sichtung der Literatur. Hier gilt dasselbe wie bei dem Verfassen von Referaten: Ihnen werden meist Antworten präsentiert. Da Sie aber auf der Suche nach Fragen sind, prüfen Sie beim Lesen, welche Arbeit schon geleistet worden ist und welche noch nicht.

Wenn Sie wissen, in welche berufliche Richtung Sie später gehen möchten, können Sie Ihr Thema, bzw. die Art es zu bearbeiten, daraufhin ausrichten. Wenn Sie ein rein kunsttheoretisches Thema wählen, sind Sie für die Denkmalpflege oder das Museum nicht mehr unbedingt attraktiv. Das gilt noch nicht so sehr für die Bachelor- oder Magisterarbeit, wohl aber für die Dissertation.

Auch die Wahl des Betreuers kann später eine Rolle spielen. Die meisten kunsthistorischen Institute sind klein, so daß eine Auswahl an Betreuern nicht gegeben oder nur sehr beschränkt ist. Für die Dissertation sollten Sie sich Ihren Doktorvater oder -mutter sehr sorgfältig auswählen. Gehen Sie zu einem Fachmann, der sich im Umkreis Ihres Themas auskennt. Er kann Sie fachlich besser betreuen als jeder andere. Als Doktorand müssen Sie nicht am selben Ort wie Ihr Doktorvater leben. Eventuell müssen Sie an seiner Uni eingeschrieben sein: daran und an bestimmten Vorschriften der dortigen Studien- oder Promotionsordnung kann das scheitern. Aber auch wenn dieser Spezialist nicht als Ihr offizieller Betreuer fungieren kann, sollten Sie den Kontakt zu ihm bzw. ihnen suchen: Diskussionen, Anregungen, Kritik können Ihre Arbeit nur verbessern.

Außerdem sollten Sie nach Möglichkeit auf Tagungen fahren, die Ihr Thema behandeln, denn dort lernen Sie die anderen Spezialisten kennen und können – am besten mit einem Vortrag – sich selber bekanntmachen. Die persönlichen Kontakte sind für Ihre Einbindung in das Netzwerk der Wissenschaft von großer Bedeutung.

7.4 Prüfungsangst meistern, Prüfungen bestehen

Im folgenden geht es nicht nur um die Angst vor Abschlußprüfungen, sondern auch um die Angst oder Nervosität z. B. vor Referaten. Diese Situationen sind zwar keine echten Prüfungen, werden aber oft als solche erlebt.

Vielen Studierenden geht es vor Referatsterminen und Prüfungen weder seelisch noch körperlich gut. Die Nacht davor schläft man meist schlecht. Wenn diese Angst so extreme Ausmaße annimmt, daß sie Lernen bzw. Arbeiten weitgehend verhindert oder bei dem Referat selbst zum Versagen führt, sollten Sie eine psychologische Beratungsstelle (z. B. die des Studentenwerks) aufsuchen. Ansonsten ist eine gewisse Angst normal. Oft trägt sie auch dazu bei, daß man länger oder konzentrierter als gewohnt arbeitet. In der Prüfung selbst bzw. beim Referat sorgt sie auch dafür, daß man ungewöhnlich „auf Draht" ist (das kompensiert den fehlenden Schlaf in der Nacht zuvor): Manchmal erinnert man sich an Fakten und Zusammenhänge, von denen man gar nicht mehr weiß, wann man sie gelernt hat. Eine Phase konzentrierten Lernens ersetzt sie aber nicht.

Es gibt einige Möglichkeiten, um die Nervosität zu beherrschen. Die beste ist natürlich eine gute **Vorbereitung**. Deshalb noch einmal: Planen Sie Ihre Arbeiten frühzeitig, gewöhnen Sie sich kontinuierliches Arbeiten an. Suchen Sie sich sachliche und moralische Unterstützung in einer Arbeitsgruppe. Die beste Prüfungsvorbereitung ist ein intensives

Studium, möglichst von Anfang an. Natürlich arbeitet man vor dem Referatstermin, der Zwischenprüfung oder anderen Prüfungssituationen verstärkt. Sie wissen aber selbst, wie lange Sie sich am Tag maximal konzentrieren können. Deshalb ist eine längerfristige Planung über Wochen oder gar Monate (z. B. beim Magister) unbedingt notwendig.

Zunächst erscheint das, was zu bewältigen ist, als ziemlich großer Berg. Teilen Sie ihn in der Planung auf, dann ist er nicht mehr ganz so furchterregend. Es ist auch ermutigend, wenn man bei regelmäßiger Arbeit sieht, daß der Berg zum Hügel wird. Wenn Sie sich den Plan neben den Schreibtisch hängen und das Geschaffte durchstreichen, haben Sie auch optisch vor Augen, wieviel Sie schon erreicht haben.

Diese Planung wird zunächst nur sehr grob sein. Erst wenn Sie genauer wissen, worauf Sie sich vorbereiten, können Sie eine detaillierte Planung machen. Sie müssen also so viel wie möglich über die Prüfungen in Erfahrung bringen, über deren Inhalte und Ablauf. Hören Sie sich bei Kommilitonen um, welches Prüfungsverhalten die verschiedenen Professoren haben. Üblicherweise läßt man sich von demjenigen Professor prüfen, bei dem man sein(e) Hauptseminar(e) gemacht hat. Wenn Sie z. B. in den Nebenfächern bzw. Modulen in Nachbarwissenschaften nur ein Hauptseminar nachweisen müssen und auch nicht mehr besuchen wollen, erkundigen Sie sich vor dem Seminar, wie dieser Professor als Prüfer ist und ob er überhaupt in Frage kommt. Mitunter wechseln Dozenten die Universität. Fragen Sie ihn also, ob er in einem Jahr oder wann immer Ihre Prüfung ansteht, zur Verfügung steht. Ihr Seminar sollten Sie aber vor allem nach Interesse auswählen, denn das verspricht immer noch die besten Ergebnisse.

Klären Sie mit Ihrem Prüfer **Themengebiete** ab. Sie können dafür mitunter auf Seminar- bzw. Referatsthemen und auch auf Vorlesungen zurückgreifen. Machen Sie eine Liste der Gebiete, die Sie besonders interessieren und wo Sie schon Vorwissen haben. Achten Sie darauf, daß diese Gebiete nicht zu eng beieinanderliegen. Vielleicht können Sie das Themengebiet eingrenzen und sich auf eine Literaturliste einigen. Als Prüfungsthemen eignen sich solche meist nicht, in denen der Prüfer ausgesprochener Spezialist ist. Häufig ist er dann „betriebsblind" und kann nicht mehr einschätzen, welche Kenntnisse von einem Studierenden zu erwarten sind. Umgekehrt sollten Sie auch kein Gebiet ausmachen, von dem Ihr Prüfer nicht mehr als ein interessierter Laie weiß. Dann kann er genauso wenig Ihren Kenntnisstand einschätzen.

Manchmal hilft es auch, sich die Prüfungssituation immer wieder vorzustellen, und das ganz bewußt in einer guten Weise. Sie sind gelassen, auf die Sache konzentriert, beantworten die Fragen, entwickeln neue Gedanken. Wenn irgend möglich, sehen Sie die Prüfung nicht als Prüfung, sondern als Gespräch über ein Thema, bei dem es nicht in erster Linie darum geht, Ihr Wissen zu benoten, sondern darum, sich über ein Thema auseinanderzusetzen, das beide Seiten interessiert. Es geht in erster Linie um die Sache.

Viele Fragen sind vorhersehbar. Sie können z. B. Ihr Referat Satz für Satz durchgehen und sich bei jedem fragen: „Was für eine Frage kann hier gestellt werden?". Überlegen Sie sich die Antworten und notieren Sie sie.

In der Vorbereitung sollten Sie nicht nur arbeiten. Sie sind nicht nur Prüfungskandidat, sondern haben auch noch ein Leben außerhalb der Prüfung. Legen Sie also regelmäßige **Pausen** ein. Vernachlässigen Sie Ihren Partner nicht zu sehr (er oder sie hat jetzt viel von Ihnen auszuhalten). Pflegen Sie weiterhin Ihre sozialen Kontakte, treffen Sie sich mit Freunden – auch solchen, die nichts mit der Prüfung zu tun haben, denn sonst redet man doch ausschließlich über das anstehende Examen. Achten Sie auch darauf, daß Sie körperlich nicht verkommen und sorgen Sie für ausreichend Bewegung. Sport baut Streß, Frust und Angst ab. Im Zweifelsfall zwingen Sie sich dazu, z. B. zum Schwimmen zu gehen oder in die Bibliothek mit dem Rad zu fahren. Behalten Sie möglichst den wöchentlichen Sportkurs bei, oder die Musikstunden oder was auch sonst Ihr Hobby sein mag. Zwei Stunden Pause und Bewegung fördern die Konzentration mehr, als wenn Sie übermüdet am Schreibtisch sitzenbleiben.

Gegen Prüfungsangst hilft vielleicht auch das sog. Subliminal-Training. Das sind Kassetten und CDs, die in Musik eingebettete Botschaften an das Unterbewußte übermitteln und auf diese Weise Streß, Angst usw. bekämpfen. Probieren Sie aus, ob diese Methode bei Ihnen wirkt. Von Medikamenten sollten Sie allerdings möglichst die Finger lassen. In der Prüfungssituation wirken sie manchmal ganz anders als erhofft, auch wenn Sie sie vorher „getestet" haben.

Bei der Bachelorarbeit ist die Nervosität meist besonders groß. Gewöhnlich ist es das erste Mal, daß man eine größere Arbeit verfaßt. Anschließend sind Klausur und mündliche Prüfungen zu bestehen. Gerade die Vorbereitung auf eine Situation, die man mangels Erfahrung nicht richtig einschätzen kann, wirkt oft verunsichernd. Wieder gilt: Information beruhigt. Sprechen Sie mit Kommilitonen, die es schon hinter sich haben. Gehen Sie in die Vorlesungen der Prüfer, damit Sie deren Arbeitsstil und Schwerpunktthemen kennenlernen. In der Regel hat man bei seinen Prüfern mindestens ein Hauptseminar besucht, so daß er oder sie nicht mehr ganz unbekannt ist.

Die **Prüfungskriterien** sind im Wesentlich gleich. Man erwartet von Ihnen sicheres, geordnetes Wissen. Sie müssen mit den speziellen Arbeitsweisen und dem Vokabular des Fachs vertraut sein, auch Sinn für die Zusammenhänge im Fach zeigen. Sie müssen Probleme erkennen und in Wort und Schrift klar darstellen können und sie systematisch analysieren. Sie müssen eine gewisse Urteilsfähigkeit unter Beweis stellen, was selbständiges Denken voraussetzt.

An einigen Hochschulen sind bestimmte mündliche Prüfungen öffentlich. Hören Sie bei einigen dieser Prüfungen zu. Notieren Sie sich, wo sich der Kandidat geschickt verhält und wo er seine Sache besser machen könnte. Vielleicht erfahren Sie auch seine Note. Das hilft Ihnen, das Prüfungsverhalten einzuordnen. Stil und Anforderungen werden weniger geheimnisvoll; Sie lernen die Art der Fragen kennen und merken, daß sie oft einem bestimmten Muster folgen.

In der Prüfung oder nach Ihrem Referat hören Sie aufmerksam den Fragen zu. Denken Sie nicht an Ihre Nervosität, sondern an die Frage. Notieren Sie sie kurz: das hilft, sich auf die Frage zu konzentrieren und verschafft Ihnen einen Moment Zeit, um nachzudenken. Wenn Sie die Frage nicht sofort beantworten können, sagen Sie das: „Diese Frage kann ich nicht sofort beantworten; ich muß mich an die Antwort heranarbeiten." – und dann tun Sie das. Das ist ein akzeptables Vorgehen. Geprüft wird ja auch, wie Sie sich schlagen, wenn Ihr Wissen nicht ganz sicher ist. Wenn Sie aber nur herumraten, verärgert das Ihre Frager. Wenn Sie eine Frage überhaupt nicht beantworten können, sagen Sie das klar. Man kann nicht alles wissen. Wenn Sie eine Frage nicht verstanden haben, sagen Sie auch das und bitten um eine andere Formulierung. Versuchen Sie nicht, Zeit zu schinden, um weniger sagen zu müssen. Das erweckt den Eindruck, daß Sie schlecht vorbereitet sind.

Prüfungen sind selten ein Frage-Antwort-Spiel. Meist entwickelt sich ein **Gespräch**. Manche Prüfer neigen dabei zu Monologen. Lassen Sie das nicht zu. Fallen Sie ihm ruhig ins Wort, denn es ist Ihre Prüfung, nicht seine. Bewertet wird, was Sie sagen, nicht, was der Prüfer sagt. Wenn Sie nicht wissen, wie man jemanden unterbricht, warten Sie auf eine Atempause – irgendwann muß auch ein Vielredner Luft holen. Sehen Sie ihn an, und wenn es soweit ist, unterbrechen Sie: „Hierzu möchte ich etwas sagen", und dann legen Sie los. Sollte der Prüfer dann tatsächlich noch selber weitersprechen, reden auch Sie weiter. Das ist aggressiv, aber in einer Prüfung angebracht. Wenn Sie Schwierigkeiten haben, weil Sie dieses Verhalten als grob unhöflich empfinden (was es im normalen Leben ist), dann üben Sie vorher mit jemandem.

Reden Sie soviel wie möglich selbst, und das möglichst zur Sache. Wenn Sie z. B. anhand einer Abbildung ein Kunstwerk bestimmen müssen, es aber noch nicht genau einordnen können, sollten Sie sich nicht in Schweigen hüllen und die Abbildung hin- und herschieben. Sprechen Sie stattdessen ungeniert aus, was Ihnen durch den Kopf schießt: „Das erinnert mich an …". Denken Sie einfach laut. Wenn Ihnen im Moment nicht der Fachbegriff einfällt, sagen Sie: „Mir fällt im Augenblick nicht der richtige Begriff ein", und umschreiben ihn. Wenn er Ihnen später durch den Kopf schießt, tragen Sie ihn nach. Mit diesem lautem Denken geben Sie dem Prüfer Hinweise, wo Sie über Wissen verfügen, und er wird Sie durch weitere Fragen an die Lösung heranführen. Zugleich sieht er, wie Sie sich an eine Antwort heranarbeiten, und auch das wird honoriert. Die meisten Prüfer sind hilfsbereit, weil sie selber erleichtert sind, wenn eine Prüfung gut läuft.

Vermeiden Sie Bemerkungen wie „Was wollen Sie von mir hören?" „Habe ich Ihre Frage beantwortet?" Das wirkt unsicher. Schlucken Sie solche Fragen herunter. Wenn Sie Selbstzweifel äußern wollen, tun Sie das nach der Prüfung im Freundeskreis oder wenn die Note feststeht.

Am Anfang werden oft bewußt ganz leichte Fragen gestellt. Der Kandidat hat sich aber auf schwere Fragen eingestellt und reagiert verwirrt: „Das kann doch nicht so einfach sein!" Doch, das ist es – sprechen Sie deshalb aus, was Ihnen durch den Kopf geht.

Wenn die **Note** nicht die erhoffte ist, nehmen viele Kandidaten das persönlich und sind in ihrem Selbstwertgefühl verletzt. Machen Sie sich klar, daß die Note nichts über Sie selbst aussagt. Sie sagt etwas über Ihren Kenntnisstand aus, über Ihre Fähigkeit, mit einer Prüfungssituation umzugehen, ein Referat zu präsentieren – aber nichts über Ihren Wert als Mensch. Sie sind nach wie vor eine integre, ganze Persönlichkeit, die ein Recht auf Achtung und Selbstachtung hat. Sie sind nach wie vor ein netter Mensch mit liebenswürdigen Seiten.

Wenn Sie ganz bewußt Note und Selbstwert voneinander unabhängig sehen, wird Ihnen der nächste Schritt leichterfallen: Sie müssen nämlich analysieren, was schiefgegangen ist. Wenn Sie sich gründlich über Ihren Prüfer ausgeschimpft haben, überlegen Sie in aller Ruhe und Sachlichkeit, was Sie selber vermurkst haben. Machen Sie eine Art Fehlerliste und scheiben Sie gleichzeitig auch auf, wie Sie es in Zukunft besser machen können. Fehleranalyse und Bessermachen: eine bessere Rezeptur gibt es nicht. Mangelnde Vorbereitung kann der Grund sein, heftige Prüfungsangst, aber auch fehlende Motivation.

Mitunter gibt es das Phänomen, daß man Angst vor dem Erfolg hat, vor dem Schritt, der danach kommt wie z. B. Promotion, oder den Schritt in den Beruf, verbunden mit neuer Unsicherheit (Bewerbungen, womöglich Arbeitslosigkeit, Umzug usw). Eine nichtbestandene Prüfung schiebt diesen Schritt noch etwas hinaus. Wenn Sie sich hierüber schon vorher Rechenschaft ablegen, steigt die Chance, die Prüfung mit gutem Ergebnis zu absolvieren bzw. Sie werden sich klar, ob Ihnen ein gutes Ergebnis überhaupt so wichtig ist. Auch das entlastet ungemein.

7.5 Hinweise zum Publizieren

Damit Sie den Doktortitel führen dürfen, muß Ihre Dissertation als Buch veröffentlicht werden, oder aber Sie müssen eine bestimmte Anzahl fotokopierter Exemplare des Manuskripts an die UB geben. Einige Universitäten akzeptieren eine Publikation in Form von Microfiches und als Publikation im Internet, was noch die preiswerteste Lösung ist. Lassen Sie sich dann aber unbedingt von der Deutschen Bibliothek eine URN (das Pendant der ISBN-Nummer) als zuverlässige Referenz für

Ihre Internet-Publikation geben (http://nbn-resolving.de/ResolverDemo. php). (27. 8. 2007) Wenn Sie die Arbeit in einem Verlag publizieren wollen, kann es sehr teuer werden, aber dafür haben Sie größere Chancen, daß Ihr Werk auch wirklich verbreitet und gut wahrgenommen wird.

Es gibt Verlage, die auf Dissertationsdruck spezialisiert sind und fast jede Arbeit annehmen. Andere Verlage pflegen nur bestimmte Gebiete oder bestimmte Gattungen. Anhand von Verlagskatalogen z. B. können Sie sich orientieren und sich darüber klarwerden, wo Sie vielleicht eine Chance haben. Kein Verlag wird Ihr Werk umsonst drucken, und die meisten Verlage zahlen den Autoren von Dissertationen kein Honorar. Die Druckkosten betragen mehrere Tausend Euro; längst nicht in allen Fällen werden Druckkostenzuschüsse von Förderinstitutionen bewilligt.

Wenn Sie Ihre Doktorarbeit einem Verlag anbieten, schicken Sie keinesfalls sofort das gesamte Manuskript. Stattdessen stellen Sie Ihre Arbeit zunächst nur in Form eines **Exposés** vor. Verleger erhalten manchmal an einem Tag mehrere Manuskripte angeboten und können sich für die Entscheidung, ob das Werk für sie von Interesse ist, nicht viel Zeit nehmen. Das Exposé muß darum kurz und übersichtlich, aber trotzdem informativ sein. Es muß deutlich machen, warum es lohnt, Ihre Arbeit zu drucken.

Auf einem Blatt vermerken Sie Ihren Namen, Adresse inkl. Telefonnummer und E-mail, das Thema der Arbeit, Ihre Universität und den Namen des Doktorvaters oder der -mutter, sowie die Note der Arbeit. Dann folgt eine kurze Inhaltsangabe: was sind die neuen Ergebnisse, worin unterscheidet sich Ihre Arbeit von ähnlichen Untersuchungen zum Thema, die bereits auf dem Markt sind. Letzteres ist besonders wichtig. Sie geben auch an, wieviele Standardseiten Ihre Arbeit umfaßt und wieviele Abbildungen (in Schwarzweiß und Farbe) nötig sind. Außerdem sollten Sie das Inhaltsverzeichnis mit den Seitenangaben beifügen.

Damit sich der Verleger bzw. Lektor eine genauere Vorstellung von Ihrem Schreibstil machen kann, legen Sie einige Seiten Ihrer Dissertation bei. Es kann die Zusammenfassung sein, es können aber auch drei bis vier Seiten aus dem Text herausgegriffen werden – es geht hierbei nicht so sehr um den Inhalt, sondern darum, ob Sie sich verständlich und anschaulich ausdrücken.

Außerdem fügen Sie dem Exposé eines der Gutachten zu Ihrer Arbeit bei, in der Regel das Erstgutachten. Ihr Doktorvater oder -mutter bzw. der Korreferent stellt es gewöhnlich zur Verfügung, und es erleichtert die Beurteilung im Verlag. Wenn es lobend ausgefallen ist, erhöht es die Chance, daß das vollständige Manuskript angefordert wird.

Verlage stehen unter hohem Erfolgsdruck, sowohl inhaltlich als auch wirtschaftlich. Wenn Sie mehrere Absagen erhalten, liegt das nicht unbedingt an der Qualität Ihrer Arbeit, sondern u. U. daran, daß das Thema so speziell ist, daß es nicht viele Interessenten finden wird.

8. Hochschulwechsel und praktische Erfahrungen

8.1 Wechsel des Studienortes: Gründe, Vorbereitung, Nutzen

Kunstgeschichte wird an jedem Institut auf eine andere Art und Weise betrieben. Bei der Lektüre von Fachliteratur erkennt man im Laufe der Zeit, daß das Fach von einer Methodenvielfalt lebt (s. Punkt 6.2). Die einzelnen Institute jedoch sind häufig von einer bestimmten „Schule" bzw. Methodik geprägt. Sie bekommen also in der dortigen Lehre immer nur einen bestimmten, mehr oder weniger großen Ausschnitt aus dem gesamten Spektrum der Herangehensweisen vermittelt. Die Kenntnis der methodischen Vielfalt bleibt deshalb meist theoretisch. Wer sie auch praktisch machen will, wechselt die Uni. Auch die neue Uni wird dem Bekannten nur einen neuen Ausschnitt hinzufügen, aber dadurch hoffentlich Ihren Blick auf die Kunstgeschichte verändern und erweitern.

Damit Sie Ihren Blick wirklich erweitern, sollten Sie darauf achten, mit dem Ort auch die „**Schule**" zu wechseln. Wenn Sie sich damit nicht auskennen, fragen Sie ungeniert in der Studienberatung Ihres Instituts oder in den Sprechstunden. Wenn Ihnen die Auskunft unbefriedigend erscheint, gehen Sie in die Sprechstunde eines anderes Dozenten. Werfen Sie auch aufmerksame Blicke in die „Kunstchronik" der letzten Jahre, und zwar in die August/Septemberhefte mit den Hochschulnachrichten (s. Punkt 6.4), damit Sie sehen, wer an welcher Uni lehrt und welche Schwerpunkte dort bevorzugt werden.

Für den Hochschulwechsel gilt im Prinzip dasselbe wie für den Studienbeginn an der Heimatuni: Gehen Sie frühzeitig zur Studienberatung, nehmen Sie Kontakt mit der dortigen Fachschaft auf, und – ganz wichtig – besuchen Sie, wenn irgend möglich, die neue Hochschule noch während des laufenden Semesters. Sie werden sich dabei einen lebendigen Eindruck verschaffen und merken, ob Sie sich hier wohlfühlen. Außerdem können Sie sich gastweise in Vorlesungen setzen und Professoren „ausprobieren".

Adressen der deutschen und ausländischen Kunsthistorischen Institute finden Sie im

> *International Directory of Arts* (Internationales Kunst Adressbuch), 32. Ausgabe, 3 Bde., München 2007. Band I: Museums and Public Galleries (enthält auch Bibliotheken), Universities, Academies, Colleges, Associations. Band II: Galleries, Auctioneers, Restorers, Art Publishers, Art Periodicals, Antiquarian and Art Booksellers. Band III: Indexes.
> auch als CD-ROM: International Directory of Arts & Museums of the World, 16. Ausg. München 2007
> Das Werk steht in den meisten Bibliotheken, mitunter hüten es die Sekretärinnen. Eine Nachfrage bei ihnen kann also lohnen, wenn man in der Bibliothek erfolglos gesucht hat.

Kurzbeschreibungen der Kunsthistorischen Institute in Deutschland, Österreich und der Schweiz finden Sie auch unter www.portalkunstgeschichte.de (s. auch Punkt 3.2). Die Seite der Bundesagentur für Arbeit (BA) http:infobub.arbeitsagentur.de/kurs/index/jsp listet unter dem Suchbegriff „Kunstgeschichte" deutschsprachige Institute auf und bietet auch weiterführende links.

Da die Studienplätze für Kunstgeschichte nicht über die ZVS vergeben werden, bewerben Sie sich direkt bei der Universität Ihrer Wahl (Studienplatz-Tauschbörsen brauchen Sie im Allgemeinen nicht in Anspruch zu nehmen). Erkundigen Sie sich rechtzeitig, ob dort Kunstgeschichte zulassungsbeschränkt ist. Als Nicht-Erstsemester haben Sie im Allgemeinen gute Chancen auf Zulassung.

Wenn Sie sich einschreiben, müssen Sie in jedem Fall Ihr Studienbuch und das Exmatrikel Ihrer alten Universität vorlegen. Die Exmatrikulation sollten Sie aber erst vornehmen, wenn Sie die Zusage der neuen Universität haben.

8.2 Auslandsaufenthalte

Kunstgeschichte ist international – schon allein deshalb, weil die Gegenstände unseres Fachs über ganz Europa, den amerikanischen Kontinent und Australien verstreut sind. Sie werden deshalb viel auf Reisen sein, selbst wenn es nicht gleich bis ans andere Ende der Welt geht. Vermutlich werden Sie irgendwann im Laufe Ihres Studiums überlegen, ob Sie für einige Zeit im Ausland studieren.

Grundsätzlich ist das eine gute Idee. Sie werden merken, daß man Kunstgeschichte auch noch auf eine andere Weise betreiben kann, als das an Ihrer Heimatuniversität geschieht. Sie lernen ein anderes Land kennen, Sie erhalten die Möglichkeit, die Kunstwerke dort intensiv zu studieren, Sie verbessern Ihre Sprachkenntnisse (für ein Studium in Österreich oder der deutschsprachigen Schweiz gilt dies natürlich nur bedingt). Das sind nur einige Gründe, die für einen Auslandsaufenthalt sprechen. Sie werden ganz allgemein Ihren Horizont erweitern und in vieler Hinsicht davon profitieren.

Andererseits ist ein Auslandsaufenthalt mit mehr organisatorischem Aufwand verbunden als ein Wechsel innerhalb der Bundesrepublik. Es lohnt aber, vor allem, wenn Sie sich vorher darüber klarwerden, was Sie von einem Auslandsaufenthalt erwarten können und was nicht.

Wollen Sie nur im Ausland studieren, um Ihre Sprachkenntnisse zu verbessern, sollten Sie sich nach effektiveren Möglichkeiten umsehen. Hier ist meist ein Intensiv-Sprachkurs die bessere Idee, vor allem, wenn Sie in einer Familie untergebracht sind. Auch ein oder zwei au-pair-Aufenthalte in den Semesterferien oder vor Beginn des Studiums, in Verbindung mit einem guten Sprachkurs, erfüllen diesen Zweck.

Wenn Sie vor allem die Kunstwerke des Landes studieren wollen, können Sie das genauso in den Semesterferien auf eigene Faust tun.

Falls Sie ein bestimmtes Thema für Ihre Bachelor- oder Magisterarbeit – oder wahrscheinlicher – für Ihre Dissertation bearbeiten, und das Archivmaterial sichten wollen, Interviews machen und Kunstwerke genau untersuchen müssen: dann lohnt ein Auslandsstudium. Als Student müssen Sie aber nicht unbedingt an einer ausländischen Universität eingeschrieben sein. Wenn solche Sachgründe vorliegen, ist die Wahl des Auslandsortes meist vorgegeben.

Wenn Sie ohne Themenvorgabe ins Ausland wechseln, sollten Sie sich vorher gründlich informieren, wie Kunstgeschichte an der Hochschule Ihrer Wahl bzw. im Land Ihrer Wahl gelehrt wird. In Italien z. B. gibt es keinen regelrechten Studiengang „Kunstgeschichte"; das Fach wird im Rahmen einer allgemeinen Kulturgeschichte gelehrt. In Frankreich wird eher Überblickswissen gelehrt; die intensive Auseinandersetzung mit dem einzelnen Kunstwerk erfolgt mehr in Hausarbeiten als z. B. in Seminaren. In England lernen Sie vorrangig eine antiquarische Kunstgeschichte kennen. Solche Aussagen sind natürlich sehr pauschal; jedes Institut hat auch seinen eigenen Stil.

Vielerorts gibt es einen **organisierten Austausch** mit einer Partner-Universität. Dies kann auf der Basis von Sonderabkommen mit einzelnen Hochschulen sein, es kann auch im Rahmen eines umfassenderen Programms sein (z. B. Socrates, früher Erasmus). Hierbei handelt es sich um ein europäisches Stipendienprogramm:

http://europa.eu.int/comm/education/programmes/programmes_de.html (25. 9. 2007)

Jede Universität hat ein Akademisches **Auslandsamt**. Es sollte eine Ihrer Anlaufstellen sein. Das Auslandsamt der Universität oder die Beauftragte am Institut hat die Abschlußberichte früherer Austauschstudenten, die mit einer Organisation ins Ausland gegangen sind. Das Auslandsamt weiß, wer am jeweiligen Institut für solchen Austausch zuständig ist. Sie können sich auch – für allgemeine Informationen – an die Socrates-Arbeitsstelle des Deutschen Akademischen Austauschdienstes (DAAD) wenden. Bei konkreten Fragen zum Auslandsstudium: Auslandsstudium@daad.de. Bei allgemeinen Fragen: Postmaster@daad.de. Der DAAD stellt im Internet eine Suchmaschine zur Verfügung, die Sie über Studiengänge, Zugangsvoraussetzungen, Abschlüsse und Fördermöglichkeiten informiert. Sie müssen Ihren Status, die Fachrichtung und das Zielland angeben (http://www.daad.de). Zu den weiteren Möglichkeiten, die der DAAD bietet, s. die folgenden Ausführungen.

Weitere Informationen zu Anlaufstellen, Stipendien und Austauschprogrammen finden Sie in den unten angegebenen Büchern von Kollmann/Meisser und Thalacker.

Barthold, Hans M. (Hrsg.): *Studieren in Europa und Übersee: USA, Australien, Asien. Finanzierungsmöglichkeiten, Informationsquellen und Kontaktadressen*, Frankfurt/M. 1998

Seidenspinner, Gundolf: *Studieren mit Stipendien – USA, Kanada, weltweit.* Zentrale Vergabestellen, private und öffentliche Geldgeber, studienbezogene Praktika und Förderungsmöglichkeiten, Landsberg am Lech 1997
Sehr ausführlich und informativ; umfaßt auch Europa, Afrika, Asien und Südamerika.

Sydow, Momme von/Staschen, Heiner/Többe, Sandra: *Handbuch Studium und Praktikum im Ausland.* Austauschprogramme, Stipendien und Sprachkurse, 2. Aufl., umf. akt. und ern., Frankfurt/Main 2004 (zuerst 1999)

Das Auslandsamt hat das Studentenhandbuch der Europäischen Gemeinschaft: *Studienland EU. Kooperationsaktivitäten deutscher Hochschulen*, hrsg. vom DAAD, neueste Aufl. 1997/98 (auch auf CD-ROM). Enthält die Socrates/Erasmus-Programme.
Eine gute Adresse ist der *Deutsche Akademische Austauschdienst*, DAAD, Kennedyallee 50, 53175 Bonn-Bad Godesberg (http://www.daad.de). Auch dort können Sie die genannten Broschüren beziehen. Der DAAD hat Studienführer für die europäischen Länder herausgebracht, außerdem auch für Kanada und USA („Studieren in …"), die dort bezogen werden können. Der DAAD vergibt Stipendien unterschiedlicher Dauer und informiert über Auslandsstipendien für ein regelrechtes Studium. Der Aufenthalt kann ein Trimester (meist zu kurz für den Aufwand eines Wechsels), zwei Trimester, ein Semester, ein ganzes Studienjahr (meist neun Monate) dauern. Die Studienführer und die Informationen sind kostenlos.

Studium, Forschung, Lehre im Ausland. Förderungsmöglichkeiten für Deutsche, hrsg. v. DAAD, neueste Aufl. zum Akademischen Jahr 2007/2008, Königswinter 2006

Wenn Sie in Frankreich studieren oder ein Praktikum machen wollen, sollten Sie unbedingt folgendes Buch lesen (Sie brauchen es nicht gleich zu kaufen; es dürfte in der Unibibliothek vorhanden sein):

Kollmann, Doris/Meisser, Bernadette: *Studieren in Europa. Frankreich*. Das Nachschlagewerk mit Übersetzungshilfe von A–Z, 2., völlig überarbeitete und aktualisierte Aufl., Würzburg/München 1998
Es ist an der Praxis orientiert, sehr übersichtlich und informativ: ein Ariadnefaden durch das Dickicht der französischen Hochschul-Bürokratie. Die beste Orientierungshilfe, wenn man noch nicht genau weiß, wohin man will, und der beste Leitfaden, wenn man sich für Frankreich entschieden hat und die praktischen Probleme angeht (z. B. Übersetzungshilfen für Zeugnisse, Musterbriefe für den Papierkrieg, das Vokabular des gängigen Hochschul-Amtsfranzösisch). Auch für die Vorbereitung von Praktika in Frankreich ist das Buch äußerst hilfreich.

Für Großbritannien und Nordirland ist empfehlenswert:
Thalacker, Kirsten (red.): *Studieren in Europa: Großbritannien und Nordirland*. Das Nachschlagewerk mit Übersetzungshilfe von A–Z, Würzburg 1999

Wenn Sie merken, daß ein Studium im Ausland nicht das ist, was Ihren Vorstellungen entspricht, haben Sie auch noch eine Fülle weiterer Möglichkeiten von anderen sinnvollen Auslandsaufenthalten: Der DAAD (Adresse siehe oben) informiert auch über **andere Möglichkeiten** des Auslandsaufenthalts: Sprachkurse, Studienkurse in den Ferien, die meist zu einem bestimmten Thema abgehalten werden, Forschungsaufenthalte unterschiedlicher Dauer, und Sonderprogramme.

Informationen über Jobs und Praktika für Studierende im Ausland erhalten Sie bei folgender Adresse:

ZAV-Bonn@arbeitsagentur.de

Die beste Beratung, was Details vor Ort und praktische Probleme betrifft, erhalten Sie von Kommilitonen, die einen Auslandsaufenthalt schon hinter sich haben oder gerade auf Heimatbesuch sind. Versuchen Sie, Studierende zu finden, die schon im Ausland waren. Vermutlich hat das Auslandsamt Ihrer Universität **Abschlußberichte** solcher Kommilitonen und gewährt Ihnen Einsicht. Sie können auch einfach in der Tageszeitung inserieren. Unter studis-online.de können Sie eine Anfrage starten bzw. Informationen finden. Vielleicht hilft Ihnen auch die Fachschaft in Ihrem Institut oder der „Allgemeine Studentenausschuß" (AStA) weiter. Letzterer heißt in manchen Bundesländern „Sprecherrat". Finden Sie heraus, ob jemand im Lehrkörper einige Zeit im Ausland studiert hat, und gehen Sie in die Sprechstunde. Sie können auch anregen, daß das Auslandsamt, Fachschaft, Socrates-Beauftragte und Sie selbst ein Treffen solcher „Ehemaligen" organisieren. Je mehr Sie in Erfahrung bringen, desto leichter können Sie eine gute Wahl treffen.

Durch den Aufbau von Uni-Partnerschaften und den organisierten Austausch von Studierenden hat sich leider die Vorstellung verbreitet, man könne ausschließlich mit Hilfe einer solchen Organisation ins Ausland gehen. Das ist falsch. Sie können sich an jeder Universität frei bewerben, ohne eine Organisation im Rücken zu haben. Vielleicht müssen Sie dann etwas mehr Papierkrieg durchstehen, aber Sie können Ihre Universität im Ausland frei wählen. Ob Sie angenommen werden, ist eine andere Sache.

Ihre **Sprachkenntnisse** sollten so sein, daß Sie einer Vorlesung folgen können. Testen Sie sich selbst, indem Sie z. B. im Fernsehen einen fremdsprachigen Film ansehen. Die passiven Sprachkenntnisse sind meist besser als die aktiven. Keiner erwartet von Ihnen, daß Sie das Fachvokabular in einer Fremdsprache schon von Anfang an parat haben, aber Sie sollten sich verständigen können. Sie können nicht sinnvoll studieren, wenn Sie die Sprache kaum beherrschen.

Wenn Sie im Ausland einen Sprachkurs absolvieren wollen, sollten Sie sich beim DAAD informieren. Sie können auch prüfen, ob das Lingua-Programm der Europäischen Gemeinschaft für Sie in Frage kommt. Auskunft erteilt das Akademische Auslandsamt der Universität bzw. der/die Beauftragte am Institut oder der Universität. Das Bundesministerium für Bildung und Wissenschaft verschickt ebenfalls Informationen über Programme und Förderungsmöglichkeiten von Studierendenaustausch.

Referat Öffentlichkeitsarbeit des
Bundesministeriums für Bildung und Forschung
Postfach 300235
53182 Bonn
Fax: 01805-262303
E-mail: books@bmbf.bund.de
http://www.bmbf.de (25.7.2007)

Sie sollten in der Regel das Grundstudium bzw. das Bachelor-Studium abgeschlossen haben, bevor Sie ins Ausland gehen. Sie kennen sich dann schon im Fach etwas aus, haben Grundlagen erworben, eine gewisse Routine im Referate-Verfassen, sind mit wichtigen Hilfsmitteln und Methoden vertraut, und Sie kennen Ihre eigenen Interessen und Neigungen. Damit können Sie das Angebot einer Universität effektiver nutzen und in den Veranstaltungen Ihrer Gastuniversität mehr beitragen.

Versichern Sie sich auch unbedingt vor Abreise, ob und unter welchen Bedingungen die **Scheine**, die Sie im Ausland erwerben, in Deutschland bzw. von dem Institut, an dem Sie nach Ihrer Rückkehr das Studium fortsetzen wollen, anerkannt werden. Wenn Sie eine schriftliche Anfrage machen, wird man Ihnen in der Regel auch schriftlich antworten. Das ist verläßlicher als eine mündliche Zusage.

Auslandserfahrung wird generell geschätzt. Diese Wertschätzung fällt umso höher aus, je später der Auslandsaufenthalt erfolgt. Das ist nicht unbedingt logisch begründbar, aber Tatsache. Sie sollten sich – allerdings nicht allein aus diesem Grund – auch überlegen, ob Sie sich nach Abschluß Ihrer Dissertation um ein sog. Postdoc-Stipendium bewerben.

Eine sehr gute Hilfe bei vielen Fragen bietet College-Contact.com, die ca. 100 Universitäten aus 23 Ländern (Stand: 2007) vertreten: Was ist im Ausland eigentlich anders, an welcher Hochschule wird was geboten, wie kann man sich bewerben, welches Visum braucht man evtl. Hier werden Studienplätze vermittelt, und man kann sich kostenlos per Mail, Telefon und vor Ort beraten lassen. Ein Internet-Portal bietet Studienführer und Tips jeder Art. Hochschulprofile können mit Bildern und Videos abgefragt werden, ebenso wie Erfahrungsberichte früherer Studierender. Noch ein Hinweis: Es finden sich dort auch Ranglisten der

Universitäten. Die sind generell mit Vorsicht zu genießen, weil oft die Geisteswissenschaften gemeinsam bewertet wurden, und weil die Kriterien der Rangfolge nicht unbedingt diejenigen sind, nach denen man selber seine Hochschule auswählt.

Wenn Sie ins Ausland gehen, müssen Sie sich gut vorbereiten.
- Machen Sie eine Liste, was Sie von dem Auslandsaufenthalt erhoffen.
- Klären Sie ab, ob diese Erwartungen realistisch sind.
- Klären Sie, an welcher Hochschule und in welchem Land Sie persönlich am meisten profitieren.
- Informieren Sie sich frühzeitig über Zulassungsregelungen, Bewerbungsfristen, notwendige Unterlagen.
- Informieren Sie sich über Finanzierungsmöglichkeiten und die Höhe der evtl. anfallenden Studiengebühren.

BAföG: BAföG-Amt. http://www.bafoeg.bmbf.de (25.9.2007)
Auslandsstipendien der Heimatuniversität: Auslandsamt der Universität. Stipendien des DAAD:
DAAD, Kennedyallee 50, 53175 Bonn-Bad Godesberg. (E-mail s. oben)

Die Broschüre „Auslandsstipendien" des DAAD ist kostenlos und informiert auch über Auslandsstipendien anderer Organisationen. Stipendien der Gastuniversität bzw. des Gastlandes: Gastuniversität und Auslandsamt Ihrer Heimatuniversität. (S. auch Stipendienführer unter Punkt 9).

- Klären Sie Ihren Krankenversicherungsschutz.
- Lassen Sie es sich von dem Institut, an dem Sie voraussichtlich in Deutschland weiterstudieren werden, schriftlich geben, welche Auslandsscheine anerkannt werden.
- Regeln Sie an Ihrer Heimatuniversität, ob die Zeit im Ausland auf die Regelstudienzeit angerechnet wird; kümmern Sie sich rechtzeitig um eine Beurlaubung.
- Polieren Sie Ihre Sprachkenntnisse auf.

- Wenn möglich, besichtigen Sie die Gastuniversität schon vor
  Ihrem dortigen Aufenthalt.
- Wenn Sie nach der Rückkehr aus dem Ausland an einer anderen
  deutschen Universität als bisher Ihr Studium fortsetzen wollen,
  kümmern Sie sich ebenfalls frühzeitig um die entsprechenden
  Formalitäten.

Wenn Sie ca. ein Jahr vor dem Antritt des Auslandsaufenthalts mit all
diesen Vorbereitungen beginnen, ist es nicht zu früh.

8.3 Praktika

Praktika für Kunsthistoriker müssen sich die Studierenden in den allermeisten Fällen selbst besorgen. Auf Unterstützung der Hochschule können Sie hierbei nicht prinzipiell zählen ; allerdings haben einige B.A.-
Studienordnungen ein Praktikum verbindlich vorgeschrieben. Vielleicht
wird Ihnen ein Assistent oder Professor helfen, aber die Initiative muß
von Ihnen selbst ausgehen. Zwar haben einige politische Hochschul-
gruppen und einige Hochschulen Praktikantenämter, aber das heißt
nicht unbedingt, daß sie auch Praktika für Kunsthistoriker haben. Ein
Versuch kann trotzdem lohnen.

Sie können Praktika z. B. in den Landesämtern für Denkmalpflege,
in Museen, in Verlagen, in Galerien, in Restaurierungswerkstätten, in
Auktionshäusern ableisten. Die meisten Praktika sind unbezahlt. Sie
arbeiten zwar, aber Sie sind auch eine Belastung: man muß Ihnen Dinge
erklären (das kostet Arbeitszeit), Ihnen einen Schreibtisch zur Verfügung stellen, sich auf immer neue Praktikanten einstellen. Viele Unternehmen und Institutionen werden von Anfragen praktikumswilliger
Studierender überschwemmt. Wenn Sie an ein kleines Museum gehen,
haben Sie u. U. bessere Chancen. Denken Sie bei Ihrem Praktikum daran, daß Sie etwas wollen und daß Sie nur Gast sind.

Die jeweiligen Adressen finden Sie im International Directory of Arts
(s. Punkt 8.1). Kleine Museen sind dort aber nicht unbedingt verzeichnet. Zur Finanzierung von Auslandspraktika siehe auch den Stipendienführer von Seidenspinner (s. Punkt 8.2).

Praktika im Ausland erfordern meist einen gehörigen Mehraufwand an Bürokratie, lohnen aber auch. Lesen Sie das entsprechende Kapitel 5 im Buch von Kollmann/Meisser (s. Punkt 8.2); es ist nicht nur speziell für Frankreich interessant. Sie finden dort auch Kontaktadressen für Praktika andernorts, sowie französische Musterbriefe für Bewerbungen, wertvolle praktische Tips und eine Zusammenstellung des entsprechenden Vokabulars.

Für Praktika innerhalb der EU sollten Sie sich über LEONARDO bzw. Sokrates, das Berufsbildungsprogramm der EU, informieren. Anlaufstellen sind hier wieder die Auslandsämter der Uni, oder das LEONARDO-Büro selbst:

http://eu.daad.de/sokrates/programm-information/05359.html
(25.9.2007)

8.4 Ältere Studierende/ Das sog. Seniorenstudium

Immer mehr Studierende nehmen das Studium der Kunstgeschichte nicht nach der Schule auf, sondern erst nach einer Berufsausbildung, einigen Jahren Berufspraxis, Familienleben, oder gar erst nach Eintritt in den Ruhestand. In manchen Seminaren stellt diese Gruppe rund ein Drittel der Studierenden, in manchen Vorlesungen sogar die Hälfte. Wenn Sie sich also erst in vorgerückten Jahren zum Studium entschließen, werden Sie damit keineswegs alleine sein. Viele dieser Spätberufenen kommen aus technischen und naturwissenschaftlichen Berufen und wollen sich mit dem Kunstgeschichtsstudium einen alten Traum erfüllen oder suchen ein Gegengewicht zu ihrem bisherigen Berufsleben. Einige sind als Gasthörer eingeschrieben, einige als reguläre Studierende.

Die Einstellung des Lehrkörpers dazu ist nicht einheitlich. Einige schätzen die sog. „Senioren", weil sie mit ihrer Lebenserfahrung einen ganz anderen Zugang zu den Werken haben als die Jüngeren. Oft verfügen sie auch über Kenntnisse z. B. der Liturgie, der Bibel, der antiken Mythologie, der Geschichte, die den jüngeren Studierenden abgehen. Das hebt das Niveau und zieht die Jüngeren mit. Außerdem sind die Älteren meist wesentlich motivierter als die Jüngeren, und manchmal stecken sie diese mit ihrer Begeisterung an: das ist das Schönste, was passieren kann.

Oft werden die Älteren mit dem Argument konfrontiert, daß sie Studienplätze blockieren. Wenn aber das Studium an der betreffenden Universität nicht beschränkt ist, entfällt dieses Argument. An vielen Instituten brauchen die Senioren auch die schriftliche Einwilligung des Seminarleiters, um an dessen Veranstaltung teilnehmen zu dürfen. Also müssen Sie als älterer Student nicht befürchten, Sie würden Seminare überfüllen und die Studiensituation verschlimmern. Die Teilnahme an Vorlesungen ist ohnehin nicht beschränkt.

Ein Problem, das allerdings recht häufig auftritt, ist, daß die älteren Studierenden schon sehr früh vor Vorlesungsbeginn im Saal sind und die besten Plätze besetzen. Wegen des mitunter nachlassenden Augenlichts und Hörvermögens ist das verständlich. Die anderen Studierenden können oft erst kurz vor Beginn der Vorlesung eintreffen und müssen sich mit Plätzen zufriedengeben, bei denen die Sicht auf die projizierten Werke verzerrt ist. Gelegentlich kommt es zu aggressiven Unmutsäußerungen beiderseits. Deshalb die Bitte an alle: bewahren Sie Gelassenheit und zeigen Sie Verständnis für die andere Seite. Vielleicht läßt sich eine Lösung finden, z. B., daß Gasthörer zwar vorne sitzen, aber eher die seitlichen Plätze belegen.

Wer regulär studiert, unterwirft sich den Ansprüchen der Universität. Sie ist keine Volkshochschule. Wenn Sie nur gehobene Unterhaltung im Sinne geistiger Anregung suchen, sollten Sie sich als Gasthörer einschreiben und sich auf den Vorlesungsbesuch beschränken. Die Seminare mit dem Anspruch, Wissenschaftler auszubilden, sind dann nichts für Sie. Anders verhält es sich, wenn Sie bereit sind, wissenschaftliches Arbeiten zu erlernen bzw. ihre wissenschaftlichen Fähigkeiten jetzt in den Dienst der Kunstgeschichte zu stellen. Das ist an kein Alter gebunden, und der Erwerb von Wissen und Bildung ist kein Privileg einer bestimmten Altersklasse.

9. Die Finanzierung

Regelrechte Stipendienführer sind:

Seidenspinner, Gundolf/Seidenspinner, Gerlinde: *Durch Stipendien studieren. Stipendien, Förderungsmöglichkeiten, Studiendarlehen, Auslandspraktika* (Schriften der Deutschen Studenschaft), 22. überarb. u. aktualisierte Aufl., Neuausgabe, München/Landsberg am Lech 2002
Dieser Führer wird ständig auf den neuesten Stand gebracht; er ist äußerst informativ und übersichtlich. Er enthält Hinweise auf Stipendien vom ersten Semester bis zu Postdoktoranden und Förderung von Projekten.

Förderungsmöglichkeiten für Studierende, hrsg. v. Deutschen Studentenwerk e.V., 13. Aufl., Bad Honnef, 2003
Deutsches Studentenwerk (DSW)
Monbijouplatz 11
10178 Berlin
Fax: 030/29 77 27 99
E-mail: dsw@studentenwerk.de
http://www.studentenwerk.de (9.5.2003)

Hülshoff, Friedhelm/Kaldewey, Rüdiger: *Mit Erfolg studieren. Studienorganisation und Arbeitstechniken.* 3., neu bearbeitete Aufl., München 1993 (zuerst 1979)
Enthält einen informativen Abschnitt zu den Studienkosten und ein Kapitel zu „Förderung, Stipendien und Soziales".

In jedem Fall lohnt es, zu prüfen, ob man Unterstützung nach dem Bundesausbildungsförderungsgesetz (BAföG) erhalten kann. Auskünfte hierzu erteilen die BAföG-Ämter, die auch Merkblätter bereit halten, und die Zentrale Studienberatung der jeweiligen Universität. Fürchten Sie sich nicht davor, am Ende des Studiums womöglich mit einem Schuldenberg dazusitzen – es gibt zahlreiche Bestimmungen, wie dieser Berg zu verkleinern ist.

Sie können sich auch mit Hilfe anderer Stipendien finanzieren. Die Kultusministerien der Länder verschicken auf Anfrage Informationen über staatliche Förderung. Auch die Wirtschaft, Verbände, die Kirchen, Stiftungen usw. fördern Studierende. Am besten informieren Sie sich anhand der genannten Bücher bzw. Broschüren über die unterschiedlichen Förderbedingungen. Sie sind längst nicht alle am Einkommen der Studierenden oder ihrer Eltern orientiert, sondern vor allem an der Begabung und persönlichen Voraussetzungen. Auch die Universitäten haben z. T. „hauseigene" Stipendien, die Sie am besten bei der Zentralen Studienberatung erfragen.

Das Bundesministerium für Bildung und Forschung verschickt ebenfalls Informationen über Begabtenförderungswerke.

Referat Öffentlichkeitsarbeit des
Bundesministeriums für Bildung und Forschung
53170 Bonn · Fax: 0 18 88 57-8 36 01
E-mail: bmbf@bmbf.bund.de
http://www.bmbf.de/294.php (25. 9. 2007)

Die meisten Studierenden sind darauf angewiesen, sich durch Jobben ihr Studium zumindest teilweise zu finanzieren, einige müssen sich vollständig selbst finanzieren. Das kostet Zeit. Selbst wenn Sie nur während der Semesterferien Geld verdienen, geht Ihnen diese Zeit für das Studium verloren. Wenn Sie jobben, können Sie in dieser Zeit nicht lesen. Aber es ist keine verlorene Zeit, denn Sie sammeln durch das Jobben Erfahrungen, die Sie im Studium nicht erwerben können. Sie lernen vielleicht Tätigkeiten kennen, für die Sie nach Ihrem Studium keine Zeit mehr haben werden. Sie entdecken vielleicht Begabungen und Neigungen an sich, die Sie bereichern, und die Sie sonst nicht entdeckt hätten. Zudem macht es großen Spaß und ist für das Selbstbewußtsein gut, wenn man sich auf verschiedenen Gebieten bewährt. Außerdem stellen

Sie damit Ihre Vielseitigkeit, Ihre Flexibilität unter Beweis. Ihr Job muß deshalb nicht unbedingt mit Ihrem Studium oder Ihrer angestrebten Berufstätigkeit zu tun haben. Manchmal kann man überhaupt nicht auswählen, sondern ist froh über jede Arbeit, die man bekommen kann, und sei sie auch nur tageweise. Die Universitäten haben Jobbörsen (Studenten-Schnelldienst), die nur den Studierenden offenstehen. Die Jobs werden in der Regel morgens vergeben. Oft entwickelt sich aus einem solchen Tagesjob eine längere Arbeit.

An einigen Hochschulen unterhält die Bundesagentur für Arbeit (BA) Büros, die Studierenden Jobs vermitteln. Viele Unternehmen suchen sehr kurzfristig nach Aushilfen – manchmal von heute auf morgen. Sie können auch über Internetportale suchen, wie z. B.

> studentenjobs24.de
> jobber.de
> jacktiger.com
> studis-online.de
> gelegenheitsjobs.de

Wenn Sie längerfristige Jobs und Praktika innerhalb der Kunstgeschichte suchen, finden Sie bei www.kunstgeschichteportal.de unter „Beruf und Karriere" Stellen- und Praktikumsangebote. Sie können dort auch Ihre eigene Suchannonce ins Netz stellen.

Sie sollten sich auch unbedingt darüber informieren, unter welchen Umständen Ihre Arbeit sozialversicherungsfrei ist oder nicht, ob sie steuerpflichtig ist oder nicht. Das bayerische Finanzministerium z. B. stellt die Broschüre „Aushilfsarbeit von Schülern und Studenten" auf seiner Homepage zum kostenlosen Download zur Verfügung:

> http://www.stmf.bayern.de/internet/stmf/service/informationsbroschueren/08152/index.htm (25.9.2007)

10. Praktische Hilfen für Lehrende

Vielleicht überrascht es, in einem „Leitfaden" für Studierende auch Hinweise für Lehrende zu finden. Der Grund dafür liegt darin, daß die Seminare und Propädeutika, in denen Grundlagenwissen vermittelt wird, fast durchweg vom sog. Mittelbau abgehalten werden. Wer als Assistent oder Assistentin beginnt zu lehren, hat in den allermeisten Fällen keine didaktische Ausbildung. Die Universität läßt die Lehrenden in dieser Hinsicht allein; es gibt noch kaum universitäre Fortbildungsmöglichkeiten für Lehranfänger. Mitunter stehen ältere Kollegen und Kolleginnen mit Rat und Tat zur Seite, aber in den Lehrveranstaltungen selbst ist man auf sich gestellt. Das folgende Kapitel bietet deshalb Anregungen, worauf man achten sollte und wie man Stolpersteine vermeiden kann.

10.1 Die erste Sitzung
(s. auch das Kapitel: „Akademische Verhaltensregeln")

Zu einer guten Arbeitsatmosphäre gehört, daß die Studierenden Ihnen vertrauen können. Wenn Sie wissen, wen sie vor sich haben und was sie im Lauf des Semesters erwartet, wird die Situation, die zu Semesterbeginn manchmal etwas angespannt ist, etwas entspannter. Die folgenden Ausführungen geben Ihnen einige Hinweise, wie man eine gute Arbeitsatmosphäre herstellen kann.

Denken Sie daran, daß viele Studierende erst auf die letzte Minute kommen können. Sie haben vorher andere Veranstaltungen, kommen vielleicht vom Jobben, haben ihr Kind irgendwo untergebracht, oder sie kommen aus dem Bett, aus einem Verkehrsstau, vom Einkaufen oder vielleicht auch aus der Bibliothek. Die ersten Minuten vom Seminar sollten Sie ihnen und sich selbst Zeit geben, um sich zu sammeln und auf das Seminar einzustellen. Das gilt auch für die weiteren Sitzungen.

Die erste Sitzung ist meist von Nervosität unterschiedlicher Intensität geprägt, und zwar auf Seiten der Studierenden und auf Seiten der Lehrenden. Auch wenn Sie schon vor Semesterbeginn einen Aushang gemacht haben, auf dem die Referatsthemen und die Kriterien für einen Scheinerwerb deutlich formuliert sind, fühlen sich viele Studierende unsicher, was von ihnen erwartet wird bzw. ob das Seminar ihren Erwartungen gerecht werden kann. Auf Seiten der Lehrenden ist die Frage, wie sich das Seminar zusammensetzt, wie dessen „Chemie" ist – sie läßt sich nie vorhersagen. Umgekehrt sind auch Sie vielen Studierenden vielleicht noch eine „unbekannte Größe".

Deshalb ist es in der ersten Sitzung angemessen, daß Sie sich selbst vorstellen und noch einmal klar formulieren, was Sie von den Studierenden erwarten. Die Betonung liegt dabei auf „klar".

Das gegenseitige Kennenlernen

In der ersten Sitzung können Sie, um sich vorzustellen, kurz Ihren Namen an die Tafel schreiben und ein paar Worte zu Ihrer Person sagen, um dann zum Kennenlernen Ihrer Studierenden überzuleiten.

Sie sollten sich eine Vorstellung davon verschaffen, wie das Seminar zusammengesetzt ist, d. h. welches allgemeine Vorwissen Sie voraussetzen können. Fragen Sie, wer Erst- und Zweitsemester oder Gasthörer ist. Fragen Sie nach Haupt- und Nebenfächlern; fragen Sie die Nebenfächler nach ihrem Hauptfach. Das ist manchmal etwas steif und künstlich, aber es hilft trotzdem, den gegenseitigen Kontakt und eine etwas freiere Atmosphäre für die weitere Kommunikation aufzubauen.

Es ist auch von großer Bedeutung, sich die Namen der Studierenden einzuprägen. In einem Massenseminar ist das schwer möglich, aber zumindest die Namen der Referenten und Referentinnen sollten Sie sich merken. Falls Sie erst in dieser Sitzung die Referatsthemen vergeben, ist das eine gute Gelegenheit zum Namenlernen. Wenn Sie den Namen eines Referenten notieren, sehen Sie ihn bewußt an. Nehmen Sie sich einen Moment Zeit, um sein Gesicht wahrzunehmen. Sprechen Sie dabei den Namen aus („Frau Müller, Sie übernehmen also das dritte Thema".) Sie können sich bei der Referatsvergabe auch gleichzeitig einen ungefähren Sitzplan skizzieren, auf dem Namen und Themen vermerkt sind, und sich als Gedächtnisstütze auch ein besonderes Merkmal der Referenten notieren. Die meisten Studierenden setzen sich gewöhnlich auf dieselben Plätze. Wenn alle Themen vergeben sind, machen Sie noch einmal einen Durchgang: Nennen Sie Thema und Namen der Referenten und versuchen Sie, sie dabei anzusehen. Das hilft, Mißverständnisse zu vermeiden, und Sie üben noch einmal die Namen. Am Schluß der Sitzung sollten Sie ankündigen, daß Sie gerne die Namen zumindest der Referenten lernen und deshalb noch einmal einen Versuch wagen möchten. Namensschildchen, die jeder vor sich aufstellt, sind zwar mancherorts verpönt, aber trotzdem hilfreich.

Die Vorstellung des Seminarthemas

Anschließend gehen Sie zum eigentlichen Seminarthema über. Während Sie Ihr Semesterprogramm präsentieren, auch wenn es schon vielleicht im Blackboard eingestellt oder im Institut ausgehängt ist, erläutern Sie es gleichzeitig. Erklären Sie die Vorstellungen, die Sie vom Seminar haben, welche Ziele Sie verfolgen, lassen Sie Ihr eigenes Interesse am Seminarthema deutlich werden. Machen Sie klar, daß dies nur vorläufige Ziele sind und daß sich während der Arbeit im Semester neue Aspekte ergeben können. Nehmen Sie dabei Bezug auf die Fragestellungen und Seminarziele.

Während des Semesters sollten Sie auch hin und wieder die anfänglich formulierten Ziele durchchecken, um den roten Faden zu behalten und als eine Art Erfolgskontrolle. Kündigen Sie auch dies an, und tun Sie es während des Semesters tatsächlich.

Wer Seminare abhält, weiß, wie schwierig es sein kann, die Studierenden zu aktiver Mitarbeit zu bewegen – nicht nur, daß sie ihr Referat pünktlich halten bzw. abliefern, sondern daß sie sich auch im Seminar selbst an der Diskussion beteiligen. Ein Grund für mangelnde Beteiligung kann die Größe des Seminars sein. Zuviele Teilnehmer wirken einschüchternd, vor allem, wenn sich die meisten untereinander nicht kennen. Hier und im folgenden Abschnitt werden einige Vorgehensweisen beschrieben, die Abhilfe schaffen.

In einer der ersten Sitzungen bilden die Studierenden Paare, wobei die beiden Personen als A und B bezeichnet werden. Der Dozent gibt das Thema vor, z. B. soll das jeweilige Referatsthema, oder die Erwartungen an das Seminar Gegenstand des Gesprächs sein. Zuerst spricht Person A drei bis fünf Minuten lang über das Thema, ohne daß B unterbricht. Person B hört genau zu. Danach hat B dieselbe Redezeit, während A zuhört. Danach – d. h. nach ca. zehn Minuten – ist der Dialog zu Ende und alle Paare bilden wieder das normale Seminar. In diesem großen Kreis stellt sich nun nacheinander jeder selbst kurz vor, danach seinen Gesprächspartner, und paraphrasiert, was er von diesem erfahren hat. Es ist zugleich eine sehr gute Übung im Reden und im Zuhören.

Fragen Sie nach den Vorstellungen der Seminarteilnehmer (s. auch Punkt 10.2: „Wie bringt man Studierende zur Mitarbeit/Die Arbeit in Kleingruppen"). Es liegt auf der Hand, daß für die meisten Studierenden die Studienordnung, die den Erwerb bestimmter Scheine vorschreibt, die größte Motivation zum Seminarbesuch ist. Andere Motivationen sind oft die Uhrzeit und der Tag, an dem das Seminar stattfindet. Mitunter besteht auch kein Interesse am Thema, sondern am Dozenten. Viele Studierende besuchen ein Seminar nicht, weil das Thema sie interessiert, sondern weil Sie einen Prüfer brauchen und Sie vielleicht einen Ruf als besonders „fairer" Prüfer haben, oder weil man angeblich bei Ihnen einen Schein relativ leicht erwerben kann.

Die Leistungskriterien

Anschließend erläutern Sie die Kriterien zur Scheinvergabe. Machen Sie ganz deutlich, nach welchen Kriterien Sie mündliche und schriftliche Beiträge bewerten. Stellen Sie klar, wie Sie die Kriterien z. B. der Referatsbeurteilung gewichten, welchen Stellenwert die mündliche Mitarbeit einnimmt, und begründen Sie die Gewichtung. Die Studierenden müssen wissen, woran sie sind, und wenn Sie gerade vorher die Ziele und Fragestellungen umrissen haben, sind auch die Bewertungsmaßstäbe einsichtig.

In der Folge sind auch Sie auf diese Kriterien verpflichtet und müssen sich daran halten. Sollten Nachträge notwendig sein, dann machen

Sie diese seminaröffentlich und kennzeichnen Sie sie unmißverständlich als verbindliche Leistungskriterien. Notieren Sie sich die Kriterien, damit auch Sie selbst Klarheit haben. Falls Sie Ausnahmen mit einzelnen Studierenden abmachen, vermerken Sie auch diese, mitsamt der Begründung der Ausnahme. Halten Sie sich an das, was Sie gesagt haben. Wenn Sie davon abweichen, begründen Sie es vor dem Seminar, damit nicht der Eindruck entsteht, Sie würden mit zweierlei Maß messen. Braten Sie keine Extrawürste, oder nur dann, wenn es dafür zwingende Gründe gibt.

Jetzt ist auch die beste Gelegenheit, um klarzustellen, welche Arten von **Entschuldigungen** für versäumte Sitzungen, zu spät oder gar nicht abgegebene Arbeiten usw. Sie nicht akzeptieren (s. auch Punkt 10.3: „Akademische Verhaltensregeln").

Wenn Sie die Leistungskriterien einleuchtend und im Zusammenhang mit den Inhalten des Seminars begründen, werden die Studierenden Ihr Bemühen um Fairness honorieren. Diese Objektivität ist für eine gute Arbeitsatmosphäre im Seminar entscheidend. Wenn die Studierenden wissen, worauf es ankommt und Sie sich an diese Kriterien halten, wird im Seminar weniger Nervosität und Angst aufkommen. Vermutlich wird auch das Schachern um eine bessere Note, das sich in den letzten Jahren verbreitet hat, zurückgehen („Ich brauche aber die ‚zwei' für eine Bewerbung um ein Stipendium" ist ein beliebtes Druckmittel, das mit Wissenschaft und objektiver Leistungsbewertung nichts zu tun hat).

Es ist klar, daß man als Seminarleiter bei der Bewertung der Leistungen leicht in ein Dilemma gerät. Einerseits sollen die Studierenden soviel Verantwortung wie möglich für das Gelingen des Seminars übernehmen. Andererseits können sie nicht selbst über die Kriterien zur Scheinvergabe entscheiden, da viel durch Prüfungs- und Studienordnungen vorgegeben ist. Das kann dem Bestreben zuwiderlaufen, daß sich die Studierenden aus eigenem Interesse heraus für eine Sache engagieren: es kann sie soweit lähmen, daß sie ein routiniert-desinteressiertes Referat abliefern, das zwar den formalen Kriterien genügt, aber jegliches Engagement für das Thema selbst vermissen läßt. Ein solches Referat kann für die Arbeitsatmosphäre im Seminar verheerend sein.

Dann erst, wenn die Leistungskriterien bekannt sind, verteilen Sie die Referate bzw. die Aufgaben, für die es einen Schein gibt.

Kommentare zur Literatur

Vielleicht haben Sie Grundlagenliteratur angegeben, die Sie in der ersten Sitzung kommentieren. Wenn die Studierenden aus der ersten Sitzung mit einem gewissen Elan heraus- und an die Arbeit herangehen, werden sie mit einiger Wahrscheinlichkeit entweder mit ihren Referaten beginnen bzw. zur Grundlagenliteratur greifen.

In vielen Fällen deckt diese Literatur nicht genau die Thematik ab, die Sie im Seminar behandeln wollen bzw. die die Studierenden anvisieren. Immer wieder kommt aus dem Seminar oder von der Hörerschaft der Vorlesung die Frage, welches das Buch ist, „in dem alles drinsteht". Die Frage ist ein guter Anlaß, zu erklären, warum es dieses Buch nicht gibt. Sinn des Studiums ist vor allem, eigenständig zu denken, die vorhandene Literatur kritisch zu nutzen, selber Fragestellungen und Lösungen zu entwickeln. Ein Buch, das nur zum schlichten Konsum gelesen wird und das das selbständige Denken ersetzen soll – darauf zielt diese Frage meistens ab –, ist unsinnig.

Erklären Sie im Seminar, daß die Literaturangaben weder vollständig sind, noch genau den erarbeiteten Fragestellungen und formulierten Zielen entsprechen. Dabei kann noch einmal klar werden, daß das Seminar die Studierenden auch zum Wagnis des eigenen Denkens anregen will, es von ihnen sogar fordert.

Vermeiden Sie Unmutsäußerungen gegenüber Autoren. Manchmal hat man sich über ein Buch geärgert, und es ist eine Erleichterung, diesen Ärger auszudrücken. Sie sollten es aber nicht vor Studierenden in einer Weise tun, die diese auch auf sich beziehen könnten („wenn der mit meinem Referat genauso umgeht …"). Auch sind solche Tiraden oft zu generell, als daß sie noch besonders treffend wären.

Wenn in der Grundlagenliteratur zum selben Thema unterschiedliche Ansätze und Standpunkte vertreten werden, können die Studierenden daraus lernen: sie können darauf achten, wie die jeweilige Methode begründet wird, wie schlüssig die jeweilige Argumentation ist, und sich aufgrund dieser Kriterien selbst ein Urteil bilden.

Vielleicht reservieren Sie einen Teil einer Seminarsitzung für die Diskussion dieser Aspekte der Grundlagenliteratur, nachdem einige Studierende (alle werden es vermutlich nicht tun), sich mit der Literatur auseinandergesetzt haben. Eine solche Sitzung bzw. Teil einer Sitzung sollte im Seminarplan deutlich gekennzeichnet sein.

Es ist klar, daß Sie nicht Doktor Allwissend sind. Sagen Sie das aber nicht in der ersten Sitzung. Eine Entschuldigung im Vorherein für etwaige Mängel wirkt nur unsicher und verunsichert dann auch die Studierenden. Sie sind sozusagen das Leittier, dem die anderen vertrauen, aber dieses Vertrauen muß erst aufgebaut werden. Sobald es da ist, können Sie ruhig Lücken oder Unsicherheiten zugeben.

Spätestens jetzt merken die Studierenden, daß Sie sich für das Seminar engagieren, in die Vorbereitung Mühe und Sorgfalt investiert haben, und daß Sie Freude an der Arbeit haben. Sie brauchen das nicht explizit zu sagen; die Studierenden spüren es, und es wirkt ansteckend.

Wenn Sie auch noch die Beiträge, die Fragen und die Probleme Ihrer Studierenden ernst nehmen – nicht nur aus didaktischen Gründen, sondern weil Sie die Studierenden mögen und sie Ihnen am Herzen liegen – dann sind gute Grundlagen für eine Arbeit geschaffen, von der beide Seiten profitieren. Sollten auch die wichtigen Bücher in der Bibliothek vorhanden sein und wurde womöglich schon in den Ferien ein Semesterapparat eingerichtet, sind die Voraussetzungen für ein gutes Semester Ihrerseits erfüllt.

10.2 Die Arbeit im Seminar

Der Seminarordner

Es ist sinnvoll, einen Seminarordner anzulegen, in dem eine Kopie der Teilnehmerliste liegt. Diese Liste enthält die Namen, Adressen und die Telefonnummern, sowie das jeweilige Thema. Die Studierenden können sich so untereinander leichter in Verbindung setzen. Das ist z. B. nützlich, wenn mehrere Studierende dieselben Bücher brauchen oder Arbeitsgruppen bilden wollen. Auch die Liste der Kriterien zur Scheinvergabe sollte in dem Ordner abgelegt sein, sowie natürlich das Seminarprogramm. Hier können Sie und auch die Studierenden Artikel und bibliographische Hinweise abheften, die vielleicht nicht für einzelne Themen direkt relevant sind, aber das Seminarthema allgemein betreffen.

Auf jeden Fall gehören die Texte hinein, die von allen Teilnehmern gelesen werden müssen. In der UB sind sie schnell ausgeliehen und nur für wenige zugänglich, oder im Institut wird das eine Buch, in dem der Text abgedruckt ist, durch das Kopieren bald zugrunde gerichtet. Sollte es sich um ganze Bücher handeln, ist die Einrichtung eines Seminarapparats sinnvoll. Wenn Sie mit Blackboard/e-learning arbeiten, gilt das Gesagte in gleicher Weise.

Die Korrektur der Seminararbeiten

Im Seminarordner werden auch die korrigierten – nicht die unkorrigierten – Referate bzw. Hausarbeiten abgeheftet. Sie sollten wirklich die korrigierten Arbeiten einlegen, damit die Kommilitonen daraus lernen können. Es reicht nicht, wenn Sie lediglich auf die letzte Seite Ihren Haken und auf den Schein eine Note setzen. Manche Studierende verkleben vorsichtig einige Seiten miteinander. Sind sie nach der Korrektur immer noch verklebt, ist klar, daß Sie Ihren Pflichten nicht nachgekommen sind.

Korrigieren Sie möglichst nicht in Rot. Blau tut es auch und wirkt nicht so verschult. Den spitzen Bleistift sollten Sie ebenfalls nicht benützen, da er nicht „dokumentenecht" ist. Oft werden die Arbeiten auch kopiert; Bleistiftkorrekturen werden auf Kopien zu blaß. Ihre Kommentare sollten klar und zur Sache sein, aber niemals ironisch. Der Verfasser der Arbeit muß sein Gesicht wahren können, auch wenn Kritik angebracht ist. Loben Sie auch, aber beides muß mit Fingerspitzengefühl geschehen. Sie können in der ersten Sitzung abstimmen lassen, ob die Note schon hinzugesetzt werden soll oder nicht. Erklären Sie die Vorteile, die es hat, wenn die korrigierten Arbeiten allgemein zugänglich sind.

Es macht viel Arbeit und kostet Zeit, die schriftlichen Ausfertigungen zu korrigieren. Es lohnt aber, denn die Studierenden lernen vielleicht ein Drittel durch das Schreiben, ein Drittel durch das Halten des Referats vor dem Seminar und die anschließende Kritik, und ein Drittel durch Ihre Kommentare der schriftlichen Fassung. Wenn die Studierenden auf ein bestimmtes Abgabedatum festgelegt sind, sollten Sie Ihrerseits die Korrektur zügig erledigen.

Mit der Diskussion des Referats hängt eng die Frage der Bewertung zusammen. Scheine tragen Noten; sie sind eine wichtige Rückmeldung für die Studierenden. Wenn die Leistungsanforderungen durch Ihre Kommentare der schriftlichen Arbeiten und der Referate, durch Reaktionen von seiten der Kommilitonen im Seminar durchsichtig sind, erfüllen sie ihren Zweck. Machen Sie auch schon in der ersten Sitzung bei der Erläuterung der Leistungsanforderungen klar, welchen Stellenwert bei der Benotung die mündliche Mitarbeit hat.

Wenn Sie meinen, daß das Niveau der Seminararbeiten schlecht ist, sehen Sie sich Ihre eigenen von früher an. Dann bekommen Sie wieder ein Gefühl dafür, was Sie von einem Erstsemester erwarten können. Falls diese Maßnahme nicht hilft, bedenken Sie bitte, daß das Niveau eines Seminars auch (aber nicht nur) durch den Seminarleiter und seine Vorbereitung bestimmt wird.

Fragen der Studierenden

Lassen Sie sich von Fragen weder überrollen noch in die Defensive bringen. Hören Sie genau hin. Dabei hilft es, dem Fragesteller ins Gesicht zu sehen. Wenn Sie die Frage akustisch oder inhaltlich nicht verstanden haben, fragen Sie nach – aber nicht, um den Frager zu verunsichern; sagen Sie kurz, warum Sie nachfragen. Atmen Sie einmal kurz, bevor Sie antworten. Das gibt Ihnen Zeit, die Frage zu überlegen, und Sie zeigen damit, daß Sie sie ernst nehmen. Außerdem können Sie auf Ihr Gefühl achten, und Sie spüren, ob es sich um eine reine Sachfrage handelt oder nicht. Es gibt nämlich Fragen, die vordergründig als Sachfragen erscheinen, aber hintergründig etwas anderes eruieren wollen. Dazu gehören z. B.

- Wie streng oder konsequent sind Sie, wie weit können wir gehen, um Ihre Gutmütigkeit auszuloten?
- Werden Sie uns wirklich unterstützen?
- Kann man Sie leicht aus der Ruhe bringen?
- Sehen Sie sich im Seminar nur als Dozent, oder auch als Mensch?
- Wie gehen Sie mit Kritik um?

Wenn Sie merken, daß es sich um keine Sachfrage handelt, sollten Sie mit der Antwort auf der vordergründigen, sachlichen Ebene bleiben. Gerade in der ersten Sitzung empfiehlt sich dieses Vorgehen. Das Vertrauen baut sich von selber auf, wenn Sie einfach zuhören und ganz gelassen solche Fragen sachlich beantworten. Wenn Sie aber die Fragen „enttarnen", fühlen sich die meisten Fragesteller ertappt und durchschaut. Das erhöht eher ihre Unsicherheit als daß sie sie beseitigt. Wenn Sie sich bewußt sind, daß mit den Fragen eigentlich etwas anderes gemeint ist, können Sie Ihre Antworten ein bißchen darauf einstimmen.

Wie bringt man Studierende zur Mitarbeit/ Die Arbeit in Kleingruppen

Neben der Wissensvermittlung geht es in allen Formen von Lehrveranstaltungen vor allem darum, passive Hörer dazu zu bringen, selbständig weiterzuarbeiten, d. h. aktiv und eigenverantwortlich ihr Studium in die Hand zu nehmen, selber Fragen zu entwickeln und sie zu beantworten – es zumindest zu versuchen. Man muß die Hunde nicht zum Jagen tragen, aber es gibt einige Möglichkeiten, Studierende zu motivieren.

Viele Studierende sind anfangs oft eingeschüchtert, weil sie das Gefühl haben, sie müßten schon viel mehr wissen. Setzt das Seminar oder die Vorlesung erheblich über dem Niveau ihres Vorwissens an, werden sie vor lauter Frustration schnell aufgeben. Es ist deshalb wichtig, zunächst den Stand des Vorwissens herauszufinden.

- Kündigen Sie im Seminar an, daß Sie diesen Kenntnisstand herausfinden wollen und keine Prüfung abhalten, sondern Orientierungsfragen stellen.
- Arbeiten Sie mit dem Vorwissen der Studierenden.
- Machen Sie klar, daß Sie selbst ein Interesse am Seminarthema haben, und daß Sie sich dafür engagieren.
- Wenn Sie etwas erklären, benutzen Sie klare Beispiele, Analogien, Metaphern und Modelle.
- Sorgen Sie dafür, daß diese auch manchmal etwas ausgefallen, bzw. für die Studierenden neu sind. Erklären Sie auch abwechslungsreich, nicht immer auf dieselbe Art.

– Fordern Sie die Studierenden auf, die Ergebnisse zusammenzufassen, nötigenfalls in kleinen Arbeitsgruppen von ca. drei Personen.

Solche Arbeitsgruppen können Sie auch bilden lassen, damit die Studierenden selber Beispiele erarbeiten, Fragen aufwerfen oder Problemlösungen finden. Ein Beispiel: Wenn in einer Sitzung eine Frage auftaucht, die im ganzen Seminar nicht zündet, aber wichtig ist, können für eine kurze Zeit Kleingruppen gebildet werden. Die Zeit sollte zehn Minuten nicht überschreiten, damit die Aktivität auf das Thema konzentriert bleibt. Als Seminarleiter geben Sie das Thema klar vor – Sie können es anschreiben. Danach ist es wichtig, daß wirklich jede Gruppe ihr Ergebnis mitteilt: je konziser, desto besser. Keine Gruppe sollte übergangen werden, denn sonst macht sich leicht das Gefühl breit, daß die Arbeitsgruppe nur Beschäftigungstherapie war und ihre Bemühungen nicht ernstgenommen werden.

Sie notieren die Ergebnisse stichwortartig an der Tafel, für alle sichtbar. Selbstverständlich kann auch ein Seminarteilnehmer diese Aufgabe übernehmen. Sie können die Ideen jetzt oder später gleichzeitig in verschiedene Kategorien einteilen, falls das angebracht ist.

Brainstorming
Eine andere Möglichkeit ist ein Brainstorming (oder Küchenkolloquium). Solches Vorgehen ist immer dann sinnvoll, wenn man Denkgrenzen aufbrechen möchte, neue Wege finden will, oder an Ideenmangel leidet. Es ist auch ein bewährter „Eisbrecher", sei es zu Semesterbeginn, sei es, wenn die Atmosphäre im Seminar verbiestert geworden und die Situation festgefahren ist, vielleicht aufgrund eines schiefgegangenen Referats. Der Angstpegel steigt dann; durch die allgemeine Beteiligung wird er mit Sicherheit gesenkt und die Arbeitsatmosphäre wieder hergestellt.

Weiter kann eine solche Sitzung zu Beginn eines Seminars dazu beitragen, den thematischen Rahmen abzustecken und die wichtigsten Punkte herauszuarbeiten. Außerdem kann ein Brainstorming dazu beitragen, übereifrige Studierende, die das Seminar monopolisieren und Diskussionen mit allgemeiner Beteiligung verhindern, etwas zu bremsen bzw. auch andere Studierende zu Wort kommen zu lassen.

Sie können diese Form der Diskussion auch einsetzen, wenn Sie Fragen (zunächst) nicht selbst beantworten wollen. Vielleicht wollen Sie nicht in die Defensive geraten, vielleicht möchten Sie die Fragen nicht beantworten, damit die Studierenden selbst mehr Grundlagenarbeit leisten, oder Sie wollen sich nicht auf ein Rede-und-Antwortspiel mit einem bestimmten Seminarteilnehmer einlassen, dessen Beiträge nicht unbedingt zum Seminarthema passen.

Regeln für erfolgreiches Brainstorming
Es ist ganz wichtig, daß Sie zu Beginn folgende Regeln erklären:

- Schildern Sie zuerst das Problem, um das es geht, zu dem Ideen gesucht werden.
- Während des Ideensammelns ist jegliche Kritik verpönt.
- Lassen Sie den Studierenden einige Momente des Nachdenkens, während derer sie ihre Ideen aufschreiben können.
- Alle Ideen werden ohne Wertung gesammelt (auf Folie oder an der Tafel).
- Ziel ist, soviele Ideen wie möglich zu sammeln (das erhöht die Chance, daß sinnvolle dabei sind).
- Wenn keine neuen Ideen mehr kommen, werden Kombinationen und Verbesserungsideen gesucht.
- Wenn auch keine Kombinationen und Verbesserungen mehr kommen, beginnt die Diskussion und die Bewertung.

Auch dabei gilt es, einige Verhaltensweisen einzuhalten. Derjenige, der die Ideen für alle sichtbar auf einer Folie oder an der Tafel notiert, muß sie so notieren, wie sie gemeint sind. Ist die Äußerung nicht klar, muß rückgefragt werden. Er sollte sie aber mit den ursprünglichen Worten aus dem Seminar notieren. Wenn ein Beitrag mehrdeutig ist oder zu allgemein, können Sie um ein Beispiel bitten. Der „Anschreiber" kann die Beiträge auch mit eigenen Worten formulieren, um sicherzugehen, daß er sie korrekt verstanden hat. Das darf aber keinesfalls wie Kritik klingen. Machen Sie vor Beginn des Beiträgesammelns klar, daß ein Umformulieren bzw. eine Rückfrage nicht als Kritik gemeint ist, sondern dem besseren Verständnis dient.

Manchmal kritisieren Studierende, entgegen den Spielregeln, doch einzelne Beiträge. Es ist aber ganz wichtig, daß Sie als Seminarleiter dafür sorgen, daß die offene und tolerante Arbeitsatmosphäre gewahrt bleibt. Wenn also Beiträge einigen Seminarteilnehmern als nicht relevant erscheinen, greifen Sie ein, falls es nicht ein anderer Seminarteilnehmer tut und machen Sie klar, daß alles, was einem Teilnehmer als Problem oder Frage erscheint, ein Recht hat, notiert zu werden. Solche abweichenden Meinungen können für die Diskussion befruchtend sein und weitere Ideen zeitigen. Vielleicht wird gerade dieser Beitrag zu einem Schlüsselbeitrag in der weiteren Entwicklung der Seminarthematik. Es ist vorschnell, auf eine mögliche Erkenntnisquelle zu verzichten. In keinem Fall dürfen Rückfragen dazu führen, daß ein Beitrag zurückgezogen wird. Deshalb müssen ausnahmslos alle Beiträge notiert werden, egal ob man sie für wichtig hält oder nicht.

Mitunter sind Beiträge der Studierenden emotional aufgeladen. Wenn Sie diese mit eigenen Worten wiedergeben, kann das die Stimmung entschärfen bzw. unterschwellige Gefühle zum Ausdruck bringen. Es bleibt Ihrer Intuition und Ihrem Fingerspitzengefühl überlassen, ob Sie eher eine Konfrontation oder eine Entschärfung anstreben: im Zweifelsfall das, was dem Seminar als Ganzem dienlicher ist.

Wenn die Ideen spärlicher fließen, schlagen Sie vor, daß man nach ein paar weiteren aufhört. Hören Sie nicht sofort auf, sondern geben Sie sich und den Studierenden noch eine Denkpause. Oft ist es so, daß sich Studierende mit tiefergehenden Fragen oder Beiträgen erst dann heraustrauen, wenn sie sehen, daß sie wirklich ernstgenommen werden. Studierende sind verletzlich, sie sind in der schwächeren Position: nehmen Sie darauf Rücksicht. Oft sieht man es einem Seminarteilnehmer an, wenn er damit kämpft, ob er mit einer Äußerung herausrücken soll oder nicht. Wenn der Beitrag kommt und weitere neue Ideen auslöst, brechen Sie nicht das Brainstorming wie angekündigt ab, sondern setzen es fort, bis alles an der Tafel steht.

Im nächsten Schritt werden die Beiträge im Hinblick auf die Fragestellungen und Ziele des Seminars diskutiert. Auch hier dürfen keine Noten verteilt werden, keine Zensur ausgeübt werden. Wenn aber die Diskussion vom Thema abgeht bzw. die Lösungen der Probleme in den Vordergrund rücken, muß wieder eingegriffen werden. Tut es kein

Student, müssen Sie es als Seminarleiter: die Lösungen der Probleme sind späteren Sitzungen vorbehalten; jetzt – vor allem in der ersten Sitzung – geht es um die Fragestellungen und Ziele.

Wenn das Brainstorming erfolgreich war, sind am Ende der Sitzung die Fragestellungen und Ziele deutlich. Die Studierenden haben ihr Problembewußtsein geschärft; vielleicht sind neue Aspekte erarbeitet worden, die Ihnen bei der Vorbereitung entgangen sind. Alle kennen sich etwas besser, die Studierenden haben sich an aktive Beteiligung gewöhnt und bei der nächsten Sitzung ist die Hemmschwelle etwas niedriger. Vielleicht haben sie auch begriffen, daß es nicht um Konkurrenz, sondern um gegenseitiges Verständnis und Zusammenarbeit geht. Vielleicht ist ihnen auch aufgegangen, daß wertvolle Beiträge nicht ausschließlich vom Seminarleiter kommen, sondern auch von Kommilitonen. Vielleicht begreifen sie, daß auch sie Verantwortung für die Lösung von Problemen haben, statt darauf zu warten, daß alle Fragen vom Seminarleiter beantwortet werden. Einige gehen vielleicht mit der Erkenntnis aus dem Seminar, daß ein Dozent auch zuhören kann, und daß neuartige Gedanken nicht zurückgewiesen, sondern integriert werden. Wenn die Studierenden begreifen, daß alle, Dozent und Studierende, genauso von der Zusammenarbeit profitieren und daß die Arbeit am Thema das eigentlich Wichtige, das Verbindende ist, dann war das Brainstorming erfolgreich.

Literaturempfehlung:
Auf der Suche nach Empfehlungen für die praktische Durchführung von Lehrveranstaltungen habe ich die besten Erfahrungen mit englischer bzw. amerikanischer Literatur gemacht, selbst wenn sie im Detail natürlich nicht auf deutsche Verhältnisse zugeschnitten ist. Sie kam trotzdem der Universitätspraxis am nächsten.

Newble, David/Cannon, Robert: *A Handbook for Teachers in Universities and Colleges*, 4., überarb. Aufl., London 2002 (zuerst London 1989)

Maier, Norman R. F.: *Problem-solving discussions and conference: leadership methods and skills*, New York 1963

Diskussionen in Seminaren

Um Studierende dazu zu bringen, aus sich herauszugehen, muß man zunächst verstehen, was die Probleme sind, die sie daran hindern. Dabei hilft es, sich an eigene Studienzeiten zu erinnern.

Gerade Erstsemester haben häufig wenig Erfahrungen mit Diskussionen sammeln können. Vielen ist noch die Schule in Erinnerung, wo immer noch viel mit Aufrufen gearbeitet wird. Diese Methode hat oft etwas Strafendes, weil gerne diejenigen Schüler aufgerufen werden, die im Verdacht stehen, sich nicht vorbereitet zu haben oder gerade geistig abwesend sind.

Das direkte *Aufrufen* im Seminar kann manchmal einem schüchternen Studenten helfen, seine Hemmschwelle zu überwinden – aber man sollte Aufrufen nie als strafendes Mittel einsetzen; es zerstört das Vertrauen des gesamten Seminars. Jeder, der nicht ein sehr gesundes Selbstbewußtsein hat, wird den Kopf einziehen und hoffen, daß es ihn nicht auch einmal erwischen wird. Das Resultat ist Schweigen. Dieses Schweigen, das als Reaktion entsteht, ist schwerer zu brechen als das Schweigen zu Beginn eines Semesters: das Reaktions-Schweigen hat etwas Aggressives, und es kann in der Tat eine sehr wirksame Waffe derjenigen Studierenden sein, die sich in die Defensive gedrängt fühlen. Rufen Sie darum lieber Studierende auf, denen sichtbar etwas auf der Zunge liegt, die sich aber noch nicht recht trauen („Sie rutschen so hin und her, können Sie uns sagen, was Ihnen zu dem Thema durch den Kopf geht?")

Erstsemester sind mit dem Unibetrieb, seinen Umgangsformen, seinen Spielregeln nicht vertraut. Sie bewegen sich auf unsicherem Boden und tendieren dazu, erst einmal abzuwarten und zu sehen, wie es die anderen machen. Nur besonders selbstsichere und besonders naive Studierende gehen gleich aus sich heraus. Die meisten aber, selbst wenn sie sonst durchaus beredt sind, verhalten sich ruhig. Lassen Sie es nicht dazu kommen, daß ältere Semester, die mit dem Seminarbetrieb vertraut sind, die Diskussion an sich reißen und Jüngeren keine Chance lassen, sie durch ihre Aktivitäten sogar einschüchtern.

Vielfach ist es üblich, daß man eine **Wortmeldung** durch Handzeichen gibt. Der Seminarleiter oder wer immer die Diskussion moderiert, sollte sie zur Kenntnis nehmen, z. B. durch Nicken und Lächeln verständlich machen, daß er sie bemerkt hat, und sich den Namen oder zumindest den Platz notieren. Wenn im Seminar noch nicht viel miteinander diskutiert worden ist, ist diese Methode angemessen. Studierende haben sonst oft das Problem, daß sie mit ihrem Beitrag auf das Ende des vorhergehenden warten und dann schnell die Pause nutzen müssen: sonst ist die Chance vertan, die Diskussion geht weiter und ihr Beitrag ist nicht mehr aktuell. Bis ein aufgeregter Student seinen Beitrag im Stillen dreimal geprobt hat, und sich dann endlich meldet, ist die Diskussion schon ein ganzes Stück fortgeschritten, und er bleibt mit seiner Idee auf der Strecke. Passiert das öfters, führt das zu Frustration. Die Wortmeldung und das Aufnehmen durch einen Moderator enthebt ihn dieser Malaise. Der Zeitraum zwischen Wortmeldung und Worterteilung gibt immer noch genügend Zeit zum stillen Üben.

Daneben gibt es noch einen anderen Typ Student. Er sammelt für sich Beiträge und platzt dann gesammelt damit heraus. Sie beziehen sich häufig auf unterschiedliche Aspekte der Diskussion, sie betreffen auch nicht unbedingt das, worauf sich im Moment die Diskussion bezieht, aber er muß jetzt alles loswerden, unbedingt. Diskussionen entwickeln sich ohnehin meist nicht linear, es sei denn, sie werden sehr straff moderiert, aber diese disparaten Beiträge können eine Diskussion aus dem Gleis bringen. Sie bieten neue Aspekte, die vielleicht gar nicht oder noch nicht relevant sind, und einige beziehen sich auf Punkte, die schon erledigt sind. Natürlich kann die Gruppe diesen Ausbruch schlicht ignorieren und dort weitermachen, wo sie vorher war. Meist gelingt dies aber nicht. Die fehlende Sensibilität für die Logik und den Stand der Diskussion interessiert diesen Typ Student nicht, Hauptsache, er kann seine Ideen loswerden.

Die beste Abhilfe für beide Arten ist diejenige, daß zu einem frühen Zeitpunkt im Seminar jeder die Chance erhält, etwas zu sagen, und wenn es nur der eigene Name und die Fächerkombination ist. Hier gibt es keine große Angst, etwas Falsches zu sagen, und die Hemmschwelle, später etwas Inhaltliches beizutragen, ist viel geringer. Die Schüchternen werden leichter Mut fassen, und die „Aufstauer" brauchen nicht soviel anzusammeln.

Im Übrigen heißt mangelnde mündliche Beteiligung nicht, daß die Studierenden nichts lernen. Wenn es aber im Laufe des Semesters dahin kommt, daß einige Studierende nur nehmen, aber nichts geben, ist es an der Zeit, daß der Seminarleiter eingreift und klarmacht, daß solches Verhalten unsozial ist: die Studierenden haben gegenüber ihren Kommilitonen (nicht gegenüber dem Dozenten) die Verantwortung, daß jeder einzelne gibt und nimmt.

Ein anderes Problem kann die **Fachsprache** darstellen. Wenn jemand mit profunden Ikonographiekenntnissen ein Architekturseminar besucht, wird er in der Diskussion leicht deshalb stumm bleiben, weil ihm der Unterschied zwischen Architrav und Gebälk nicht geläufig ist und er sich nicht blamieren will. Dies ist überhaupt der häufigste Grund für Stummheit: man möchte sein Gesicht wahren. Am besten macht der Seminarleiter ziemlich zu Anfang einen Literaturhinweis, wo man sich am schnellsten das entsprechende Vokabular aneignen kann. Aber keine Illusionen: viele Studierende werden sich zwar die Angabe notieren, aber sich nicht unbedingt das verbale Instrumentarium aneignen. Stattdessen greifen sie die Diktion vorzugsweise des Seminarleiters auf und plappern ihm nach, ohne es aber immer richtig zu verstehen.

Es ist banal, daß das Erlernen der Fachsprache zwingend notwendig ist. Studierenden der ersten Semester kann man Fachausdrücke erklären; bei fortgeschrittenen Studierenden werden sie im Allgemeinen vorausgesetzt. Blaffen Sie aber bitte nie einen Studenten an, wenn er die Fachtermini noch nicht beherrscht. Er verliert damit sein Gesicht, weil er vor dem gesamten Seminar als Versager bloßgestellt worden ist. Andere Studierende werden nicht mehr riskieren, sich zu Wort zu melden, wenn sie sich ihrer Sache nicht ganz sicher sind. Sagen Sie lieber, wo und wie man das Versäumte nachholen kann. Auch das fördert das Vertrauensverhältnis, denn Sie machen so klar, daß Sie bereit sind, die Studierenden wirklich zu fördern.

Wenn das Thema der Diskussion klar gefaßt ist, können Studierende besser einschätzen, ob ihr Wissensstand ausreicht. Sie können leichter entscheiden, ob sie einen sinnvollen Beitrag leisten oder ob sie sich lieber auf das Zuhören beschränken.

Damit ist ein anderer Angstfaktor verbunden: viele Studierende fürchten, und mitunter zu Recht, daß sie zuwenig wissen, um sich aktiv beteiligen zu können. Es ist im Grunde immer wieder dieselbe Angst, die Studierende daran hindert, sich im Seminar zu exponieren: die

Angst, sich zu blamieren und das Gesicht zu verlieren. Das Seminar ist ein geschützer Ort; hier wird geübt. Das muß den Studierenden bewußt gemacht werden; sie haben auch das Recht, noch nicht perfekt zu sein und Fehler machen zu dürfen.

Als Lehrender müssen Sie für eine Atmosphäre sorgen, in der sich Studierende halbwegs wohl bzw. sicher fühlen.

- Sprechen Sie die Studierenden möglichst mit Namen an.
- Unterbrechen Sie keine Diskussion, die in Gang gekommen ist, es sei denn, sie läuft gänzlich aus dem Ruder. Wenn kleinere Irrtümer einfließen, notieren Sie die und stellen Sie sie am Ende der Diskussion richtig.
- Stellen Sie keine Fragen, auf die es nur eine einzige richtige Antwort gibt. Wer die richtige Antwort nicht weiß, fühlt sich dumm.
- Zeigen Sie keine Ungeduld. Selbst wenn Sie den Stoff zum zehnten Mal durchkauen: für Studierende ist es zum ersten Mal.
- Gehen Sie auf jede Äußerung von studentischer Seite ein. Es kann auch ein Nicken oder Lächeln sein, aber keinesfalls dürfen Sie einen Beitrag ignorieren.
- Als Seminarleiter müssen Sie den Überblick über das Thema des Seminars haben. Wenn Sie die einzelnen Beiträge kurz notieren, sollten Sie sie spätestens am Schluß der Sitzung in das Gesamtthema einordnen. Es ist zugleich die Zusammenfassung und Würdigung der studentischen Beiträge.
- Versuchen Sie, Sie selbst zu sein. Wenn Sie entspannt sind, überträgt sich das oft auf die Studierenden.

Nach einigen Wochen Semester können Sie einen Teil der Sitzung einer „Manöverkritik" widmen. Kündigen Sie das aber in der Woche vorher an, damit die Studierenden Gelegenheit zur Vorbereitung haben. Mögliche Fragen sind z.B.: Was läuft im Seminar gut, was läuft nicht gut, was kann verbessert werden. Diese **Kritik** bezieht sich sowohl auf Lehrende als auch auf Studierende. Die Punkte können an die Tafel geschrieben werden; Sie können auch die Studierenden bitten, sie – vielleicht anonym – auf einem Zettel zu notieren, den Sie einsammeln. Ist die Kritik an Ihnen herbe, erbitten Sie Zeit und reagieren erst in der

Sitzung der nächsten Woche. Nach einigen Wochen sollte das Seminar diesem Thema nochmals etwas Zeit widmen und über die Veränderungen in den letzten Wochen reden.

Sie kennen sicher folgende Situation: Ein Student macht eine Bemerkung zum Thema, aber kein Kommilitone notiert sie. Sobald aber der Dozent das Gesagte wiederholt oder umformuliert, werden die Stifte gezückt. Gerade diese Konzentration auf den Dozenten ist gefährlich: er gerät in eine Rolle, die das eigenständige Arbeiten der Studierenden und ihr Selbstbewußtsein unterschwellig behindert. Je aktiver die Studierenden im Seminar sind, desto besser für ihre Motivation. Es geht hier nicht um laisser-faire, sondern darum, Ihre Rolle als Wissensvermittler zu entlasten und die der Studierenden zu stärken. Sie greifen ohnehin schon genug ein, um das Seminar nicht in Sackgassen geraten zu lassen oder wenn sich Diskussionen verzetteln.

Studierende haben meist auch die Vorstellung, daß der Dozent eine mehr oder weniger genaue Idee hat, was bei einer Diskussion herauskommen soll. Das trifft mitunter zu, aber längst nicht immer – gerade dort, wo es um wissenschaftliches Neuland gehen kann, bremsen solche vorgefaßten Ergebnisse neue Erkenntnisse bzw. die Entwicklung neuer Fragestellungen. Trotzdem versuchen Studierende, herauszufinden, welche Antworten der Dozent im Kopf hat, und diese zu antizipieren. Es liegt am Seminarleiter, diese Denkhaltung zu zerstören oder zumindest zu stören, indem er „abweichende" Meinungen ernst nimmt, aufmerksam zuhört, den neuen Faden aufnimmt und selber offen bleibt. Natürlich hat er oft bestimmte Ideen und Hypothesen, aber es dürfen nicht die einzig maßgeblichen sein.

Das unterschiedliche **Wissensniveau** der Studierenden stellt normalerweise für den Dozenten kein Problem dar. Oft ist es so, daß die Studierenden mit mehr Wissen die mit weniger fördern, sozusagen „mitziehen". Ein Problem tritt erst dann auf, wenn ein Student so engagiert ist oder ein solches Spezialwissen hat, daß er damit andere einschüchtert. Wenn Sie sich im Seminar auf längere Dialoge mit ihm einlassen, unterbinden Sie jede weitere Diskussion mit der Masse der Teilnehmer. Verschieben Sie solche spezialisierten Dialoge auf die Nach-Sitzung (s. unten). Vielleicht können Sie mit dem Betreffenden auch in der Sprechstunde das Problem zur Sprache bringen.

Der unterschiedliche Wissensstand ist eher ein Problem für die Studierenden. Viele fürchten, daß die anderen „viel mehr" wissen als man selbst. Das läßt sich nicht ganz aus der Welt schaffen, aber etwas entschärfen. Geben Sie Texte an, die zu bestimmten Sitzungen zu lesen sind und dann besprochen werden. Wenn ein Student sie nicht vorbereitet hat, liegt die Verantwortung bei ihm, vor allem, wenn der Text als Kopiervorlage im Seminarordner oder im e-learning zugänglich war. Muß man sich den Text erst aus der Universitätsbibliothek besorgen, ist die Gefahr groß, daß er schon anderweitig ausgeliehen ist, oder in der Institutsbibliothek unauffindbar gemacht worden ist. Oder Sie verteilen im Seminar selbst kurze Texte, die gemeinsam gelesen und sofort anschließend diskutiert werden. Dann ist ein Minimum an gemeinsamen Vorwissen da; zugleich ist der Gegenstand der Diskussion schon etwas klarer definiert. Die genauen Fragen können Sie in einem kurzen Brainstorming (s. oben) erarbeiten lassen. Damit verhindern Sie auch, daß Sie von vornherein ein zu hohes Niveau ansetzen, auf dem Ihre Studierenden nicht folgen können.

Wenn Sie Ihren Studierenden klarmachen können, wie wichtig die Lektüre von Fachliteratur ist – nicht nur zum jeweiligen Referat –, dann ist viel geleistet. Ein Patentrezept hierfür gibt es nicht.

Die wenigsten Studierenden trauen sich, von selbst zu sagen, daß sie etwas nicht verstanden haben oder es ihnen zu schnell vorwärts geht. Sie können es oft nur an steigender Nervosität, Aggressivität und Schweigen, bestenfalls an offenen Äußerungen, merken, daß Sie eine Stufe zurückgehen müssen. Zugleich ist dies eine gute Chance: jetzt haben Sie die gesammelte Aufmerksamkeit. Was Sie jetzt vermitteln, wird bei einem Großteil des Seminars haftenbleiben.

Literaturempfehlung:

Rudduck, Jean: *Learning Through Small Group Discussion, Guildford 1978,* Neuaufl. 1979 (besonders Kap. II: Problems of Participation: The Student´s View, S. 12–16)

Nach dem Seminar

Nehmen Sie sich ein paar Minuten Zeit und laufen Sie nicht gleich aus dem Seminarraum. Müssen Sie es doch einmal tun, schließen Sie lieber das Seminar lieber etwas eher, damit noch ein wenig Zeit bleibt. Kündigen Sie zu Beginn des Seminars an, daß es heute aus den und den Gründen früher beendet werden muß – es ist die alte Grundregel, daß Sie ankündigen, was Sie tun. Viele Studierende haben nach Seminarende einfache Fragen, die einen Besuch in der Sprechstunde nicht unbedingt erfordern. Auch wenn der Großteil der Fragen usw. in der Sprechstunde geklärt werden soll, kann man nicht von Studierenden erwarten, daß sie sich für eine kurze Frage, die oft genau so kurz zu beantworten ist, extra in die Sprechstunde bemühen. Sollte sich herausstellen, daß man die Frage nicht so schnell beantworten kann, verweisen Sie den Studenten auf Ihre Sprechstunde.

Manchmal kann man noch hinterher in ein Lokal oder ein Café gehen. Diese Nach-Sitzungen sind gerade für die besonders interessierten Studierenden wertvoll. Jetzt ergeben sich manchmal qualitätvollere Gespräche als im „öffentlichen" Seminar. Achten Sie aber darauf, daß die Nach-Seminare nicht zu Klatschsitzungen werden. Mitunter macht sich auch bei Studierenden die Vorstellung breit, man müsse mitgehen, um eine gute Note zu erhalten. Wenn Sie so etwas bemerken, sprechen Sie es im Seminar an und stellen Sie klar, worum es Ihnen bei diesen Nach-Sitzungen geht.

10.3 Akademische Verhaltensregeln – auch für Studierende

Jeder, der schon einmal kurz vor einer Veranstaltung in einen Seminarraum gekommen ist, kennt folgende Situation: Normalerweise ist der Dozent noch nicht eingetroffen. Wo aber ist sein Platz? Meistens dicht an der Tafel. Also wird hier die nächste Nähe zum Dozentenplatz gemieden. Ist die Anordnung der Tische hufeisenförmig, ist das offene Ende des Hufeisens gewöhnlich „der" Platz. Auch hier wahren Studierende meist einen gewissen Sicherheitsabstand. Wer spät oder erst nach

Beginn des Seminars eintrifft, muß mit diesen eher unbeliebten Plätzen vorlieb nehmen, auf denen sich die Studierenden meist nicht wohl fühlen: Es ist sehr schwierig, von diesem Platz aus zu sprechen, weil Studierende sich oft an den Seminarleiter statt an die Kommilitonen wenden (s. unten), und deshalb leicht der unbeabsichtigte Eindruck eines vertrauten Zwiegesprächs mit dem Dozenten entsteht. Überdies haben Studierende, die auf diesen Plätzen landen, oft das Gefühl, daß ihre Sicherheitszone nicht mehr gewahrt ist. Vermeiden Sie als Dozent es deshalb, auf die Notizen ihrer Nachbarn zu schauen, das verunsichert sehr.

Erstsemester sind sich auch über die „korrekte" **Anrede** des Dozenten unsicher. Sagt man Frau Dr. Meier? Oder Frau Meier? Oder Frau Professor Meier? Oft ist Anfängern auch nicht klar, wer welchen Titel führt und was sie bedeuten. Lösen Sie diese Befangenheiten auf, indem Sie zu Beginn des Semesters kundtun, wie Sie angeredet werden möchten.

Zu Beginn des Semesters sollten Sie auch einige Dinge aufs Tapet bringen, die zu den praktischen Begleiterscheinungen einer Lehrveranstaltung gehören. Vor einigen Jahren z. B. war es Mode, in Vorlesungen und Seminaren zu stricken. Selbst Rauchen war nicht verpönt. Regeln sie solche und ähnliche Fragen, wie z. B. die Mitnahme von Säuglingen, oder Zeitpunkt und Dauer einer etwaigen Kaffeepause, in Absprache mit den Studierenden. Gerade bei längeren Seminaren ist eine Kaffee- und Rauchpause wichtig. Die **Pause** erhöht nicht nur die Konzentrationsfähigkeit, sondern sie gibt Gelegenheit zu informellen Gesprächen, zum gegenseitigen Kennenlernen, zu inhaltlichen kurzen Nachfragen. Mitunter spendiert jemand Plätzchen (am Anfang vielleicht der Dozent) – das ist ein weiterer bewährter Eisbrecher. Ob Thermoskannen, Becher und Plätzchen auf dem Tisch bleiben, wenn die Sitzung fortgesetzt wird, bleibt Ihnen bzw. den Teilnehmern überlassen. Wenn diese Pausen auf fünf oder zehn oder gar fünfzehn Minuten befristet sind, achten Sie darauf, daß Sie nach der festgesetzten Zeit wieder beginnen. Die Pausen werden gerne ausgedehnt – wenn das ein tolerierbares Maß überschreitet, sinkt die Arbeitsdisziplin und es wird leicht als Desinteresse Ihrerseits ausgelegt.

Auch wenn Sie die Seminarsitzung mit ein paar informellen Worten beginnen – machen Sie klar, wann der eigentliche **Beginn** ist („So, jetzt fangen wir an.“). Beenden Sie auch das Seminar in unmißverständlicher Weise („Vielen Dank für die heutige Sitzung; wir sehen uns nächste Woche wieder.“)

Während eines Referats sollte man nicht unbedingt die Stirn runzeln, den Kopf schütteln, Desinteresse bekunden, aufstehen und ans Fenster gehen, Bemerkungen zu Nachbarn flüstern, usw. Eher sollten Sie nicken, lächeln, und sich für die Besprechung des Referats Notizen machen. Bleiben Sie aufmerksam, auch wenn es manchmal viel Selbstdisziplin erfordert. Sie werden genau beobachtet, und zwar vom gesamten Seminar. Ihr Verhalten wird interpretiert, und oft zutreffend.

Nach dem Referat ist häufig unklar, wer die **Diskussion** eröffnet. Ist es noch Verantwortlichkeit des Referenten, oder ist es die des Seminarleiters? Die Situation kann im Vorhinein geklärt werden, z. B. indem einem Kommilitonen die Diskussionsleitung übertragen wird. Wenn dieser die Wortmeldungen mit den Fragen, Anregungen und Kritik aus dem Seminar entgegennimmt, sind Sie entlastet, weil aufgrund der Nachfragen aus dem Seminar die schwachen Punkte des Referats ohnehin klar werden. Es ist leichter, Kritik von Gleichen anzunehmen als von Übergeordneten. Als Seminarleiter können Sie später diese Kritikpunkte zusammenfassen und sagen, wie man solche Fehler vermeiden kann.

Bei studentischer Moderation schlagen Sie zwei Fliegen mit einer Klappe. Studierende wenden sich mit ihren Beiträgen selten an ihre Kommilitonen, eher an den Dozenten. Selbst, wenn nach einem Referat Fragen gestellt werden, richten die Studierenden sie oft an den Seminarleiter, weniger oft an den Referenten. Dieselbe autoritätsgläubige Haltung (der Dozent weiß alles) wird darin spürbar, daß Studierende oft nur das notieren, was der Dozent sagt und sehr viel seltener die Beiträge von Kommilitonen. Wenn die Diskussionsleitung in der Hand von Studierenden liegt, sind die Teilnehmer stärker gezwungen, ihren Kommilitonen zu vertrauen. Ob und inwieweit Sie eingreifen, wenn die Diskussion zu mißlingen droht, müssen Sie mit Taktgefühl abschätzen. Vielleicht sollten Sie auch für diese Fälle vorher Verhaltensregeln klären.

Wenn Sie nach dem Referat die weniger geglückten Aspekte des Referats ansprechen, die die Seminarteilnehmer nicht thematisiert haben, tun Sie es in sachlicher Form. Fordern Sie vielleicht noch einmal das Seminar auf, Fragen zu stellen oder Anregungen zu geben. Wenn Sie **Kritik** äußern, formulieren Sie sie so, daß man sie annehmen kann und alle etwas davon haben. Waren z. B. einige Dias schlecht, kann man erklären, wie man vor dem Referat feststellt, ob die Dias tauglich sind oder nicht. Sie können auch erklären, daß das Referat jetzt Anlaß, aber nicht Ursache ist, um einen häufig gemachten Fehler zu korrigieren. Machen Sie deutlich, daß diese Anregungen Ihrerseits allgemeingültigen Charakter haben, von dem alle profitieren können. Damit ist die Person entlastet, und die Sache steht im Mittelpunkt; der Mangel wird angesprochen und zugleich eine mögliche Abhilfe geboten. Die Kritik ist deutlich, aber nicht verletzend.

Studierende lernen aus einer Referatsbesprechung sehr viel, wenn sie einfühlsam ist. Vergessen Sie auch nicht, zu loben – selbst ein schlechtes Referat hat noch gute Seiten, auch wenn man danach suchen muß.

Scheuen Sie sich nicht, auch auf die **Referiertechnik** (s. Punkte 5.8, 10.4) einzugehen. Selten bekommen die Referenten hierzu eine Hilfestellung bzw. Kritik, und sie sind dankbar, wenn man ihnen praktische Winke und Hinweise gibt. Versäumen Sie es nicht, dem Referenten am Schluß zu danken. Er hat Arbeit geleistet, und zumindest dafür kann man ihm danken. Zugleich bildet dieser Dank den Abschluß der Diskussion, mitunter auch der Seminarsitzung. Genauso können Sie am Schluß des Semesters vor versammelter Hörerschaft der Hilfskraft danken, die für Ihre Vorlesung die Dias geschoben hat.

Halten Sie das **Seminarprogramm** nach Möglichkeit so ein, wie es zu Semesterbeginn entworfen wurde. Wenn eine Sitzung ausfallen muß, sollten Sie deshalb nicht die anderen Referate verschieben, sondern lassen Sie sie zum vorgesehenen Termin halten. Die Studierenden neigen dazu, an einem schon fertigen Referat noch weiter zu arbeiten, wenn sich ihr ursprünglicher Termin verschiebt. Die Folge ist oft, daß sie mit ihren anderen Arbeiten ins zeitliche Gedränge kommen. Außerdem steigert sich die Nervosität, wenn ihr Referat immer wieder verschoben wird. Diese Frustration kann man ihnen ersparen. Dasselbe gilt, wenn ein Referent kurzfristig abspringt und sein Referat nicht halten wird. Ziehen Sie andere Referate dann nicht vor, aus den genannten Gründen.

Vec, Miloš u. a. (Hrsg.): *Der Campus-Knigge*. Von Abschreiben bis Zweitgutachten, München 2006

Dieses Lexikon erläutert – oft in ironisch und hintergründig-kritischer Weise – weitere Stolpersteine und Fettnäpfchen im Unibetrieb: Kleiderfragen, Unijargon, und die mitunter ganz eigenen Verhaltensweisen im Biotop der Universität. Das Lexikon wurde von der Arbeitsgruppe „Manieren!" der Jungen Akademie an der Berlin-Brandenburgischen Akademie der Wissenschaften und der Deutschen Akademie der Naturforscher Leopoldina erarbeitet.

Ein Diskussionsforum zu diesen und auch allen anderen Fragen rund um das Studium bietet die Plattform studis-online.de.

Das Ausfallen von Referaten

Es sollte nicht vorkommen, und doch kann es passieren: aus zwingenden Gründen (andere sind nicht akzeptabel) können Studierende ihr Referat nicht halten oder ihre Hausarbeit nicht fertigstellen. Schlechte Zeitplanung („ich habe noch drei andere Referate übernommen"), Computerprobleme („mein Rechner ist abgestürzt und alle Dateien sind verloren"), Unlust usw. sind keine Entschuldigungen.

Wenn Sie als Student wirklich die übernommene Aufgabe nicht ausführen oder am Seminar nicht mehr teilnehmen können, geben Sie so bald wie irgend möglich dem Seminarleiter Bescheid. Legen Sie ihm nicht einfach einen Zettel in sein Postfach im Institut, sondern gehen Sie in seine Sprechstunde oder rufen Sie ihn im Institut an. Er kann dann auf Ihren Seminarplatz jemand nachrücken lassen, auch das Thema vielleicht noch einmal vergeben, er kann Korreferenten bitten, das Referat im Seminar zu halten – kurz, er kann rechtzeitig dafür sorgen, daß die Sitzung für alle Teilnehmer gerettet wird. Man kann nicht von ihm erwarten, daß er den Retter in der Not spielt und das Referat, das Sie hätten halten sollen, aus dem Ärmel schüttelt. Wenn Sie sich in Luft auflösen bzw. zu Ihrem Referatstermin einfach nicht erscheinen, ist das denkbar rücksichts- und verantwortungslos. Gute Gründe für einen Rücktritt wird jeder respektieren, aber man muß sie kennen.

Als Seminarleiter machen Sie am besten schon in der ersten Sitzung deutlich, welche Entschuldigungen Sie zu akzeptieren bereit sind, und welche nicht. Ich habe die eigenartige Erfahrung gemacht, daß die Sterblichkeit der Großmütter rapide zurückging, seitdem ich angekündigt habe, bei diesen Todesfällen eine Anzeige oder Kopie des Totenscheines sehen zu wollen. Makaber war nicht so sehr diese Ankündigung, sondern das Verhalten von Studierenden, die ihre Großmütter als Ausrede hernahmen – merkwürdigerweise traf es nie die Großväter. Seitdem nehmen aber die plötzlichen Heiraten von Kusinen zu.

Genauso sind Computerentschuldigungen nicht akzeptabel. Jedermann weiß, daß man Sicherungskopien am besten täglich macht, daß auch Zwischenausdrucke nützlich sein können, und daß Druckerprobleme immer in der letzten Minute auftreten. Inzwischen sind aber fast alle Studierenden mit Computern ausgerüstet, und jede Universität hat ein Rechenzentrum, in dem Studierende Ausdrucke machen können – falls sie eine Diskette mit dem Text besitzen. Vielleicht verlieren Sie ein paar Worte über Zeitplanung, z. B. daß man zwei bis drei Tage Sicherheit einkalkulieren muß, damit solche Pannen nicht zu Katastrophen werden.

10.4 Gute Vorträge und Vorlesungen

Obwohl Vorlesungen die meiste Arbeit machen, gehören sie zu den am schlechtesten besuchten Lehrveranstaltungen in unserem Fach. Ein Grund dafür mag sein, daß der Besuch von Vorlesungen nicht immer überprüft wird und nicht alle Studienordnungen Scheine für den Besuch vorsehen (in Österreich werden Vorlesungen abgeprüft). Zudem sind die meisten Studierenden der Meinung, daß sie in Seminaren mehr lernen und auch dort Überblickswissen erwerben können.

Vorlesungen ersetzen nicht die eigenständige Arbeit der Studierenden. Sie können sie aber dazu motivieren. Das ist der Fall, wenn sie inhaltliche Substanz haben, klar strukturiert sind, eingängig und mit einer gewissen Begeisterung für das Thema präsentiert werden.

Lehrende und Lernende haben meist unterschiedliche Vorstellungen davon, was eine gute Vorlesung ausmacht. Es geht nicht darum, die Erwartungen der Studierenden zu erfüllen und eine unterhaltsame Vorstellung zu liefern, sondern es geht darum, sie herauszufordern, sie – im besten Fall – für ein Thema zu interessieren und sie zu selbständiger Arbeit zu befähigen.

Eine Vorlesung ist eine sehr persönliche Form der Lehre. Die Aufmerksamkeit der Hörer konzentriert sich auf den Dozenten und das, was er sagt. Seine Präsenz, seine individuelle Art der Vermittlung sorgen dafür, ob der Funke überspringt oder nicht. Begeisterung allein ist aber auf Seiten der Lehrenden nicht ausreichend. Genauso wichtig ist eine gewisse Systematik, und diese erfordert ein beträchtliches Maß an Planung und Vertrautheit mit der Materie. Auch wird eine Vorlesung nicht nur für den Lehrenden selbst gehalten, sondern auch für die Hörerschaft. Sie muß auf deren Vorkenntnisse abgestimmt sein, was nicht immer leicht ist, wenn von Erstsemestern bis zu Doktoranden und Gasthörern alles im Hörsaal versammelt ist. Die folgenden Vorschläge sollen Lehrende dabei unterstützen, ihre Veranstaltungen erfolgreicher vorzubereiten und durchzuführen.

Damit Sie eine Vorlesung halten, die sowohl für die Hörer als auch für Sie selbst effizient ist, müssen Sie sich zunächst über die Ziele und Grenzen der Veranstaltung klar werden. Eine Vorlesung kann vieles, aber nicht alles leisten; sie ist auch nicht die einzige Form der Wissensvermittlung.

Eine Vorlesung kann den Inhalt eines Gebiets nicht erschöpfend behandeln, auch nicht als Überblicksvorlesung. Sie kann aber die Prinzipien und die Grundlagen des Themas vermitteln. Damit kann sie die Grundlage für weitere eigenständige vertiefende Arbeit z. B. in Seminaren und Arbeitsgruppen oder für selbständige Arbeit der Studierenden bieten. Sie kann Studierende vor allem dann zu weiterführender Arbeit motivieren, wenn der Lehrende selbst von der Freude an seinem Thema getragen ist und die Hörer fordert und fördert (z. B. auch durch Literaturangaben zur jeweiligen Sitzung, die vorher an die Tafel geschrieben oder als Folie projiziert werden).

Wenn Sie ans Katheder treten, nehmen Sie zuerst Verbindung zur Hörerschaft auf. Sehen Sie sie an, nehmen Sie sie ganz bewußt wahr. Das dauert vielleicht nur ein oder zwei Sekunden: Ihnen kommt diese Zeit lange vor, dem Publikum nicht. Sie wissen jetzt, wen Sie vor sich haben, zu wem Sie sprechen. Denken Sie daran: eine Vorlesung ist ein Dialog.

Als nächstes erklären Sie kurz, welche Themen Sie heute behandeln. Nehmen Sie sich Zeit; bleiben Sie Sie selbst. Nur so sind Sie überzeugend.

Auch wenn die Vorlesung noch so gut vorbereitet und strukturiert ist: Versuchen Sie, hin und wieder zu improvisieren. Wenn Sie z. B. merken, daß Ihre Hörerschaft nicht mitgekommen ist, oder der Diaschieber Dias durcheinandergebracht hat, oder der Beamer versagt, bewahren Sie Gelassenheit. Sie müssen mit dem Stoff nicht unbedingt durchkommen. Es ist wichtiger, daß Ihre Hörer soviel wie möglich verstehen.

Gönnen Sie sich und den Hörern Atempausen. Behalten Sie Kontakt mit der Hörerschaft, indem Sie sie ansehen, zugleich aber gedanklich beim Stoff bleiben. Stellen Sie Fragen, z. B.: „Können Sie das klar sehen?" „Ist das verständlich?" Warten Sie Reaktionen ab. Wenn Sie Zeichen von Unverständnis bekommen, reagieren Sie auch darauf: „Ich sehe, daß Einige nicht mitgekommen sind. Lassen Sie mich noch einmal das Wichtigste wiederholen." Erhalten Sie Zeichen, daß die Dinge „angekommen" sind, freuen Sie sich.

Mitunter kann es sinnvoll sein, auf der Hälfte regelmäßig eine Pause einzulegen: zum Lüften, damit die Hörer Lücken in den Notizen beim Nachbarn auffüllen oder Zwischenfragen stellen können, oder einfach für einen entspannenden Schwatz. Kaum jemand kann sich anderthalb Stunden lang durchgehend konzentrieren.

Verwenden Sie auf den Schluß soviel Sorgfalt wie auf den Anfang der Vorlesung. Kündigen Sie, wie jeden neuen Punkt, auch den Schluß an („Wir kommen zum Ende." „Das letzte Dia, bitte". „Ich fasse für heute zusammen."). Damit wecken Sie die Aufmerksamkeit noch einmal, falls nötig. Es bietet sich deshalb an, das Gesagte jetzt noch einmal zusammenzufassen und wichtige Punkte herauszuheben. Sie können auch noch einmal das Prinzipielle des Gesagten betonen. Ein solcher Schluß setzt den geistigen Rahmen für das Gesagte. Er faßt zusammen, was man – im Idealfall – in dieser Vorlesung gelernt hat, und kann die Hörer dazu stimulieren, mehr wissen zu wollen. Deshalb ist es sinnvoll, an dieser Stelle schon Verbindungen zu den Themen der kommenden Vorlesung zu schlagen.

Auch wenn jeder seinen eigenen Vorlesungsstil entwickelt, so gibt es doch einige Grundregeln. Dazu gehören auch ein paar praktische Dinge (s. auch Punkt 5.8: Referiertechnik).

- In der Vorlesung treten Sie hinter das zurück, was Sie vermitteln wollen. Bereiten Sie darum den Stoff gut vor. Sie müssen selber mit dem Thema vertraut sein und Ihr Präsentationsmaterial gut kennen. Auf Dias und Folien muß das, was zu sehen sein soll, auch wirklich zu sehen sein. Ihr Vortrag wirkt sonst dilettantisch und unglaubhaft.
- Dias sollten scharf und hell genug sein. Es genügt nicht, sie zur Kontrolle gegen das Licht zu halten, sondern sie sollten vorher auf einem guten Leuchttisch kontrolliert werden.
- Folien müssen auch noch in den hinteren Reihen gut lesbar sein. Drucken Sie sie mit größeren Buchstaben als normal bzw. fett. Sie dürfen nicht zu eng beschrieben sein, und nur die wirklich wichtigen Punkte sollten per Folie auch visualisiert werden.
- Anschriften an der Tafel, Folien, Dias etc. müssen dann präsentiert werden, wenn es der Vortrag erfordert; nicht früher und nicht später.
- Für alle Medien gilt: wenn Sie eingesetzt werden, muß man auch damit arbeiten. Es genügt keinesfalls, ein Dia oder eine Folie zu projizieren und zu glauben, daß sie sich selbst erklären. Lenken Sie die Aufmerksamkeit Ihrer Studierenden anhand der Folien, Dias etc. auf das, was Ihnen besonders wichtig ist. Benutzen Sie einen Zeiger; Sie können kaum deutlich genug sein.
- Thesenpapiere sollten eine knappe Darstellung der Themen beinhalten, mehr nicht. Sie dürfen keinesfalls so umfangreich sein, daß sie die Vorlesung oder das Seminar ersetzen bzw. das Mitschreiben der Hörer überflüssig machen. Ist das Papier zu umfangreich und wird es gleich zu Beginn der Veranstaltung ausgeteilt, kann das für den Dozenten sehr irritierend werden. Manchmal ist es angebracht, das Thesenpapier erst am Schluß zu verteilen.

Sprechen Sie laut genug und deutlich; verschlucken Sie keine Endungen. Das Mikrophon muß auf die jeweilige Stimme eingestellt sein. Machen

Sie auch Pausen, lassen Sie sich Zeit beim Reden. Gerade Anfänger, die noch nicht genügend Routine haben, neigen zum Schnellsprechen. Eine gute Hilfe ist es, die eigene Vorlesung auf Tonband mitzuschneiden und zu Hause noch einmal anzuhören. Sie können auch einen Vertrauten bitten, mit Ihnen nach der Vorlesung über seine Beobachtungen zu sprechen. Vielleicht haben sich Eigenarten oder Lieblingswörter eingeschlichen, die Ihnen selbst nicht mehr auffallen, aber die Hörerschaft stören. Studierende neigen dazu, Wetten abzuschließen, wie oft man in einer Vorlesung ein bestimmtes Wort benutzt.

Die Vorlesung muß logisch aufgebaut sein. Erläutern Sie zu Beginn, worüber Sie sprechen werden, geben Sie eine grobe Gliederung. Sagen Sie, wenn Sie im Verlauf der Vorlesung zu einem neuen Gliederungspunkt kommen. Ihre Hörer werden so die Orientierung behalten. Wichtige Punkte müssen betont und von weniger wichtigen unterschieden werden. Wiederholen Sie mit anderen Worten die wichtigen Punkte. Studierende können manchmal schwer zwischen Wichtigem und Nebensächlichem unterscheiden, vor allem, wenn sie mit der Materie noch nicht vertraut sind. Schon während der Vorlesung sollten Sie deshalb immer sich selbst kommentieren, wenn Sie z. B. einen Hauptpunkt behandeln, einen Exkurs machen, ein Beispiel geben, oder eine Nebenbemerkung einflechten. Das erleichtert es den Studierenden auch, Ihre Vorlesung mitzuschreiben.

Behalten Sie die Reaktion Ihrer Hörerschaft im Auge. Wenn Sie merken, daß eine Passage Ihres Vortrags nicht verstanden wurde, wiederholen Sie den Inhalt mit anderen Worten. Auch Zusammenfassungen sind nützlich.

Häufig wird zuviel Vorwissen bei den Studierenden vorausgesetzt. Deshalb wird oft zuviel in zu kurzer Zeit referiert. Bei den Studierenden bleibt mehr im Gedächtnis, wenn Sie wenige Punkte intensiv behandeln bzw. in größeren Zusammenhängen Schwerpunkte setzen und Wichtiges betonen.

Versuchen Sie deshalb nicht, alles, was Sie zu dem Thema wissen, mitzuteilen. Es ist ein typischer Anfängerfehler, alles vermitteln zu wollen, was man selber weiß. Von dem, was Sie innerhalb von neunzig Minuten sagen, werden vielleicht nur vier bis sechs Punkte im Gedächtnis Ihrer Hörer bleiben, und nach einer Woche ist womöglich gar nichts mehr da. Deshalb verzichten Sie auch darauf, Ihren Stoff unter allen Umständen durchzuziehen. Es hat keinen Sinn, gegen Ende der Vorlesungszeit zu hetzen, wenn die Zeit knapp werden sollte: Das Gesagte würde die Hörer nicht erreichen.

Eine Vorlesung ist kein Monolog, sondern ein Dialog. Begreifen Sie die Vorlesung nicht als Darbietung einer Einzelperson, die sich hinter dem Katheder verschanzt, sondern als Gespräch, als Austausch mit der Hörerschaft, als Dialog. Versuchen Sie, möglichst frei zu sprechen. Das Zuhören fällt dann leichter. Außerdem halten Sie beim freien Sprechen Blickkontakt mit dem Publikum, beim Ablesen nicht. „Kleben" Sie nicht am Manuskript und nicht am Katheder. Wechseln Sie zwischendrin Ihre Stellung, umklammern Sie nicht anderthalb Stunden lang Ihr Manuskript oder den Zeigestock. Der Funke springt am ehesten über, wenn der/die Vortragende selbst von dem Thema begeistert ist und es wagt, diese Begeisterung zu zeigen. Die Begeisterung muß aber echt sein; wenn Sie nur vorgetäuscht ist, merken das Ihre Hörer sofort und Sie machen sich lächerlich.

Stellen Sie sich darauf ein, daß Sie nach der Vorlesung erschöpft sind. Es ist physisch anstrengend, anderthalb Stunden lang zu stehen und gleichzeitig zu sprechen. Die meisten Dozenten sind auch direkt nach der Vorlesung etwas verwundbar: sie haben anderthalb Stunden lang im Mittelpunkt gestanden, sie haben sich exponiert und angreifbar gemacht. Als Hörer sollten Sie deshalb mit Kritik, sei sie auch noch so berechtigt, nicht direkt nach der Vorlesung ankommen. Warten Sie bis zur Sprechstunde oder bis zum Seminar. Kritik kann hilfreich sein, um eine Vorlesung zu verbessern, aber direkt nach der Vorlesung ist sie rücksichtslos. Manche Dozenten widmen einen Teil der Vorlesung möglichen Fragen der Hörer; hier können Sie ebenfalls Ihre Verbesserungsvorschläge anbringen.

Hier noch einmal das Wichtigste:
- Sagen Sie am Anfang, welche Themen Sie heute behandeln.
- Sagen Sie klar, wann Sie mit einem Thema zu Ende sind und das nächste beginnen.
- Betonen Sie wichtige Punkte; sagen Sie, daß sie wichtig sind, und sagen Sie auch, warum sie wichtig sind.

- Schlagen Sie Verbindungen zwischen den einzelnen Themen der jeweiligen Vorlesung und zu den Vorkenntnissen („Sie erinnern sich, daß …")
- Wenn die Zeit knapp wird, hetzen Sie nicht.
- Schließen Sie mit einer kurzen, prägnanten Zusammenfassung.
- Er spricht undeutlich und/oder zu schnell

Die Fehler, die eine Veranstaltung zu einem Mißerfolg werden lassen, sind meistens offensichtlich. Trotzdem tappt man gerne wieder in die alten Fallen. Deshalb hier noch einmal die häufigsten Fehler:

- Der Redner versäumt, sein Thema, seine Vorgehensweise, oder seine Ziele am Anfang vorzustellen.
- Er hält nicht Kontakt mit der Hörerschaft.
- Er bleibt unverrückbar in derselben Haltung und richtet seine Aufmerksamkeit allein auf seine Notizen.
- Er benutzt ständig seine Lieblingsausdrücke.
- Er stellt keine Bezüge zum aktuellen Kontext oder zu größeren Zusammenhängen her.
- Er berücksichtigt nicht die Interessen und Vorkenntnisse seiner Hörerschaft, sondern redet an ihr vorbei.
- Er präsentiert sich mit falscher Bescheidenheit.
- Er redet über etwas anderes als das eigentliche Thema.
- Er ist schlecht vorbereitet.
- Er hat die Zeit schlecht eingeteilt.
- Er spricht undeutlich und/oder zu schnell.

Literaturempfehlung:

Eble, Kenneth E.: *The Craft of Teaching*, 2. Aufl. San Francisco 1988 (zuerst 1976)

Brown, G./Atkins, M: *Effective teaching in higher education*, 2. Aufl. London 2002 (zuerst 1988)

McInnis, Craig: *Lecturing, hrsg. v. Centre for the Study of Higher Education*, The University of Melbourne, Parkville 1994

Der Erfolg Ihrer Lehrveranstaltungen besteht zum Teil darin, wieviel die Studierenden davon behalten haben. Er besteht aber auch darin, wieviele auf eigene Faust zum Thema weiterlesen oder eine weitere Veranstaltung zum Thema besuchen, oder es sogar zum Gegenstand ihrer Abschlußarbeit machen.

Wenn Sie nach einiger Zeit immer noch das Gefühl haben, Ihre Veranstaltungen könnten besser sein, bitten Sie jemanden, den Sie für einen guten Didaktiker halten und dem Sie vertrauen, an einigen Ihrer Veranstaltungen teilzunehmen. Gehen Sie mit ihm Ihre Vorbereitungsnotizen durch; hören Sie auf seine Beobachtungen, ohne gleich „ja, aber" zu antworten.

Das, was einen wirklich guten Kunsthistoriker ausmacht, ist weder lehrbar noch lernbar. Lehrende können Studierenden Methoden beibringen, einige Kenntnisse, das Handwerk. Das, was darüber hinausgeht, ist Sache der Studierenden. Lehrende können Anregungen geben, aber ob Lernende etwas daraus machen, liegt nicht mehr in der Hand der Lehrer. Die ermutigen, unterstützen und begeiten ein Stück. Das ist einerseits sehr viel und andererseits herzlich wenig. Wenn aus Studierenden gute Kunsthistoriker werden, ist das zum großen Teil ihr eigenes Verdienst. Bei allen Bemühungen soll man darum nicht vergessen, daß Lehren eine Übung in Demut ist.

Abbildungsnachweis

S. 94: Einband des Dagulf-Psalters, Louvre, Paris.
Die Elfenbeinskulpturen aus der Zeit der karolingischen und sächsischen Kaiser VIII.–XI. Jahrhundert, bearbeitet von Adolph Goldschmidt
unter Mitwirkung von P. G. Hübner und O. Homburger.
(= Denkmäler der deutschen Kunst, hrsg. v. deutschen Verein für Kunstwissenschaft), Elfenbeinskulpturen Bd. I, Berlin 1914, Tafel III, Abb. 3
und 4

S. 95: Christus und die vier Evangelisten.
Staatliche Museen Preußischer Kulturbesitz, Skulpturensammlung, Inv.
Nr. 2423
Jahrbuch der preuszischen Kunstsammlungen 20 (1899), Abb. nach
S. 118

Register

Printed and bound by CPI Group (UK) Ltd, Croydon, CR0 4YY

07/07/2026

02159992-0001